从零学开店

开家超人气赚钱实体店

清璇 —— 著

How to Run a Super Popular
& Profitable Physical Store
from Scratch

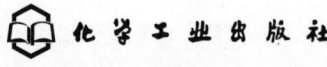

·北京·

内容简介

本书从"实体店的红利期是否过去了"开始分析当前大环境，引出互联网经济背景下的实体店与新零售渠道的关系，手把手教读者从选址到装修再到开店，帮助读者避免在开店过程中踩坑。本书主要介绍了开店前期准备、租房、门店装修、店铺起名、门店招牌、相关手续办理、员工招牌、货品装备、试营业和门店开业等开店流程详解，微信、抖音、小红书、同城App、美团等店铺营销推广新方法，客户体验与服务管理，销售与日常管理，经营模式再升级，IP打造，特色实体店案例解析等内容。

本书给读者分享了开店要点，有助于想开家小店的新手或者小微创业者从零开始学习开一家赚钱的特色实体店，多层次、多角度地结合具体开店案例，分享了创业开店的赚钱技巧与策略。

图书在版编目（CIP）数据

从零学开店：开家超人气赚钱实体店 / 清璇著.
北京：化学工业出版社，2025.1. -- ISBN 978-7-122-46678-5

I. F717

中国国家版本馆 CIP 数据核字第 2024G2L966 号

责任编辑：卢萌萌　　　　　　　文字编辑：李　曦
责任校对：刘曦阳　　　　　　　装帧设计：史利平

出版发行：化学工业出版社
　　　　（北京市东城区青年湖南街 13 号　邮政编码 100011）
印　　装：北京云浩印刷有限责任公司
710mm×1000mm　1/16　印张 13　字数 255 千字
2025 年 5 月北京第 1 版第 1 次印刷

购书咨询：010-64518888　　　　售后服务：010-64518899
网　　址：http://www.cip.com.cn
凡购买本书，如有缺损质量问题，本社销售中心负责调换。

定　　价：59.80 元　　　　　　　版权所有　违者必究

前言

这是一个追求梦想、个性的时代，是一个人人为了理想努力奋斗、不断进取的时代。在这个时代，与众不同的个性可以被追捧，独一无二的想法可以被接受，有趣的创意会被保护，社会开放、包容，经济蒸蒸日上，在日新月异的变化中充满了挑战与机遇。

一些人想要通过开店来彰显自己的个性与独特品位，也想通过开店来完成自己的梦想：有人成功了，他的店大受欢迎，赚得盆满钵满；有人失败了，他的店无人问津，赔得倾家荡产，负债累累。成功与失败都是有迹可循的，如何在成功中找寻经验与规律，复制前人的案例变成自己的成功；在失败中总结教训，避免重复前人的失败，这就是本书所要探讨的内容。

等我老了，就开一家花店；等我闲了，就开一家咖啡店；等我有钱了，就开一家书店……无数人都曾有这样的感叹。在普罗大众的眼光中，花店、咖啡店、书店这种都是适合望尽千帆之后开的店，是用来养老的。而如今的现状是很多人不等老去，就已经开起了店，有的以此为生，有的甚至赚到了创业的第一桶金，更有甚者借此闯出了名堂。眼见别人开店创业成功，更多的普通人设想从开店创业中分一杯羹，租房、装修、买设备，开业仪式热闹一下就算开店了，并以此沾沾自喜，仿佛高人一等，但开店真的那么简单吗？很多人直到店开起来，才发现原来开店跟想象的不是一回事，累死累活不赚钱，个人时间全部占用顾不上家庭：当初不开店就好了！也有人因为开店背负债务倾家荡产，从此洋房变平房，跑车变自行车。

到底怎样开一家梦想中的店？如何把梦想中的店变为赚钱的店？怎么才能把一家店经营好？租房选址里的学问是什么？开店后怎么经营？新的网络运营方式是什么？加盟还是自创经营模式？加盟别人的品牌需要注意什么，不想加盟了怎么退出？这些都是本书将要探讨与讲述的内容，让我们从零开始，学习开一家超人气的赚钱实体店。

最后，希望本书能为迷茫的人找寻方向，为想要改变的人提供契机，为想赚钱的人打开思路，为想要突破的人设立支点。开家超人气赚钱实体店，是无数创业者的机会，也是振兴实体经济的机会。

目录

第一章 超人气实体店　　001

1.1 互联网背景下的实体店与新零售　//　001
 1.1.1 传统实体店的风险太大　//　001
 1.1.2 实体店会不会被电商取代　//　002
 1.1.3 利好消息支撑实体店崛起　//　003
 1.1.4 实体店的新技术、新模式、新服务和新业态　//　004
 1.1.5 实体店最大的问题来自不愿改变的经营者　//　005
 1.1.6 实体店未来发展的9个方面　//　006
1.2 超人气实体店经营方向　//　006
 1.2.1 特色店铺　//　007
 1.2.2 热门店铺　//　008

第二章 开店前期准备　　009

2.1 开店前的准备　//　009
 2.1.1 思想准备　//　009
 2.1.2 物质准备　//　013
2.2 选择经营模式　//　017
 2.2.1 自创模式　//　017
 2.2.2 品牌加盟　//　020
 2.2.3 经营项目的选择　//　025

第三章 开店流程详解　　028

3.1 租房选址　//　028

3.1.1 地理位置的选择 // 028
3.1.2 商业周边的选择 // 033
3.1.3 租房价格的选择 // 033
3.2 门店装修 // 036
3.2.1 装修风格与预算 // 036
3.2.2 向相关单位报备 // 043
3.2.3 寻找施工队 // 043
3.2.4 制订工期计划 // 046
3.2.5 工程验收 // 047
3.2.6 室内软装 // 047
3.3 店铺起名 // 048
3.3.1 起名技巧 // 048
3.3.2 店铺商标设计 // 048
3.3.3 商标注册 // 049
3.4 门店招牌 // 052
3.4.1 招牌制作 // 052
3.4.2 招牌悬挂 // 052
3.4.3 让招牌更醒目 // 053
3.5 相关手续 // 055
3.5.1 注册营业执照 // 055
3.5.2 相关卫生许可证 // 056
3.5.3 特种行业许可证 // 057
3.5.4 消防防火措施 // 058
3.6 员工招聘 // 058
3.6.1 选择适合的店员 // 059
3.6.2 制订合适的薪酬计划 // 062
3.6.3 员工试用期 // 062
3.7 货品准备 // 063
3.7.1 原材料 // 064
3.7.2 设备 // 064
3.7.3 包装 // 065
3.8 试营业 // 065
3.8.1 价格调整 // 066
3.8.2 给自己信心 // 066
3.9 门店开业 // 066
3.9.1 开业准备 // 067

3.9.2 开业形式　　// 068
3.9.3 开业宣传　　// 068
3.9.4 开业效果　　// 069

第四章　店铺营销推广　　071

4.1 店铺营销方式划分　　// 071
  4.1.1 传统营销方式　　// 071
  4.1.2 时下流行的营销方式　　// 072
4.2 微信营销　　// 073
  4.2.1 微信设置技巧　　// 073
  4.2.2 朋友圈营销　　// 078
  4.2.3 微信群营销　　// 083
  4.2.4 视频号营销　　// 086
  4.2.5 公众号营销　　// 087
  4.2.6 群接龙营销　　// 089
4.3 抖音营销　　// 090
  4.3.1 抖音账号创立与定位　　// 090
  4.3.2 简单的抖音内容创作　　// 093
  4.3.3 抖音推荐算法　　// 095
  4.3.4 抖音的变现方式　　// 097
  4.3.5 抖音的本地同城运营　　// 097
4.4 小红书营销　　// 098
  4.4.1 小红书的账号设置　　// 099
  4.4.2 小红书的内容创作　　// 100
  4.4.3 小红书的账号运营　　// 102
4.5 同城 App 营销　　// 104
4.6 美团（大众点评）营销　　// 104
  4.6.1 创建方式　　// 104
  4.6.2 上传类目　　// 105
  4.6.3 定期维护上新　　// 106
  4.6.4 评价管理　　// 106
4.7 地图标注　　// 107
4.8 引流与私域流量转化　　// 109
  4.8.1 建立私域流量　　// 109

4.8.2　如何建立私域流量　//　110
4.8.3　形成消费闭环　//　112

第五章　客户体验与服务管理　　114

5.1　客户体验与消费服务　//　114
　　5.1.1　卖什么也不如卖体验　//　115
　　5.1.2　把服务做到位　//　118
5.2　顾客管理　//　123
　　5.2.1　办卡　//　123
　　5.2.2　会员活动　//　124
　　5.2.3　顾客群管理　//　125

第六章　销售与日常管理　　126

6.1　产品的销售　//　126
　　6.1.1　产品的复购率　//　127
　　6.1.2　产品的受众面　//　127
　　6.1.3　主打产品和特殊产品　//　128
6.2　产品薄利多销　//　128
6.3　物以稀为贵　//　129
6.4　万物皆可销售　//　130
　　6.4.1　卖情怀　//　131
　　6.4.2　卖价值　//　133
　　6.4.3　卖理念　//　134
6.5　店铺财务管理　//　135
6.6　员工的日常管理　//　137
6.7　扩大经营的时机　//　138
6.8　及时止损的时机　//　139

第七章　经营模式再升级　　142

7.1　店铺利润的最大化　//　142

7.2　设计经营模式的消费闭环　　// 143
7.3　店铺翻新　// 143
　　7.3.1　时机选择　// 144
　　7.3.2　店铺翻新的注意事项　// 144
　　7.3.3　如何做好客户宣传与衔接　// 145
7.4　把你的店变为可复制的店　// 146
　　7.4.1　自有品牌加盟拓展　// 147
　　7.4.2　建立加盟体系　// 147
　　7.4.3　完善经营模式　// 149
　　7.4.4　店铺品牌形象化　// 149
　　7.4.5　品牌运营策略　// 150
7.5　经营理念　// 152
　　7.5.1　经营理念的坚持　// 152
　　7.5.2　取舍之道　// 153
　　7.5.3　口碑、品质与发展、扩张的关系　// 154

第八章　IP打造　　155

8.1　店主IP塑造　// 155
　　8.1.1　个人IP的重要性　// 156
　　8.1.2　个人IP的打造　// 156
　　8.1.3　个人IP营销　// 158
　　8.1.4　个人IP的提升　// 158
8.2　个人IP变为个人品牌　// 159
　　8.2.1　把自己变为店铺的形象大使　// 160
　　8.2.2　个人品牌运营技巧　// 160
8.3　店铺宣传与个人IP一致性　// 161

第九章　特色实体店案例解析　　164

9.1　饮品店　// 164
　　9.1.1　加盟一家大众奶茶店能不能赚钱　// 164
　　9.1.2　咖啡店经营内涵　// 165
9.2　甜品店　// 167

9.2.1 大城市传统蛋糕店、甜品店如何破局　// 167
9.2.2 中小型城市甜品店破局方式　// 170
9.2.3 出其不意的赚钱方式　// 171

9.3 餐饮店　// 174
9.4 花店　// 177
9.5 换装体验店　// 180
9.6 剧本杀馆　// 183
9.7 手工DIY店　// 186
9.8 茶馆　// 189

9.8.1 开一家围炉煮茶店能不能赚钱　// 189
9.8.2 新中式茶饮店适应年轻消费者　// 191

 **第十章　对于实体店未来的思考**　　194

10.1 众多实体店如何脱颖而出　// 194
10.2 如何摆脱只火3个月的魔咒　// 195
10.3 坚守道德底线与初心　// 196

第一章

超人气实体店

开店创业是做生意的一种。做生意的人都希望自己的生意能够红火、长久，更希望能持续赚钱盈利；开店的人希望自己的店客满盈门，好评如潮，日进斗金。此类愿景与希望古往今来皆是如此，中国有百年老店、老字号，外国更有百年传承品牌、世家，如今有些店会在店招牌旁再竖一块牌子写着"距离百年老店还有××年"，这当然是愿景，更是一种向顾客展示的方式，为的就是让顾客相信其实力与品质，招揽顾客进店。本章介绍的超人气的实体店，即受到大众追捧，具备传播效应的实体店。这一词是从网络时代演变而来，代表了新型的经营方式以及经营目的，可以浅显地理解为"网红"店，通过网络运营，得到顾客喜爱，没去过的想要去，去过的还想再去，成为宾客盈门能赚钱的实体店。

⟨ 1.1 ⟩
互联网背景下的实体店与新零售

1.1.1 传统实体店的风险太大

实体店作为经济领域的流通环节，连接着生产厂家与消费者，承担着产品体验、服务和销售的重要功能，尤其是社区店铺，更是商业最后一公里的必要解决方案，是不可或缺也是无法取代的。然而随着互联网电子商务、购物网站的兴起，传统实体店不再吃香，大街上赔钱的实体店越来越多，店开不下去（图1-1），店主们都在抱怨互联网电子商务。

究其根本原因是传统商业模式太落后，抗风险能力不足。

① 实体店主租用房东的店铺交租金，导致开店成本居高不下，一遇风险，货品堆积无法售出，自然容易赔钱甚至店铺倒闭。

② 信息化时代，互联网给了每个人话语权、知情权和选择权。顾客通过电商

图 1-1　倒闭的商家橱窗上满是写着"倒闭"的大字报

平台可以随时随地不受限制地选择、下单自己喜欢的物品。快递业的兴起与发展使顾客下单的商品只需要等很短的时间就可以收到，同时还送货上门，大大满足了消费者节省时间、精力的需求。更何况通过网络足不出户就可买到天南地北的各类特色产品，方便快捷且货比多家不用问价，消费者自然愿意网上购物。

③ 网店依靠物美价廉、薄利多销、方便快捷，用价格战打败了实体店。因而靠低买高卖、等客上门的实体店根本无法和薄利多销、送货上门的互联网电商竞争。

1.1.2　实体店会不会被电商取代

实体店会不会消亡，会不会被电商取代，大家各执一词争论了很久。

品牌泛滥、商品过剩的时代，人民的物质生活空前丰富，购物的可选性极大。在电商平台，网络主播直播带货，抖音、快手直播，小红书种草等多元化网络平台的挤压下，以重投资、重压货为主的实体店经营肯定会受到极大挑战。但不能以此判断实体店会消亡，会被电商取代。

这是一个非常好的时代，正因为有如此多的难题与压力，才给了实体店更多推陈出新的契机，实体店主才会更加用心经营，以满足顾客多元化的消费需求。

人是具有社会属性的高级生物，人与人间的交往离不开社交。当今时代，经济和社会环境的快速变化使得人与人之间的交往显得更加重要、更加密切。实体店在人与人的交往中存在，人的行为也因此影响生活中的各个方面，从而催生了实体店，经济因此循环再生。

对于移动互联网，万科曾做出过这样的描述：

我们相信互联网将改变这个世界。

我们也相信善待客户、为客户创造价值是永恒的商业逻辑。互联网带来的变化，只是让我们和客户变得更贴近。这要求我们更深入地理解客户需求的细节，更迅速地跟随客户需求的变化，而互联网也为我们做到这一点，提供了效率更高的工具。

我们相信，性价比在任何时候都是竞争力的核心。而随着产业链透明度的提高，信息不对称的减弱，在未来它会变得更加清晰和重要。

我们同意，极致是互联网时代的重要特征，且唯有专注才能做到极致。而专业化，正是万科成立以来，一直追求的方向。

我们依然可以看到，中国的城市化还远未结束。互联网时代的来临固然是世界历史的新篇章，但中国的城市化、现代化，同样是影响全球格局的重大事件。当两个伟大的进程并进之时，我们无须厚此薄彼。

"三十而立"，三十岁的万科还是一家年轻的企业，只是在不知不觉中，我们被贴上了传统行业、传统企业的标签。对此我们无意辩解，因为我们始终相信，衣食住行是人类基本的需求。在任何一个时代，这些需求不可能消失，而只应得到越来越好的满足。

当新时代的大幕揭开时，传统企业应该做的，不是远离自己熟悉的领域，而是理解新的规则，寻找新的伙伴，运用新的工具，将原有的业务做得更好。

这就是我们的答案。

因为网络生活，人的视野无限被扩大，信息逐渐对称，人们对于产品、品牌的颜值、质量、性价比要求会更高，人人争当体验官，对于产品、体验的好坏变得特别重要。物质、精神的双丰富，造就实体店的体验功能是电商永远无法替代的。

1.1.3　利好消息支撑实体店崛起

最近几年，政府推动创业潮，支撑实体店崛起。如今开店流程、行政审批手续简化，有粉丝及影响力的实体店品牌更容易获得资本投资，帮助其做大。国家也在推动零售业升级改革，新零售时代已来临。

2022年1月26日，《人民日报》刊登《让实体店人气重新旺起来》的文章（图1-2），通过正向引导传统销售场所、实体店、商场向社交体验、家庭消费、时尚消费、文化消费中心转变，培育线上线下融合发展的新型市场主体。《人民日报》的这篇文章无疑给了实体店一剂强心剂，种种信号表明，实体店不会消亡也不会被电商替代。但这并不意味着实体店老板就要拍手欢庆，奔走相告，也不意味着实体店就能躺平等国家政策的扶持。恰恰相反，文章中的实体店并不是传统实体店，而是类似于新零售的实体店，文中鼓励实体店采用新技术、新模式，并以新服务、新业态来服务客户，鼓励实体店旧貌换新颜。过去传统经营模式的实体店将不被支持，那种坐等顾客上门、低买高卖式的实体店，该倒闭还得倒闭，因为传统实体店的模式太落后了，就像马车被汽车取代，蒸汽火车进了博物馆，高铁人人可坐一样，是大势所趋不以人的意志为转移的。

图1-2 《人民日报》大篇幅报道支持实体店文章

1.1.4 实体店的新技术、新模式、新服务和新业态

（1）新技术是互联网和数字化技术

如今，人们习惯在网络上买东西，通过手机买衣服、生活用品，点外卖，甚至是订花、买药、买菜。互联网购物深入到人们日常生活的方方面面，一部手机走天下，人们已经习惯出门只带手机不带钱包。互联网是当代强大的力量，会无限放大产品和人的价值，可以带来利润爆发式的增长。传统实体门店依靠的是周边1~3公里范围内的顾客，手机则帮助商家把顾客扩大到更广的范围，微信、小红书、抖音、美团等App，令顾客有了更多的选择。

（2）新模式就是新的赚钱模式

过去实体店的赚钱模式或整个销售体系的盈利模式都是利用信息不对称，低买高卖达成的。互联网时代让信息变得透明，实体店不改变盈利模式便难以生存。

如今实体店的经营模式不再单一，老板们犹如八仙过海各显神通，店铺的赚钱模式不一而足，并且出现了新业态、新项目，究其根本即资源整合以及依靠项目的独特性、唯一性赚钱。

（3）新服务就是高科技、人工智能进入服务领域

人工智能技术进入服务行业。随着科技的发展以及社交距离的改变，人工智能机器人开始应用在服务行业，2022年北京冬奥会成为人工智能最新技术展示的大舞台，主媒体中心的智慧餐厅没有厨师，中餐和西餐烹饪都由机器人完成，因此成为当时的"网红餐厅"。如今，酒店、餐厅已经随处可见人工智能服务，酒店里的机器人负责把房客所需物品送至所在房间，机器人甚至可以自主乘坐电梯并实现人机交互沟通，而餐厅的机器人服务员更成为"网红"，实现点菜与送菜一体，为餐厅节省人力成本。杭州某些地域已经实现人工智能送快递。未来，将有越来越多的公共场合实现高科技、人工智能服务，为企业主提供方便并节省人力成本成为新趋势。

（4）新业态就是O2O，线上社群关系链，线下实体店体验

当实体店老板还在纠结于电商会不会取代实体店时，电商的经营者已经纷纷探索起属于自己的线下实体店。电器、服装、乐器、家居等甚至生鲜都非常注重实际体验感，实体店已不再是单一买卖商品的地方，也可以是休闲娱乐场所，更可以是体验店。如今人手一部或多部手机，人们早就习惯了从手机里寻找衣食住行、分享生活、种草、评价类网站更是层出不穷，实体店老板一定要明白，今天的消费者不是来自大街上，而是来自手机里，要把顾客养在自己的手机里，养在自己的社群里。社群是数字化时代最基本的社会形态和交易服务平台，没有社群的实体店就像是没有根的浮萍，只能被动地等着市场的选择。

1.1.5 实体店最大的问题来自不愿改变的经营者

未来不管怎么变，实体店一定会存在，只是实体店将发生变化，不再是传统低买高卖的盈利模式，而是产品场景化的体验平台。科技越发达，实体店越是经济体中无可取代的环节，未来实体店一定会是以服务、体验、产品个性化定制为主的资源整合、跨界平台。传统经营模式的实体店将逐渐被取代，街边小吃铺、小卖铺类型的店铺只能够勉强生存但绝对不在实现盈利与发展的范畴内，也不在本书的讨论范畴内。实体店的转型升级将依靠新一代年轻人的推动,他们有头脑、有思想,更能接受新鲜事物,因此更容易开拓出新的经营道路。实体店的转型升级,需要的不是钱,不是豪华装修堆砌出的浮夸,而是思维和行为方式的转变,这就是本书即将探讨的内容。如果今天的商家不转变思想,还在指望依靠一个街边小店装修开业就能盈利,那无疑是拿钱打水漂。

1.1.6 实体店未来发展的9个方面

① 工匠精神、场景化展示,将越来越成为实体店未来发展方向。

② 实体店将着重于与顾客的衔接功能,提供优质服务。

③ 厂商竞争加剧,实体店承担为顾客选品的角色,反向推动产品的生产与研发,个性定制化服务更加盛行。

④ 实体店的展示体验功能越来越重要,将成为品牌突破与发展的有力武器,消费者购物更理性。

⑤ 电商品牌、互联网巨头更看重实体店的发展,实体店将成为其对外展示以及收集顾客需求信息的窗口。

⑥ 通过移动互联网进行的外卖、同城锁客、探店等模式正帮商家增收并成为常态化经营模式。

⑦ 90后、00后消费大时代开启,他们更愿意为喜欢的东西买单,更追求个性化产品。

⑧ 新中产消费时代来临,文化内涵、创新格局、消费体验、互动感和消费情怀与价格同等重要。

⑨ 关店潮背后是新兴实体店经营模式、跨界新项目、消费习惯大洗牌、新兴品牌的崛起。

如今,太多的实体店还在徘徊不前,是因为他们还没有醒来,一直沉溺于拼价格、拼门面优势。他们不知道的是:未来那些同质化的产品将越来越没有竞争力,最终只能被动出局。唯有那些能为顾客提供独特体验的实体店将脱颖而出,成为这轮改革中的最大受益者。

⟨ 1.2 ⟩
超人气实体店经营方向

如今的实体店已不同往日,做一个超人气的实体店需要依靠什么来吸引顾客到店?

我们遍观全国的超人气实体店,发现两个共通点:一是做特色店铺,进行差异化经营；二是做网络热门店铺即网红店铺，越火爆、排队的人越多，顾客越趋之若鹜。国外的实体店主喜欢做百年老店、世代传承，其店铺开得越久，顾客越喜欢。而我国的国情是自改革开放以来国民生产水平提高了，科技日益进步，民众腰包鼓了，眼界宽了，社会变化太快，所以大众求新求快很难把目光集中在一家店铺甚至是百年老店上。尤其是新一代90后、00后正在崛起，他们成为新的生产主力；网络兴旺发达，年轻人通过网络，获取了新的资讯、思想，有了更开阔的眼界，使这批年轻人追求与众不同，因此诞生了网红、网红经济、网红店铺。

开实体店的经营目标是什么？不管是网红店铺还是特色店铺，实现盈利就是好店铺。

1.2.1 特色店铺

特色店铺，顾名思义是以特色化经营为主的店铺，这类实体店的类型大致可分为以下几种（图1-3）。

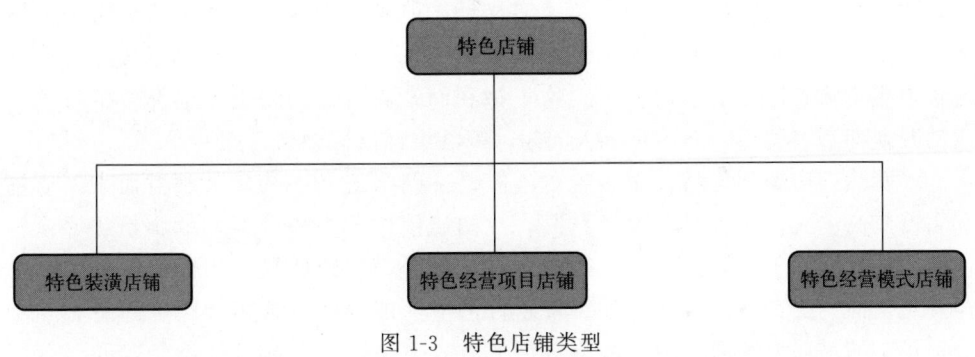

图1-3 特色店铺类型

（1）特色装潢店铺

特色装潢即店铺的装修、装饰风格比较独特，通过前期网络宣传，社交平台流出的大量美照、探店打卡照来吸引顾客进店拍照、打卡、发朋友圈、分享等，借此形成人人皆知、口口相传的传播效应，实现宣传与营利目的。

（2）特色经营项目店铺

特色经营项目是以与众不同的经营内容，通过网络宣传放大其特色，顾客在网络宣传下产生兴趣，继而愿意一探究竟，达到店铺营利目的。

（3）特色经营模式店铺

特色经营模式即加法模式，前两年倡导的互联网"＋"是指各类实体店、企业经营要加上互联网思维，运用互联网优势助力企业转型，特色经营模式则是在此基础上再"+"。比如鲜花+咖啡+餐饮=鲜花融合料理店，拍照+个性服装+下午茶=换装体验馆，团建+剧本+场景=剧本杀店等。店铺通过差异化的特色经营方式，以顾客少见或者未曾见过的形式，在引起顾客兴趣的同时，不断开拓顾客需求，寻找盈利点与连接顾客的方式，最终形成特色经营模式。这种模式可以说是特色经营项目的再升级，具有资源整合或异业合作的特点。

特色店铺以特色化经营为核心内涵吸引并留住顾客，通常这类店铺比较能持续发展以及实现店铺加盟扩张。原因在于这类店铺店老板更注重店铺的服务质量、经营模式与产品内涵，更容易留住顾客并使其一再光顾，店铺人气的持续性才是店铺维持生意火爆的秘诀。

1.2.2 热门店铺

热门店铺即网络流行的话题店铺，是通过网络传播效应引起话题性讨论，寻找潜在顾客并吸引进店消费的店铺经营方式，通俗讲即"网红店铺"。在某些人眼里，店铺与"网红"联系在一起不像褒义词，但不可否认，网红店铺的店铺网络人气高，关注度高，不论评价好坏都是"火"的，"火"意味着有话题度，有网络流量，更意味着巨大的消费潜力。这正是我们开店营业的初衷，谁都希望自己的店铺开业即宾客盈门，而不是无人问津，网红店铺恰恰做到了这一点。

经营热门店铺不容易，做店主更不容易，网络流量裹挟巨大利益而来，店铺知名度越高越火，顾客对其要求越高，热门店铺经营中稍微不慎就容易"爆雷"，使店铺陷入巨大争议中从而口碑坏掉无法继续经营。因此热门店铺的经营者尤其需要更全面、更良好的素质，如突发事件的应变能力；日常接待顾客的耐心与细心；员工的培训与管理能力；网络宣传的方式方法以及店铺可持续经营的经营能力与思维方式等。

开店前期准备

⟨ 2.1 ⟩
开店前的准备

在互联网时代,由于实体店的红利被互联网经济夺走,实体店不再是创业的第一选择,较高的房租、巨大装修投入、越来越难收回成本的经营方式,仿佛实体店已到了穷途末路。开实体店真的就不赚钱吗?答案是否定的。但是开什么样的店,我适合不适合开?我能不能开?选择什么样的经营项目才能赚钱?这样的问题萦绕在每一个想要开店创业的人心头。开店前期都要做好哪些准备?如何避免自己"踩雷",需要我们认真探讨。

2.1.1 思想准备

有的人说开店这么简单的事,我想开就开了,要什么思想准备,不就开个店嘛!实际是我们身边总能听到、看到有后悔开店的人,有的人因为开店着急掉头发;夫妻因为开店闹矛盾的;开了店才发现没那么简单一个月就转让的……当你把房子租下来时,投入就已经落在实处而不是纸面上,每一天都在往里投入,如果没有充分的思想准备,不足以支撑你走完接下来经营的路。

(1)分析自己:与自己对话,向自己的灵魂提问

在选择开店前,先问自己以下几个问题(图 2-1)。

古语云"知己知彼百战不殆",开店创业和行军打仗相差无几,在产生开店念头时就要充分地了解、分析自己才不容易选错。一般开店创业初期创业者没有很多资金,为了节省投入通常要亲力亲为,即使开店初期就能雇用店员,创业者也

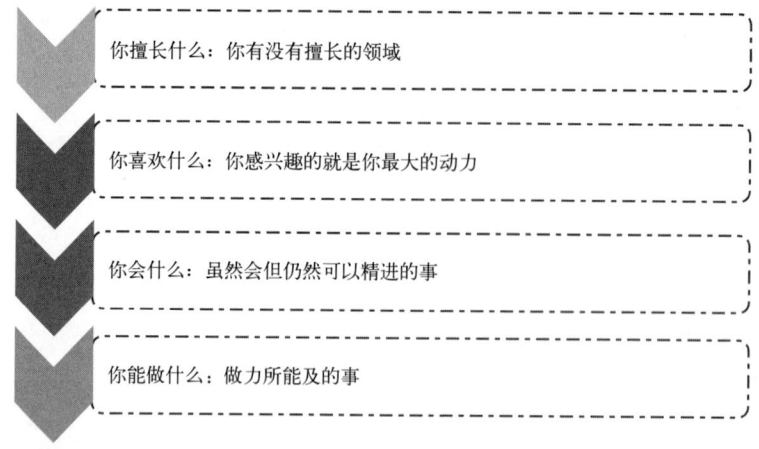

图 2-1　向自己发问

需要搞明白流程，不能当甩手掌柜的。

因此做你擅长的领域就是开店首选。你擅长什么技能？有些人擅长做手工，就开了手工创意集合店；有些人擅长摄影，找人合伙开了摄影店；有些人擅长做蛋糕，于是开了私房甜品店……总之要开店，先问自己擅长什么？找到自己擅长的就可以从此下手，构想开店事宜。

如果没有擅长的技能怎么办？接下来可以问自己：你喜欢什么？兴趣是我们最好的老师，是我们努力的最大动力。很多人因为兴趣入一行，从外行变内行再到资深、精通，不但能赚到钱更能够有很高的成就。爱一行干一行，热爱是最重要的事，因为只有热爱，才能在遇到困难与挫折时有坚持下去的内驱力，才能在遇到巨大金钱诱惑时保持初心（这一点特别重要，后面我们会讲到）不改变。

擅长的事没有，兴趣爱好也没有，怎么办？问问自己，你会什么？如果你什么都不会，只是普通打工族，那建议你还是谨慎选择投资开店，先别说开一个超人气赚钱的店，很有可能你只是开家小超市都容易干赔。一定要先问自己，你会些什么：你会算账、财务，那可以选择开会计公司或者选择加入别人家的店，而不适合单打独斗创业开店。我们这里说的"会什么"指的是一技之长，区别于普通打工族适合创业开店的，即使是自己一个人也能把店开起来的。你会做咖啡，但是不精，那你可以开咖啡店并且去精进技艺；你会品茶，你对茶叶了解甚深，或者你有与茶叶相关的行业渠道，那你可以去开一家茶艺馆；又或者你会画画，你可以开一家画室……总之，你要挖空心思去寻找你自己会的东西，即使不那么擅长，但你会，并且不是那么反感，你就可以在此基础上去发展、精进。更可以去开店。

除了你擅长的，会做的，你还可以问问内心想做什么？想清楚自己想做什么是非常重要的事，这要对自己有足够了解，有自知之明。有些朋友没有人生规划，不知道自己的喜好，开店的想法很简单，就是想赚钱或者单纯不想受单位领导的管束，这种情况劝你一定要对自己进行灵魂发问：我喜欢什么，我会做什么，我想做什么，我能做什么？搞清楚再去决定要不要开店，要不要辞职。

还有些朋友兴趣广泛，这也喜欢那也爱好，什么都想做点，更有甚者什么行业什么项目都想尝试一下。这类朋友在创业初期怕的不是没有喜欢或者想做的事而是想得太多，更需要问清楚自己到底想做什么，最擅长做什么，避免关注点过多、分散精力，各类型都尝试的话摊子铺太大，易造成顾此失彼的局面。

基于正确认识自己的基础上才可以确定创业方向及未来店铺的运营方向。如果上述问题无法明确，不能给出自己清晰的判断，那么不要轻易尝试辞职，更不要去贸然开店，努力工作保住你现在的工作，也许你会在工作中做出一番成绩，好过辞职后创业失败！

(2) 取得家人及朋友支持

你想开店创业这件事，跟家人及朋友们说过吗？有没有取得他们的支持？"自己的事情别人管不着"，这么想的朋友，要么你具有强大的心理承受能力、抗压能力，能够抵御他人对你的评价、否定以及不理解和阻碍，要么你就是低估了开店创业这件事对自己和家人的影响。你要开店创业，家人及朋友们对你的支持至关重要。

【案例1】

一位已婚男士，育有一孩，父母跟他们夫妻住在一套房子里，妻子有工作，每周休息2天，父母平时帮忙接送孩子上下学。这时男士想要辞掉工作开店创业并且需要从妻子处拿到启动资金20万元。该男士会怎么做？他肯定需要把创业计划跟妻子沟通好，取得妻子的理解甚至是认可与帮助。因为未来开店，前期需要天天跑市场、租房装修，不但没有收入更会不停往里投入，面对妻子的不理解、质疑，难道要三天两头吵架甚至为了开店离婚吗？另外，后期店开起来相对男士会投入更多精力在店里，孩子的教育、陪伴问题，老人的照顾问题等这些重担都会相应增加到妻子身上，如果没有妻子的理解与支持行吗？再说父母，两位老人因为男士要创业，如果对开店不理解不支持，那他是不是需要天天解释早出晚归的行为？如果创业顺利还好，一旦赔掉或者经营遭遇困难呢？他在外面焦头烂额时还要回家面对父母的质疑、妻子的不理解，想想是不是一件特别令人难受的事？但如果家人支持创业，他遇到挫折时会有人支持安慰，忙碌时会有家人帮忙打理生活琐碎，令他毫无后顾之忧，是不是比没人支持强百倍，至少要舒心百倍了。

其实女士创业更为不易，在开店的过程中很难身体力行全部由自己完成。除了她需要经历与上述案例同样的境遇，也需要求助家里人帮忙，比如组装家具、帮忙抬重物，更多的时候她需要家人的理解，比如在店里忙碌到深夜回家或是没办法照顾老人和小孩。

上面的例子是在创业开店时极容易遇到的问题，取得家人的认可与支持非常重要，建议从创业初期就与家人沟通创业想法并取得他们的支持。如果无法取得家人支持，无法说服他们，未来的创业路你确定能成功吗？

至于朋友的支持，"君不密失其国，臣不密失其身"，取得朋友支持不意味着把你的所有想法都广而告之，而是跟自己信任的、你认为能够给你提供帮助的朋友去讲。有的朋友比较有经济实力，你有开店想法可以跟他讲，也许他愿意为你提供资金支持；有的朋友人脉比较广，你开店初期的一些问题，比如装修工人的寻找、材料采买等，他能为你提供帮助；有的朋友有一些好的想法或者正好是你店需要的技术人才，也许你们一拍即合，你就拥有了合作伙伴；有的朋友比较好交际，你的创业项目他很认可，也许会在你开业后为你大力宣传……这类朋友，你可以在创业初期与他们交流，并取得他们的支持，对你的开店项目一定非常有好处。但是你要谨慎选择：爱说大话、大包大揽的，曾经找你借钱不还的，口风不严什么都到处乱说的，人品不好的……这类以及不能称之为朋友的"狐朋狗友"、酒友、损友，是绝对不能透露你的想法并坚决予以远离的人群。

(3) 性格决定命运

① 适合开店的性格。

适合开店的人性格特点：热情好客，笑脸相迎，情绪稳定，耐心细致，坚韧不拔。

开店做生意主要是三件事：拓展客户、维护客户、面对同行。归根结底是与人打交道，因此面对客户要耐心、细心，要热情好客，不能冲动，更不能不耐烦与客户争吵，甚至与客户拳脚相向，这些都对经营店铺有碍。同行是冤家更是亲家，面对同行怎么做考验着经营者的情商。遇到问题和困难需要强大的心理素质才能有心力有能力去解决，遇事不慌，更要有迎难而上、坚韧不拔的品格。作为一个初创型店铺经营者，前期需要亲力亲为时更是要具备这些优质性格才行。

② 不适合开店的性格。

不适合开店性格特点：急躁易怒，伤春悲秋，易焦虑，遇事犹豫不决，胆小怕事，情商低下，社恐，拖延症。

不适合开店的人都有一个共同点就是控制不好情绪，不论是前期的装修、施工，还是后期的开店经营中，他们极易与人发生冲突，导致无法正确处理好事情结果变更糟。如果不能克服掉这些性格缺点，尽量不要选择需要天天与人打交道的创业开店项目，否则非常容易形成坏口碑，不利于店铺的经营与信誉的积累。遇事犹豫不决拖拉表现在思想上多变、瞻前顾后，行为上犹豫不决，身边朋友询问个遍还是没有行动。这种性格的人不要开店，不但自己累，更会连累身边人跟着操心受累。

2.1.2 物质准备

开实体店犹如行军打仗,物质准备就是开实体店的"粮草",其重要性不言而喻。

(1) 资金

资金,是指开店的投资金额,包括启动资金、货款、流动资金。没有充分的资金准备就无法达成开店目标。

开店前首先要先核算开店大致需要的资金额,方法如下:

店铺租金+装修预算+水电预付+货款+流动资金+其他备用金=开店需要资金

店铺租金:店铺租金通常为年付,有时还需要押半年租金,因此我们按1.5年计算。

装修预算:包括软装和硬装两部分,一般按元/米^{2}计算,如今原材料成本和人工费用双增长的情况下,1000元/米^{2}已经是极少的一个预算标准,一线城市应翻倍。

水电预付:如果租用商业门市,水、电是商业用水、用电,价格与民水、民电不同,可咨询当地相关价格。

货款:需要进货的资金,特殊项目则要计划清楚。一般至少要准备开业1~3个月的货款,如果是服装类店铺则需要准备一个季度的进货货款。

流动资金:店铺一般至少要准备3个月的流动资金以备不时之需。

其他:其他不包含在以上的费用,比如加盟店铺的加盟费。

开店的资金来源一共有4个渠道(图2-2)。

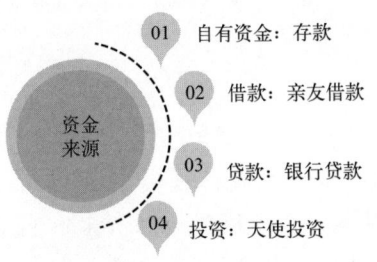

图 2-2 资金来源

① 自有资金。自己本身有的钱,主要来源为储蓄。根据前面方法算出的资金额,来衡量自己的储蓄动用情况。开店创业不论是为了情怀还是为了赚钱,都不能在影响本身生活品质或原有生活状态下进行,不能把家庭的积蓄全部掏空,更不能把父母的养老金、备用医疗金全部拿出来用于开店,毕竟开店有赚就有赔,要在开店初期就做好赔的打算,能承担赔钱的风险才有敢拿出积蓄开店的勇气。

② 借款。借款需要出具借条，要告知别人你要做什么事，最好给付一定的利息。借亲友钱开店是下策，这里不推荐借亲友钱开店，故不展开讨论。

③ 贷款。贷款分为银行贷款和小额借贷。

银行贷款需要有抵押，比如房、车，还可以用保险贷款或信用贷款，利息适中，只要资质合适都可以贷款。贷款必须按时给付利息与到期还款，否则不但面临征信受损，更会使得抵押物被银行收缴、法院拍卖，造成重大财产损失。但是贷款不求人，只要你有信心能够靠开店赚回来，这是比较好的一种筹措资金的方式。

小额借贷不需要抵押物，只需要身份证信息，属于信用贷。好处是借贷轻而易举，只要征信没问题大部分人都可以贷款成功，但它是利息最高、风险最大的方式。如果借款用于暂时应急尚可，一定不要长久使用，因为小额借贷标注都是以天算利息，实际年利息能高达12％甚至更高，而且一旦还不上就会被催缴。

借贷，会令人心理、经济压力激增，一旦遇到不可抗力的情况有可能会面临还不上的境地，除非有稳定收入或能保证开店后盈利，否则不建议采取这种方式。

还有一种方式属于国家支持大众创业设立的小额创业免息/低息贷款，大致要求为有相关的抵押物（房、车）或担保人进行担保，银行支持放款，国家帮助支付全额或一部分利息，使用期限为1~3年的一种创业贷款形式。具体的申请方式可以咨询你所在地的就业、人社等相关部门。这种方式利息低，贷款时间长，还款压力小，能很大程度上缓解资金问题，是比较优质的贷款方式。

④ 天使投资。天使投资是权益资本投资的一种形式，是指具有一定净财富的人士，对具有巨大发展潜力的高风险初创企业进行早期的直接投资。天使投资属于自发而又分散的民间投资方式，这些进行投资的人士被称为"投资天使"，用于投资的资本被称为"天使资本"。实际上这种情况在一般开店创业中比较少见，陌生人的投资比较难寻找。

（2）店面

有些人开店是因为自己或家人、朋友有空置店铺，这种情况下可以降低开店成本，是一件很好的事情，也算是硬件投资。因为有人情关系在，往往店铺租金比陌生人租赁要实惠很多，在开店成本和资金占用上可以节省一大部分，但切记一定要签订好合同，约定双方权利与义务，避免用金钱去考验人性。当你的店铺开得如火如荼时，房东忽然要跟你收租金或要你搬出，势必影响店铺经营。若因店铺出租最后影响亲戚、朋友关系得不偿失，不如从一开始就签订租赁合同。

（3）合伙

合伙生意不好做！你一定要先有这个意识，再去考虑合伙与否的事。

① 可以考虑合伙的情况：与你有共同创业目标、愿景，跟你一拍即合；开店资金不足，对方恰好能补充你的资金并有意投资；对方可以与你互补长短，进行优化资源配置；开店的创意与想法是大家共同商讨出的结果等。

可以合伙、必须合伙与真的合伙是两码事。

② 合伙的优势：共创、共享、共担。在合伙机制下，应当是团队相互扶持，实现共同的梦想，每个人都是发动机。大家互相发挥所长，分工合作，在开店初期相当于有了几个员工，容易把店开起来并走向成功。

③ 合伙的劣势：无法明确决定权人。合伙，谁说了算？几个合伙人互相推诿扯皮时有发生，赚钱时固然你好我好，不赚钱时更容易起争执与矛盾，最后不但店开不下去，朋友更做不成。本以为是互相扶持，感受兄弟情义，谁知道变成经常在一起吃吃喝喝的酒友，白白把店铺利润消耗掉；遇到困难时，但凡有一个人坚持不住、离心离德，便会拆伙、分家，店铺关门，最后苦心经营一切化为泡影……

④ 非必要不合伙，如果合伙需要注意以下事情。

一是可以找与自己性格互补的合伙人。比如你是一个凡事亲力亲为的人，做事情喜欢自己说了算，那么合伙人就可以找一个能够听你的，在性格上不那么强势的伙伴。如果两个人都非常强势，都要说了算，在开店过程中可能需要不停处理两个人意见不合、争吵等情况，不利于合伙。

二是合伙人可以找跟自己优势互补的。比如你负责进货渠道，他负责店铺管理，或者你负责做甜品，他负责做咖啡。大家分工明确，共同努力，每个人负责不同的事不会因此互相推诿指责，也能共同开发新产品或经营项目，这是属于比较好的合伙人范围。

三是合伙人要找与自己志同道合的。合伙人是要有共同梦想或共同技能的，可以一起做一个店，共同承担风险并把店做大做强的。

必须注意的是：不论寻找哪种合伙人，不能找非常斤斤计较与人品不好的人，或是本身就背负很多债务在外面到处打欠条的人。

【案例 2】

有个姑娘与人合伙在一个新商圈开了一家茶叶店，经营茶叶与茶具等。新商圈招商的政策免 3 年房租加上她用心经营，生意做得不错，可忽然有一天这个姑娘把店关了，人也差点自杀。原来她有一个合伙人，欠别人一大笔钱后消失，而所欠的债务都是以这家茶叶店的名义借的，如今合伙人的失踪让这个姑娘在完全不知情的情况下欠下巨额债务，每天都被讨债的人上门追债，万般无奈下只好关了店。但债主们找不到那位合伙人就去找她，她也还不起这笔债，一时想不开想一死了之。她虽然被救了回来，但一个阳光、开朗的姑娘却从此抑郁了，最终的结果是父母卖掉了自己的房子，帮她还债。

类似上述案例这样的事并不是个例，因此如果我们需要合伙开店，一定要谨慎寻找合伙人，在合伙前就要对他有充分的了解。

⑤ 合伙机制：合伙，除了要谨慎选择合伙人并考察其言、行，还应当签订合伙协议，约定双方的权利与义务，划分双方的分工、分红等方式。把权利与义务约定在合伙之前，等开店时一切按章说话。

【案例 3】

在我的玻璃花房项目筹建初期，碰巧遇到了我的健身教练正好想辞职创业，我跟他讲解了项目构想里包含有健身一项，想邀请他加盟。我们认为这将是一个非常独特的项目并在落成后能够实现盈利，一拍即合决定合伙经营。我准备了合伙投资协议拿给他看并邀请他签订，他一开始说要拿回家看看再说，后来又说不着急等资金到位再签也不迟。在资金不充裕的情况下，我们暂时搁置了协议的签订，分别准备资金。我们通过申请当地的创业扶持贷款作为启动资金，每人拟定贷款 20 万元，他通过我的帮助顺利申请到贷款，我因故申请贷款慢一步，因此前期只有他的 20 万元作为启动资金。

我们商定利用首批 20 万元进行先期施工，后期等我的 20 万元贷款到账再追加，因为项目涉及搭建施工，所以我们找来工程设计与施工方探讨项目施工方案并做设计。在这个过程中，我和我的合伙人因为前期投入问题产生了分歧，他坚持认为我们俩应该共同出资各 20 万元用来搭建我们各自负责的项目部分，后期回款后再用作追加投入与流动资金。而我坚持认为 40 万元资金应分作两部分，一部分做前期投入，另一部分作为流动与应急资金放入共同账户，后面回款应作为利润而不是继续追加投资。

因两人僵持不下合伙协议仍没有签订，此时施工设计方拿出设计好的施工方案：我们经营的项目分两个场地搭建，健身在楼里的东侧搭建平台，我的花房在院子里的花坛另行搭建。因为施工方是我的合伙人找来的，并且在设计方案中未经我允许一个项目被分割成了两个完全无关联的部分，我以项目设计不符合我的要求为由要求其重新设计，另一方面我找合伙人想要签订投资合伙协议。此时的合伙人已不再提贷款的事，也对签订协议避而不谈，并以各种理由推脱拒绝见面。我意识到合伙失败，果然没过几天，我发现他已经在街边租下门市并正在装修进行预热宣传。

之后他再也没有联系过我，我们的合伙生意无疾而终，我也因为这段失败的合伙经历浪费了时间，后来我顺利申请下创业贷款，不跟任何人合伙，盖了自己规划中的玻璃花房。

这是一个开店初期合伙失败的案例，我们在合伙时都容易遇到类似情况，主要有如下几个问题：

a.前期没有考察好合伙人，商讨合伙前我只是他的顾客，对他没有过多了解。

b.谈好合伙后没有及时签订合伙协议就盲目行动，导致自己做了无用功。

c.在第一次拒绝签协议时就应该发现问题所在，而不是继续进行下一步，当时已经可以看出他不想合伙，不认可我的想法。

　　d.合伙人找来的施工单位测算他那部分搭建需要40万元，而实际后来我的朋友接手他那部分项目搭建总花费5万元。如果先期按照合伙人的想法先搭建他那部分项目，我将再无力启动我的项目，并且钱也不知最终流入谁手。

　　虽然合伙没有成功，浪费了我的时间与精力，但由于我一直坚持要签订合伙协议并且没有盲目地认同那份施工设计，我保住了我的项目与启动资金，避免遭受较大的损失。从这件事以后，我在合伙投资上越发谨慎。

⟨ 2.2 ⟩
选择经营模式

　　为店铺设计或选择经营模式，是开店前期准备中的最重要一环，它是未来店铺经营的核心，关系着店铺经营的成败。我们将分三部分来讨论如何选择经营模式：自创模式；加盟品牌；选择经营项目。理解并做好这三部分，开店经营事半功倍。

2.2.1　自创模式

　　自创模式即自己创造经营模式，没有经验可以借鉴，只能自己摸索。自创模式适合心志坚定，对自己有清晰认识的创业者，因为不知前路如何，无法轻易预判未来店铺的经营状况，一旦经营遇到困难很容易陷入自我怀疑，从而导致店铺经营模式更换甚至是关店转让。

　　创造与众不同的经营模式，既不是哗众取宠也非毫无根据的瞎想，而是根据自身条件或自身所长选择一条独一无二的路。

　　自创经营开店模式包含两方面内容：独有的装修风格、独特的经营模式。

　　(1) 独有的装修风格

　　大众普遍能接受用中式风格装修茶叶店、中餐厅，用欧式风格装修蛋糕店、咖啡厅，那么前几年流行的北欧风装饰风格又是从哪流行来的？第一个用北欧风装修花店，让花店的鲜花、绿植与白色相呼应凸显干净明亮的感觉是谁想到的？因为第一个做的人取得了好的效果，顾客认可、同行争相模仿，所以才会有更多这样装修的店出来。

　　例如，2021年开始流行克莱因蓝以及"叙利亚风"装修风格，最初被应用于某一家店，因风格独特吸引顾客络绎不绝到店打卡，后来逐渐全国流行。克莱因蓝与"叙利亚风"装修集合的咖啡店，如图2-3所示。

图 2-3　独特装修风格的咖啡店

1957 年，法国艺术家 Yves Klein（伊夫·克莱因）在米兰画展上展出了八幅同样大小、涂满近似群青色颜料的画板，"克莱因蓝"正式亮相于世人眼前。从此，这种色彩被正式命名为"国际克莱因蓝"（International Klein Blue，简称 IKB），如图 2-4 所示。

图 2-4　克莱因蓝

叙利亚风指工业的风格或者叫作仓库风格。其特点是装修很简单，不贴墙砖，也不贴瓷砖、地砖等，就像毛坯房一样。

很多人贷款买了房子，没有足够的资金装修，就会选择这种装修风格，不用过多硬装，只摆家具、家电、沙发等生活必需品即可。这是网络上的解释，其实"叙利亚"三字已经很好诠释了这种风格，即战乱——破墙、破洞、水泥房。原本"叙利亚风"在门店装修中是非常不讨喜的，做生意都讲究寓意好，谁会把门店特意装修成破败的战乱风？但是一家标新立异，顾客追求新奇打卡分享，为吸引顾客就有越来越多店铺装修选择这种风格。

基于分享经济大行其道的今天，越来越多的店铺注重与众不同的店铺装修，越新奇特越是独家，顾客越会趋之若鹜，店铺生意归根结底是吸引顾客的生意。装修风格没有好坏之分，只在于店铺能不能因此吸引到顾客，谁解锁流量密码，谁就掌握主动权，获得第一波财富流量。

"叙利亚风"因独特的战乱风格反其道而行吸引顾客探店打卡,顾客们想方设法要拍出好看的照片去分享在社交平台上,因而又吸引另一批探店的顾客,如此一来便掌握了先期主动权。这便是通过装修标新立异,为自己的店铺吸引顾客,增加人气与流量。店铺今天可以设计"叙利亚风",明天也可以做"俄罗斯风",后天可以搞"印度风",反正就是顾客没见过的或者市面上少见的就行,不常见、差异化的别人才有兴趣一探究竟,新开店先把人吸引来,就成功了一半。

(2)独有的经营模式

装修风格可以个性化甚至可以自己创造,经营模式可以吗?也是可以的,不然那些前人的、大企业的模式是怎么来的,那些写在教科书里的经营模式是怎么来的?前人自创,是根据实际经验不断总结改进出来的,最后都会变为自己独有的经营模式,有的甚至成就了大企业。因此我们不要觉得自己做不到就不去尝试,照搬别人的经营模式不一定适合自己,也许自己创造的才是最适合自己的。

创造经营模式要适合自身条件,切莫盲目定方案或跟风,要在前期就规划好,等开店后不断验证调整,逐渐形成自己的经营模式。

【案例 4】

有一家咖啡店,地理位置隐蔽,位于两进四合院的小院子里。咖啡厅改造前原地段是一片空地,地面有三棵高大的树,两棵在墙边,一棵在院子中间,还有几丛地下长出来的小树苗分布在院子里的各个角落。

小院改造前期计划要把占地方的树砍掉,在我的建议下保留了大树,一方面可以作为店的特色,另一方面也是基于环保考虑。因此在改造中,保留了三棵大树,其中两棵靠墙的树原样保留做了一个前花园景观,曾经小院中间那棵最大的树被包裹在店里变成了一处活的装饰(见图 2-5、图 2-6),后期他的店经营与宣传中充分利用了这个特色,以"树咖啡""咖啡店里有棵树"等宣传语在当地形成了网红效应,各类探店者、网红、慕名而来的顾客络绎不绝。这个就是装修中因地制宜形成自己的特色装修风格起到的效果。

图 2-5 树屋咖啡店

图 2-6　咖啡店一角

他的店刚开业的经营模式和一般咖啡店无二，运营中慢慢认识了各类朋友、顾客，之后他的运营开始做出调整：增加了开店培训、咖啡师培训，承接了团建活动，日常顾客引流打卡，节假日活动。因为总是围绕着咖啡来，他发现店里虽然有顾客办卡或者买咖啡豆，但是他的营业额并没有达到理想状态，于是他又继续调整经营内容，增加了甜品。这时他的店因为打卡人众多，已经有人来向他询问加盟事宜。此后他的店着手准备第二次装修，店里额外又盖出一间玻璃顶的屋子，院子里进行了铺装，并上新设备，顾客打卡与活动的地方因此变得更多。借着装修不能营业，他也开始把目光投向院子之外，他物色了我们当地即将新建开业的商场，在地下超市出口租下一块地方做了一家集奶茶与咖啡一体的外卖店。

新店开业后他的"树咖啡"店又迎来了第三次经营调整，我为他引荐了红酒品鉴师，他同时找到了精酿啤酒的供货渠道，于是店里营业项目又增加了红酒、精酿啤酒、西餐简餐。他的店开始向着多元化经营的模式发展，时至本书写作之时，他的店还在继续调整经营中，已经开始利用他的前院做休闲烧烤、花园餐厅了。

这个咖啡店经营案例就是非常典型的不停调整经营模式逐渐形成自己经营特色的案例，他前期会有规划也有经营模式的思考，比如甜品、红酒，但当条件不允许时他可以选择暂时不做，等待后期条件成熟再完善，这就是他对于自身精力、财力等情况认知清晰的体现，因此他在经营这家咖啡店的时候才能比较顺畅地不断完善，同时还有余力再尝试新地点开新店。未来他的咖啡店模式一定会走一条加盟、代理、开分店、培训的一体化经营道路。

2.2.2　品牌加盟

（1）加盟是什么

加盟指参加某一团体或组织。本书指的是商业领域中品牌的代理加盟。某企业或品牌拥有完整的品牌、商标、技术、产品等内容，加盟店通过付出相应报偿获得该企业的人员培训、组织结构、经营管理、商品供应等方面的协助，并形成契约关系，从而获得经营该企业经营项目的许可，即为加盟。

(2) 加盟获得什么

加盟别人的品牌你一定要清楚自己的需求是什么，一旦加盟了品牌之后不好更换，也不方便做自己的内容，到时受制于人，会让自己变得被动起来。

加盟品牌，你更要清楚品牌方做的是什么。加盟是你拿着钱去换取别人的成熟品牌资源或品牌手册，而不是技术支持，同时不要指望有额外支持。加盟的优势如图2-7所示。

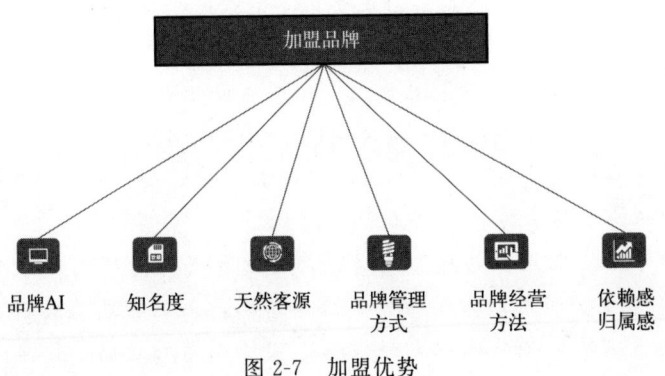

图2-7　加盟优势

(3) 别指望加盟就能赚钱

很多人一想到开店首选加盟别人的店，因为觉得没开过店是小白，加盟是最快速、最稳妥的方式，可以帮助自己起步。殊不知这种想法本身就是危险的，加盟不是万金油，不一定就能帮你赚到钱，当你开始有等和依靠的想法，你就离失败不远了。

【案例5】

闺蜜和她的朋友合伙在四川自贡开了一家以做自助酱大骨为主的火锅店，采用的是加盟品牌形式，他们负责找店面、租房、雇用工人，自负盈亏。品牌方提供的是原材料大骨头、火锅调料，以及最初的调料配比技术。闺蜜和朋友两个人一不会技术，二不会管理，三没有工人，只是看到店家宣传视频上介绍各种好，如日进斗金、客满盈门，并算了一笔账：月入1万元，投入6万元2个月收回成本。她们觉得稳赚不亏，投入又不大，于是心动想要加盟开店。

从开店小白到成为火锅店老板娘，闺蜜只用了一个月的时间，共计投入6万元。租房选址由于资金有限选在了老旧小区商圈的一个100平方米半地下铺面，按照艺术氛围布置一个火锅店。开业前的拓荒保洁是两个合伙人及她们全家齐动手，干了整整一个晚上，满怀豪情壮志开业了。开业后与原来想象的穿着美丽衣服只用请朋友吃吃火锅就能赚钱的生意大相径庭，闺蜜做起了收银，每天晚上忙碌到深夜才能拖着疲惫的身体回家。核算成本与利润时，原来他们原本应该盈利的生意，利润被雇用的员工与进货的品牌方拿走，自己剩下的利润寥寥无几，甚至还不如上班一个月赚的工资多。

闺蜜的"日进斗金"火锅店是如何梦想破灭的？

开业的时候她按照品牌方要求做了开业大酬宾——自助39元一位，加收火锅底料费，啤酒免费喝。啤酒免费喝没有问题，问题在于哪款啤酒免费喝，批发1元一瓶的啤酒和批发8元一瓶的啤酒免费喝差别可就大了，偏偏闺蜜的合伙人负责这件事，他看错了进货价把2元一瓶的啤酒当成了1元一瓶的啤酒。

更要命的是火锅底料，火锅底料进货价8元一份，他们卖的是鸳鸯锅，品牌方给他们的方式是鸳鸯锅一半是清汤，另一半是风味锅底，本来这没有什么赔钱的。因为顾客都是花钱，只要平价出都可以，但营业时闺蜜去查看后厨才发现，她从品牌方聘请的厨师在调制锅底时，每次倒进2份锅底调成一锅，而她只收了8元锅底钱，如果顾客挑选的是风味锅底加清汤锅那么她一锅赔8元，如果顾客的鸳鸯锅是双拼两个口味那么她一锅就要赔掉16元。

由于每卖一锅他们至少赔掉8元锅底，还没算喝掉的啤酒，于是只能紧急叫停所有活动，并赶快涨价。四川的顾客很有意思，他们喜欢吃火锅也爱排队，越排队的店越有人排队，越没人的店越没人。由于城市的老旧小区主要都是留守老人，当地本来消费购买力就不够，不涨价时顾客冲着价格低廉还有人去，一旦周边邻居发现店里涨价，便一传十、十传百都不去了。时值2021年，因为众所周知的原因，经常限制堂食，让本就经营不善的店铺雪上加霜，更加没有顾客光顾。

闺蜜为挽救店铺，先后多次向品牌方求救，品牌方只是不停要求他们囤货，给一些连品牌方的直营店都无法盈利的方案去让他们做实验，再拿不出更多的方法帮助他们。闺蜜看到求人无用，只好绞尽脑汁自救，短视频火她就每天做短视频介绍店铺，裁撤掉多余的员工，店铺从最开始厨师、员工5个人到最后变成连闺蜜都算上3个人，仍然无法挽救颓势，只能草草收场。这次火锅店创业仅仅半年便由于资金链断裂发不出工资而宣告失败。

闺蜜的火锅店创业失败当然有她自身的原因，如：成本控制不清晰、选址不对等问题，但也可以看到加盟的品牌方对她提供的支持寥寥无几，这家加盟公司前期还会收加盟费，后期都不再收加盟费，而是主要靠赚取加盟商们的进货货款以及火锅底料钱。因此，品牌方派过来扶持的厨师才会在火锅底料添加时成倍使用，提高成本令进货周期缩短。等到后期店开不下去，品牌方又会告诉你增加新项目继续经营，它好继续从中赚取利益。

加盟品牌店一定要注意，尤其是这种小本经营的买卖，其实完全没有必要去加盟品牌。我们开店，首要降低开店成本，在品牌加盟上，如果投入过多的加盟费用或者是因为加盟品牌需要购买很多的原材料将为我们的店铺运营带来极大负担。

【案例6】

A女士自己本身有一份不错的事业，每年可以收入过百万，但是工作比较辛苦，而且很脏很累，因此A女士萌生了退休开花店的想法。她是一个做事雷厉风行的人，这个想法一旦产生，马上就付诸行动。她拉着她的妹妹两个人一起到山东某家鲜花加盟品牌学习花艺。三天的学习之后，她交了20万元的区域代理加盟费。2020年春天，很多人都对大额投资持观望态度，不少街边店铺关店倒闭。她却在此时盘下了一家面积120平方米的临街底商，算上加盟费，她前期总计投入大概40万元，装修好后店铺开业。

花店属于技术型行业，店主本身要具有良好的花艺技能，或者高价雇用熟练的花艺师。四线城市开花店投资并不大，技能熟练的花艺师大多自己开店，本地能雇用到的大部分为学徒工，无法撑起一个店铺日常运转。A女士是花艺小白，在开店前她做建筑生意从未接触过花艺，去山东学习的3天时间并不能让她掌握真正的技能，她的店铺因此面临了极大的经营问题：店面大又空，凭借人脉关系接到的订单她不会做，短期内无法招到成熟的花艺师，好不容易招到店员制作出的成品她也无法去品评好坏，为了怕砸掉她的招牌与人脉，她往往赔钱卖花。

她多次向品牌方求助要求派花艺师来培训，但由于品牌方在异地迟迟派不出人来帮她解决问题，也不能给她进行二次培训。20万元加盟费，都花在哪里？一是区域代理加盟费，二是花店开业进货。A女士没有进货源，因此她从这个品牌方进了很多包装纸与鲜花，实际上内行都知道花艺类的包装纸，主要的供货商都在江浙一带，鲜花的供货商集中在昆明一带。她从品牌方进的货经过比对发现比正常进货渠道要贵出很多。

她在开花店过程中走了很多弯路，店开起来后发现不能指望品牌方只好又花钱雇人同时掏钱去学花艺，自己重新找货源，她的店开业2个月后在同区域又有一家同品牌加盟花店开业，相当于她白花了品牌加盟费什么都没得到。

（4）加盟风险评估

加盟的风险主要来自两个方面：一是加盟费，一万元、两万元甚至高达十几万元、几十万元加盟费，交给别人的钱肯定拿不回来，这在投资创业中往往是一笔不小的风险开支；二是加盟的品牌商标，一荣俱荣一损俱损，投资加盟看中的就是对方的品牌效应，如果遇到品牌危机形象受损，你加盟的店也会因此而受损，且损失无法追回。

加盟品牌要做好风险承担的心理准备，权衡利弊后再决定，这样在遇到突发情况时才不会因为加盟的品牌而影响自身经营。开店本身就是一件有风险的事，没人能保证自己一定赚钱，做好加盟品牌的心理准备，选择合适的品牌就可以做起来了。

(5) 选择品牌

到哪里选择自己想要的加盟品类或品牌？大街上别人已经开过的店能不能加盟？加盟网站上那么多加盟项目选哪个，怎么选择？

① 无目标开店。想开店没有任何技能、特长，也没有喜好，单纯想赚钱，建议多查资料关注国家政策，寻找未来有发展前景的行业并结合当地行情考虑，再从加盟网站寻找看看有没有相关项目，可以从网站多找几个你感兴趣的，或者投资小的项目多做考察与对比再入手。如果都没有合适的，那么建议直接从餐饮行业入手，这是最接地气也是最容易入行的行业，涉及民生的店铺有天然的客源。

② 有目标开店。选择品牌之前要问自己想做什么项目，想开什么店，确定好方向再有的放矢地寻找品牌加盟。选择品牌的方法很简单：多找几个同类型的品牌商，有条件的一定要去实地考察，尤其要看它们真实的加盟店与直营店，然后再做比较。在纸上写下某几个品牌，分别写下它们有无加盟费、加盟费金额、门店支持政策、区域保护政策、提供的品牌支持、公司规模、有无独家产品、产品涵盖面。这几项重要信息分别按照竖列梳理记录清楚就可以很容易比较出加盟品牌的优劣势，从而进行选择。

如果列出所有选项后，你有两个备选品牌，可以再去实地考察一下，多走访几家它们的加盟店，届时自然能够做出选择，哪怕是凭个人好恶也代表一种选择，你自己都不喜欢的加盟品牌，你又如何干得下去。

选好品牌你就可以开始着手准备加盟事宜。

(6) 经营模式

同自己直接开店一样，你也要看加盟品牌方的经营模式，询问并确定它们的经营模式与你的设想是否相符，同时品牌方是否有什么经营禁忌，一定要提前问清楚。如果自己更改经营模式是否可行，以防在后续自己开店的过程中因为没有提前问清造成损失被品牌方追责。

加盟的好处在于不需要操心经营模式，不管适合不适合当地实际情况，经营模式都是固定与标准化的，前人走过可行的路，你再顺着走一遍，也比较容易成功。

一般品牌方会为你详细制订经营计划，从选址开始就手把手教你，招聘到员工也帮你技术培训，直到开业还会有视频宣传，可谓是一站式服务，省去诸多开店琐碎之事的烦恼。缺点是你开店的事无法自己把控，自己说了不算，与自己开店当老板自己说了算的想法相比会有心理上的落差。

(7) 附加内容

附加内容是指附加在加盟政策上的一些附加条款，可以是品牌方附加的，也可以是加盟者附加给品牌方的。对于品牌方来说，附加的内容有可能是区域保护政策、免责条款，或是要求加盟者进货多寡的进货条款，而对于加盟者来说，需要的是在什么样的情况下能得到品牌方支持，什么条件下能够免责继续得到品牌方支持。这个是加盟者真正在加盟签订合同时需要特别注意的事项。总之，创业开店需谨慎，投资加盟更要谨慎对待。

(8) 进销货方式

有的人想开加盟店就是因为寻找不到进货渠道，有的人则自带进货渠道，因此在加盟时应该特别注意这一项，前文案例中，朋友开店最开始是利用品牌方提供的进货渠道，后来她发现不但进的货要比市面上更贵一些，而且有时货还不能及时送到，因此她一边营业一边利用身边现有资源寻找合适的替代货源，等到她寻找到合适货源后，就取代了原有品牌方提供的货源。

开店初期利用加盟品牌的现有优势，通常可以帮加盟者快速上手，店铺能够顺利地快速开门营业，但加盟者也要知道品牌方提供的资源不是免费的资源，天下没有白吃的午餐，想要进一步扩大利润空间时，可以从货源处着手，用本地货源代替品牌方提供的货源，这种方式一定会帮加盟者省下开支。

另外，需要注意的是，如果加盟时合作条例规定加盟者必须用品牌方提供的货源，否则取消加盟代理权，加盟者最好另寻他法。加盟者一开始签订加盟合约时仔细看清条款注意事项，就显得格外重要。

2.2.3 经营项目的选择

(1) 选择不对，努力白费

有句俗语叫"选择不对，努力白费"，就像人们择业，如果没有一个好的职业选择与规划，那么再努力，从一开始就决定了职业生涯的顶端在哪里。开店创业，经营项目的选择从一开始就决定了成败，选择不对，努力白费。

选择项目也要根据自己的性格或喜好特点，比如你最没有耐心，不喜欢做手工，偏偏选择一个手工店的创业项目，那就是自讨苦吃，没法深入到工作中去，如何能够依靠这个项目赚钱？须知现在不论任何事都没有所谓的风口，没有捷径可言。你要做的是，充分分析自己的喜好、特长、知识面，了解领域后选择适合自己的创业项目。

（2）根据地域性选择经营项目

地域性经营差异是存在的，南方人喜欢喝茶，谈事情会选择茶楼，因此茶楼文化在南方很有市场；北方人习惯在饭桌上谈事情，要北方人坐着干喝茶一本正经聊天，则没这个习惯，所以北方茶馆少，大部分都是茶叶店。这就是地域性文化差异形成的消费习惯，从而影响了一个行业的经营方式。

如果不了解你当地的消费习惯以及地域文化特色，贸然选择项目，就会冒很大风险，须知引领潮流，并改变当地人的消费习惯，需要很多年很多人的积累，不是你一个人一家店能够完成的，不遵循市场规律极容易创业失败。

举个例子，有人在成都创业，选择了一个成都人人都爱但满大街都是的项目——火锅店。成都人酷爱吃火锅，因此诞生了很多火锅品牌。顾客们爱排队，哪家火锅店门口排长队，那食客更要去排队。很多人都有在成都火锅店门口排队等三个小时就餐的经历，但吃后要说这家店有多美味也未必，就是食客们爱排队凑热闹更爱喜新厌旧，一家店前两天门庭若市，后两天可能就门可罗雀。成都就是这样一个吃货天堂，但也是餐饮创业者极富挑战的地方。如果创业者作为一个完全不懂餐饮的门外汉，第一次创业就在成都选择火锅店项目创业，这本身就是极具风险，也是极容易失败的事情，如果最后创业者创业失败，应该说与创业经营项目的选择不当有关。

（3）选择冷门或热门项目

选择冷门或热门项目投资创业，这个话题就像高考生填报志愿选择冷门专业热门学校还是选择冷门学校热门专业一样是无解的。提笔写下这个话题时觉得还是有必要拿出来与读者们讨论一番。

冷门项目指的是一些不那么被人看好，或者不被大众所熟知的项目，比如手工DIY项目，一开始不为人们看好，或是很多创业者做不了，但是随着人们生活水平的提高以及工作的繁忙，总有一些顾客想要找地方放松一下，也有一些情侣想在看电影、吃饭之外能够做一些有意义有趣的事，于是DIY手作店作为一个冷门项目火了起来，几乎每个城市都有那么几家有趣的手作店，并受到年轻人的追捧，成为新兴的项目。冷门项目不代表不能赚钱，也不代表不能受大众喜爱并流行，冷门只是代表这个项目没有那么多人能从事或者没有那么多人知道。

热门项目指的是被很多人熟知或看好的项目，也泛指风口行业，比如近两年的网络直播带货，不论是品牌厂商还是个人IP都在直播带货，可见其热门程度。当所有的人都挤进直播带货领域时，万众过独木桥，必然要各显神通，虽然是热门项目也有可能不赚钱。

不论是冷门项目还是热门项目，赚钱的总是少数人，冷门项目有可能因为创业者的眼光独到以及个人经营而赚钱，热门项目也有可能因为参与人数众多而造成竞争压力过大、资源饱和而赔钱。因此，创业项目的选择，不在于是否冷门、热门，而在于是否适合创业者本身以及经营得好坏。

　　我们在选择创业项目的时候，还是可以充分考虑项目的冷、热程度，并对项目前景做出预判，这个预判应结合当地经济发展水平与消费水平，预判未来 5 年的消费前景。

第三章

开店流程详解

< 3.1 >
租房选址

3.1.1 地理位置的选择

租房子开店，地理位置选在哪里很重要，根据我们前面确定的经营项目，选址有以下几个要点，加盟店不在讨论范围内。地理位置选择范围如图3-1所示。

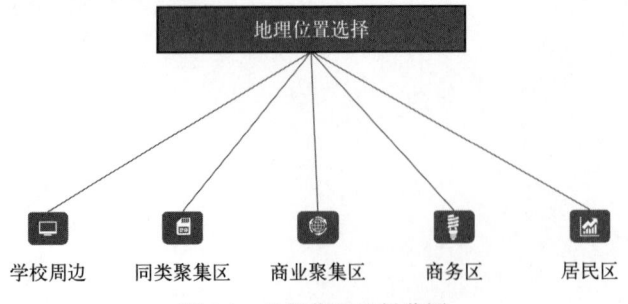

图 3-1 地理位置选择范围

（1）学校周边

学校周边实际上有一个很好的地理环境，适合的商业项目比较多。

① 中小学周边：家长对于孩子受教育的重视程度很高，国家也对学校周边营业场所的设置做出过明确规定。2021年版《中华人民共和国未成年人保护法》规定："学校、幼儿园周边不得设置营业性娱乐场所、酒吧、互联网上网服务营业场所等不适宜未成年人活动的场所。营业性歌舞娱乐场所、酒吧、互联网上网服务

营业场所等不适宜未成年人活动场所的经营者，不得允许未成年人进入；游艺娱乐场所设置的电子游戏设备，除国家法定节假日外，不得向未成年人提供。经营者应当在显著位置设置未成年人禁入、限入标志；对难以判明是否未成年人的，应当要求其出示身份证件。"（第五十八条）"相关经营者违反本法第五十八条、第五十九条第一款、第六十条规定的，由文化和旅游、市场监督管理、烟草专卖、公安等部门按照职责分工责令限期改正，给予警告，没收违法所得，可以并处五万元以下罚款；拒不改正或者情节严重的，责令停业整顿或者吊销营业执照、吊销相关许可证，可以并处五万元以上五十万元以下罚款。"（第一百二十三条）

专业解读：中小学校园周围 200 米范围和居民住宅楼内不得设置营业性歌舞娱乐场所、互联网上网服务营业场所、营业性电子游戏场所。中小学校园门口 50 米范围内不得摆摊设点和从事妨碍教学秩序和影响未成年人身心健康的其他营业活动。

因此我们如果要在中小学周边开店，那么应避开法条中明文禁止的这些经营项目，并且选择适合的项目经营。比如针对学生们爱吃的零食、甜品可开零食店、蛋糕店，学生们需要的文具店，或者是书店，还可以经营玩具店、服装店等，要与学校有一定的距离又不能距离学校太远，最好在学生上下学的必经之路上。这类店铺的开办，主要针对的客源就是所处位置的学生、老师以及接送学生上下学的家长，要根据他们的需求因地制宜、因人而异地选择经营项目内容与产品。

② 大专院校周边/大学城：大专院校周边或者大学城内，不像中小学周边经营项目要求那么严格，凡是学生们感兴趣的都可以开店，都有商机。小到一个包子铺，大到酒店，都有学生们的需求在其中，而一些新奇有趣，或者价格又没有那么昂贵的产品、经营项目也可以在大专院校周边试水。因为学生们年轻容易接受新鲜事物，凡事讲究新奇有趣，同时因为背井离乡求学，可以说整个上学阶段的日常学习、生活所需都在学校及学校周边完成，因此学校周边完全可以按照完整的生活业态去打造，各位创业者也可以以前所未有的热情投入到学校周边的商业运营中。

唯有记得：学生们的身心健康不但关系到国家的未来，也关系到创业者的生意能不能持久，那些教唆年轻人犯罪、滋生不良习惯的用品、行为等不要带给年轻人，须知有底线地做人做事，才是商业的长久之计与商业的良性发展之道，更是做人的道理。

（2）商业聚集区

商业聚集区即商业中心，在一定区域内有大商场、步行街、金融中心等场所，无论是白天还是晚上都有很多人、车在这里穿行，周围店铺林立，商业价值高。这种商业聚集区适合的开店项目很多，如餐饮、生活必需品、服装、娱乐等。原来我们认为这种地方不适合开书店，但随着一批网红书店在装修、装饰上的推陈出新，越来越被年轻人接受和喜爱，与此同时大型商场的配套设施中也有了网红书店的身影，因此只要产品与经营内容设计得当，像书店这类经营项目都适合开在商业街，何况其他经营项目。

选择地理位置时，要特别注意以下几点：①房租、水电费用、物业费用成本核算；②与同类经营项目的差异化；③在此地段的具体位置区别与选择；④商场内店铺与临街店铺的优劣势比较。

① 房租、水电费用、物业费用成本核算。房租、水电、物业是开店的成本大项，之所以单列讲述是因为商业中心的房租部分会占用创业者非常可观的开店资金，必须仔细认真地核算过后才能选择。

商业中心的房租有可能是全市房租中最贵的地方，有的甚至租20～30平方米每月需几万元租金。一间小店每年几十万的房租成本，无疑是压力巨大的。做的项目能不能赚钱，能赚多少，就需要创业者非常认真地核算清楚再下手。有些商业中心的商铺房租是按照元/米^2/天这样计算的，乍一听起来感觉好便宜，但把需要的店铺平方米数乘以天数再去计算时，会发现这房租高得吓人，因此不听房东忽悠、避免踩坑就是创业者在租房时的重中之重。

一般商铺都是商用水、电，比民用收费标准要高出不少，还要防止其他店铺偷水、电的情况，在租房前要充分询问清楚，做到心中有数。

② 与同类经营项目的差异化。当创业者选择了一条商业街，接受了它高昂的租金以及由于地段带来无穷无尽客流量的天然优势后，需要做的就是如何做到与这条街上其他同类店铺的差异化经营。

想象一下一条街上都是奶茶店，靠什么吸引顾客进店消费，或让顾客停留在店里看看、拍照、尝试下单？首先要做到差异化，顾客在买谁的东西都行的情况下，门店装修特别、店门口招牌吸引人等就是快速吸引人眼光、抓人眼球的方法，这就是为什么现在越来越多的店在装修装饰上下功夫，越来越多的创业者想要靠标新立异吸引人。

③ 在此地段的具体位置区别与选择。同一条街也会有位置区别，街头与街尾的店铺房租不相同，营业额也会不一样。商业步行街通常会有配套公共卫生间设施，卫生间旁边的店铺或公交、地铁站附近的店铺的营业状况也会有区别，要根据营业项目合理选择店铺位置。

一般街头与街尾的店铺不适合做服装类店铺，选择到商业街的顾客都是有逛街的需求，街头店铺东西再好，顾客都还想再逛逛所以成交率不高；街尾的店铺因为顾客已经逛差不多有疲惫感也不容易成交。但街头的店铺很适合开奶茶店，一边拿着一杯奶茶一边逛街对于顾客就是享受；而街尾的店铺适合伴手礼店、餐饮店或鲜花店，顾客逛完可以带着买给亲朋的礼物或是一束鲜花回家，累了在街边的餐饮店吃个饭再回家也是不错的选择。

临近公共卫生间的店铺不建议做餐、饮、小食店，会给人一种不卫生的感觉。

因此，在店铺位置的选择上，根据经营项目要充分考虑顾客心理，而不是盲目追求所谓的"旺铺",对别人来说好的店铺不一定适合自己的经营项目,街头、街尾的店铺选择大不一样。

④ 商场内店与临街店铺的优劣势比较。商场店铺因受商场的管理,会被固定营业时间、卫生规范等,需要每天都有人在店里按时营业,因此相对不够自由,这些都是创业者对商场店抵触的地方。私营创业类型的店主其实是不适合进商场店铺的,因为它的风险成本比较高。

临街店铺的最大好处就是时间自由,营业时间由店主说了算,同时临街店铺也会有相对的治安问题需要考虑,有些房东为私人,房租需要跟房东协商。相对于商场店铺,临街店铺的公信力没有那么强,也会有顾客砍价的现象;而商场每到节日做引流活动,店铺客流量可以保证,临街店铺一切都要靠自己。

就装修方面来说,临街店铺只需城管部门备案,房东同意,店铺无论怎么装修都可以,比较容易出特色,商场店铺则因为商场要统一风格,所以对于店铺的装修把控比较严格。

两种店铺位置各有利弊,根据自身条件需求权衡在哪租房更适合自己的店铺。

(3) 同类聚集区

同类聚集区指的是同类型的产业、商业聚集的地方,形成扎堆效应,顾客一买什么东西首先想到的就是这个地方,比如建材市场、家装市场、婚庆一条街、小吃一条街等,都属于这种同类聚集区,即你的店铺周边都是你的同行。

不是所有类型的店都有同类聚集区的地方,有时候周围有好几家同类型的店也可以算作同类聚集,这类聚集的好处是顾客好找,不论是货比三家还是需要某类东西第一时间想到这个位置,时间长了都会形成群聚效应,顾客也会习惯性前往。坏处是容易形成低价竞争,更容易出现同行之间的龃龉。

【案例7】

在餐饮一条街上有这样几家店:一家以炸串为主,酒水主要卖精酿啤酒15元2杯(每杯750毫升),炸串店对面有一家熏鸡店主做熟食熏鸡,它旁边还有一家烤鱼店。夏天天热,炸串店在店铺门口摆摊生意很火,熏鸡店眼红于炸串店的生意,于是在它的店铺门前也摆起摊卖瓶装鲜啤,第一天15元/升,偶尔有路过的市民停下买酒。第二天熏鸡店为了相比炸串店形成竞争优势,啤酒改为10元/升,果然多了很多顾客选购,一晚上卖掉50升酒,旁边的烤鱼店顾客也去购买它的酒。第三天,烤鱼店卖起同款鲜啤8元/升,熏鸡店只好也把啤酒价格改为8元/升,但是顾客仍被分走一部分。第四天,熏鸡店的啤酒降价为6元/升,烤鱼店一看也把酒改成了6元/升,此时从这条街上走过的顾客已经谁也不买鲜啤了,两家谁也没挣到钱。第五天,烤鱼店把酒改成了5元/升(进货价),熏鸡店的酒也只能降到同样程度,最后两家店打了起来,而此时炸串店仍然维持原有的精酿啤酒价格已经开始有了回头客……

恶意压低价格或者故意挑起价格竞争最后只能落得两败俱伤，白白让利给消费者，而消费者因为连续的降价会产生不信任感，最终导致谁的也不会选择。上述案例中，最后因为两家把价格都降到了最低，又打了一架，谁也没有赚到钱，消费者也不再去买他们的酒，反而是炸串店因为差异化经营不但保住了利润，更避免了价格竞争。

作为创业者必须有远见更要有大局观，像这类的事情是要尽量去避免的，同行可以是冤家也可以是帮手，不可能把所有的竞争对手都打败。若这一条街只有一家店铺，群聚效应没了，店铺也没有了生存土壤。因此，享受同类聚集区带来的好处，就要接受它的不利，和同行业的人、店铺竞争，是需要考虑未来会面临的麻烦之一。

（4）商务区

商务区即写字楼林立的商务办公区，是聚集了大量公司、上班族的地方，商务区除了房租贵外还有一个特点：工作日人多生机勃勃，中午吃饭和上下班时间人流量大，而晚上、节假日相对冷清。因此在商务区做生意主要考虑的是上班族的需求，做他们的生意。花店、咖啡店、甜品店、餐饮店、服装店、超市、办公用品店等都是很好的选择，同时可在店内设有临时休息的休闲区能够为店家带来额外收入。商务区的上班族有两点需求要满足：一个是中午无法回家的休息需求，另一个是上班时间会见、谈事情的需求。

（5）居民区

居民区分为三种：老旧居民小区、新建住宅小区、成熟的新式住宅小区。

老旧居民小区，多以中老年人居多，选择这类小区附近租门店时需要注意自己的意向顾客年龄段，尤其是当小区多数是中老年人，消费实力与消费欲望降级时，门店项目如何选择与如何定价。选择这类地段优势是租房成本低，劣势是消费实力不够。租房时要注意询问房东房屋属性，是否为住改商房屋，以及确定是跟房东签合同而不是二房东（转让店尤其注意）。

新建住宅小区的生活设施配套不完善，周边很多店铺都没有开业，是崭新的商业业态，因此可以做的项目很多，房租也不会高过商业区，商铺同住宅一样都是新的。租这类小区的店铺缺点是需要养店铺，即培养客户，因为住宅小区处于陆续交房、住户陆续装修入住中，所以前期店铺的生意不可能如想象中一开业就很火，需要店主耐得住寂寞并有足够的资金支撑。同样这类店铺前期比较适合与装修、生活必需品采买相关的项目，迎合顾客需求，等小区住户逐渐稳定时再考虑做一些店主喜欢或者其他的经营项目。

成熟的新式住宅小区周边的店铺相对稳定，不会随时有空房出租，价格也相对高一些，住户多以年轻上班族、家有新生儿、帮忙带孩子的老人为主。年轻人白天上班，老人带孩子闲逛，晚上年轻人下班，老人在跳广场舞，这是这类住户的生活轨迹，创业者可根据创业项目选择合适的店铺位置。

3.1.2　商业周边的选择

孟母三迁为了给她的儿子找一个好邻居，店铺周边是什么样的店铺，邻居是什么样决定了店铺未来是什么样。

若一条街周边店铺都是餐馆，中间空着一家店等待出租，这家店铺租下来可以做什么？书店还是咖啡店？大概没有人会选择到全是餐馆的地方看书或喝咖啡，但是在餐馆旁开一家烟酒超市或者24小时便利店，目标顾客就是这些餐馆的顾客，卖烟、卖酒、卖各种饮料，很显然是合适的。

周边都是卖衣服的店，开烧烤店或者中式餐馆显然也是不合适的，有可能房东直接就会要求不能做餐饮，但若选择开一家轻食减脂餐店，买衣服的女性受到衣服的刺激产生身材焦虑想要减肥，吃一顿减脂餐是可能的。也可以选择在此位置开家奶茶店、咖啡店、鲜花店等。

总之，什么样的经营项目决定了在何种位置开店，反之亦然。而开店选址最重要的是适合，与周边环境相配，人来人往行色匆匆的位置开一家书店，那不是闹中取静，而是找赔钱。

3.1.3　租房价格的选择

常规意义上租房价格的理解是房租比较，其实它是一个综合比较的过程，在此我们讨论以下几项内容（图3-2）。

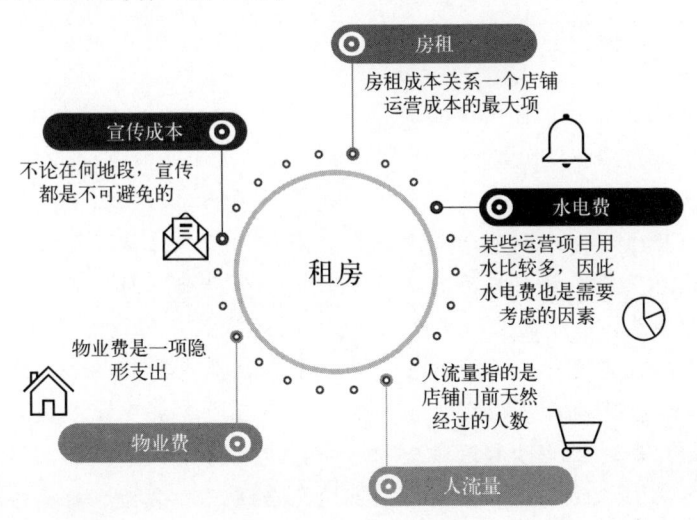

图3-2　租房所包含的内容

(1) 房租

房租是店铺运营成本的首要大项，房租过高辛苦干一年，年底算账时发现钱都给了房东交房租，自己反而没剩多少，因此把控好房租成本将成为店铺盈利的关键。

房租一般有两种支付方式：季付和年付。季付是一次性付三个月房租，即房租是按月算的；年付是一次性交一年的房租，即房租按年算。两种付房租的方式都是非常好理解并可计算的，租房时可以直接问房东，也能够马上核算出来一年的房租租金成本，从而推算运营最优的情况下一年的毛利润。

还有一种付租金的方式需要特别注意，即房租按元/米²/天结算，这种方式一般适用于商业街或者写字楼。这是一种对于普通创业者或初创者来说特别容易踩坑的房租计算方式，房东或中介报价时通常是只报多少元或多少毛（角），而不会说每平方米每天，因为不符合普通租房者的习惯所以让人很容易陷入一种房租好便宜的错觉中，从而贸然决定租房签订合同，等签订合同后再仔细算账时就会后悔了，这时将陷入继续租下去不划算，不租要赔违约金的两难境地。

正确的计算方式是：

报价（元/米²/天）×租店铺大小（平方米数）×365天（按年算）＝一年期房租

看房别着急定下来，随身带着纸笔或开着手机记事本，算明白账后再做决定。

商场店有时除了正常房租外，还有一种隐形房租的收取方式即营业额百分之多少需要交给商场，因此在商场租店铺一定要问清楚有没有这种方式，如果有则需要更加认真地核算。有些新建项目或新商场为了招商会采取3年或几年免房租，然后要营业额的百分比或要店铺的股份分红，其实也是变相收取房租，不营业没赚钱固然收得少，一旦营业额增加，交的钱也会增加。当店铺不能承受时，搬家、关店就成了必然，搬家或关店，哪一样也是不容易的一个选择，因为预示着需要从头再来一遍，之前的装修和积累的客户将付之东流。

【案例8】

某城市有一个废旧厂区改造项目，当时对外的宣传是"打造当地人的798"，定调文旅项目，初期招商免房租，听起来很诱人。这个项目在中心城区的范围内，周围都是居民区且厂区门口仅有一条双向两车道的马路，在上下班高峰期都会堵车，而这个项目因为是厂区改造并没有临街店铺，入口仅是厂区大门。除地理位置的因素，这个项目里面在招商的房子要么是一个一个车间似的厂房，要么是车库，抛开租金不谈，房子的装修与改造将需要非常大的一笔投资费用。

后来这个项目经过一年多的运营，有几家餐饮店商户入驻，后期入驻的商户仍然是餐饮店，整体项目基调发生了转变。两年后，这个项目在夏天开始打造网红夜市一条街，每到夜晚根本无法进入其中，道路堵车、限流，又因为离居民区近时常被投诉扰民。最开始入驻的商户虽然免房租，但投入了大量的装修改造费用并被要求参股（项目运营方要求以入股的形式返缴房租），初期商户陷入两难境地。真正高消费的顾客因为夜市占道及堵车无法进入和停车，投资开店的商户生意受到影响。因为当地是四线小城市，这个号称当地"798"的项目本地人都知道，项目运营方竭泽而渔的运营方式，无疑为后续项目内商铺出租困难埋下伏笔。

【案例9】

某大型商圈综合体开业招商，所有的商铺均实行三年免房租的政策，本地最早的一批商户们纷纷入驻，因为它的地理位置比较远离城中心，各项配套基础设施不完善，因此市区人群并不常去光顾。三年下来第一批的商户有因无法生存下去倒闭的，三年租期不满就已经搬走的，还有些商户经营不错三年租满想要再续租时被告知不能续租，运营方另有安排。等再招商时，因周边配套已形成，本地人的批发消费习惯已形成，因此开始收取房租，这时这个大型商圈承接了从大城市搬迁而来的批发集散功能，形成了大型批发集散商圈，逐渐车水马龙起来，最早的那批商户在看似有利的条件下贸然入驻最后帮运营方培养了成熟顾客，自己却落得赔钱走人的境地。

遇到三年免房租这类招租的商铺时，一定要仔细观察并分析好，须知天下没有免费的午餐，三年免房租对创业者来说到底意味着什么，权衡利弊后再决定要不要在这个位置租房。

还有在租房时有一个隐形的款项可以跟房东要求，就是装修期免房租。一般的装修期是可以不算房租的，问好房东，向他要这个优惠，不论是商场店还是临街店都是有这么一个装修期的，尤其是商场店一般会有。

(2) 水电费

水电费是人们通常都会忽略计算的成本项目，实际上水电费对于有些经营项目来说是支出很大的成本项，比如餐饮类、花店等。

水电费的收取是有一定的标准的，分为商用水电、民用水电两种。一般商用水电的价格比民用水电的价格高两倍左右。

(3) 物业费

物业费也是同房租一样有不同的缴费形式：房东包物业费/免物业费、按月算的物业费、按元/米^2/天计算的物业费。租房时问清房东物业费的计算方法以及缴费方法，可以帮助自己核算清楚开店成本以及避免事后扯皮。

(4) 人流量

人流量指的是从店门前一天经过多少人，这是一个天然的数据指标，计算方法很简单，只需要搬个板凳从上午坐到下午数经过的人就行了，节假日和平时都可以挑一天来计算。很多人不会统计人流量，认为只要找临街店铺就可以了，统计人流量费时费力。其实不然，租房前在心仪的店铺前统计人流量是验证你的店未来客流量以及选址好坏的最简单方法。如果想要租的房子房东号称临街旺铺，而实际统计的人流量不足100人，那么有必要租吗？答案显而易见，除非走的是小众路线或改造房，一开始就打算不要天然的人流量，不然任何时候天然的人流量都是店铺营业的第一选择。只有真正做到在开店前对店铺人流量心中有数，才能在店铺运营中不会因为没有顾客而慌张，也更能帮助自己计算运营成本及投入成本后收回成本的回报周期。

（5）宣传成本

过去开店的宣传成本大部分是纸质印刷的传单类费用或广告费，如今网络时代的宣传成本则大部分为网络投放、网络代运营、网店宣传等，其实宣传成本是成倍提高的。宣传成本跟租房的地理位置息息相关，在繁华、人流量大的地段宣传成本要相对低一些，如果在居民区，又恰巧是改造房这类店铺，宣传成本会成倍增加。因此在租房时，根据地段选择核算宣传成本，把成本核算尽可能地做精细一些，有助于做到开店前心里有数，开店后量力而行。

‹ 3.2 ›
门店装修

3.2.1 装修风格与预算

（1）装修风格

新店装修风格要与经营项目相匹配，不能汉服店用日式装修，也不能饭店的装修风格看起来像足疗店，这是最基本的人们约定俗成的认知方式，特别要注意的是茶社、汉服店、古风摄影店、中式餐厅，装修与装饰一定要懂文化，避免出现因为文化缺失造成店铺装潢与品位有出入。以上场所除了个别喜欢拍照打卡的年轻人外，大部分客人都是有一定文化内涵的，你如果以外行装内行，不懂装懂，明眼人一下就能看出来，非常容易"翻车"，导致店铺口碑下降。

目前比较流行的店铺装修风格有：极简风、北欧风、森系风、叙利亚风、工业风、中式风、新中式风、日式风、欧式风等。

根据自己的店铺运营项目，选择合适的装修装饰风格，相得益彰地吸引顾客是创业者租房后要做的第一件事。千万别小看店铺装修，现在的顾客是看颜值的，店铺要从一开始就为以后的运营宣传做准备。以下介绍具体的装修风格特点。

① 极简风。极简风在室内设计界流行了几年。对于极简风，有人认为它是化繁入简的一种表现形式，简约却不简单。就店铺来说，极简风是非常不容易做到

的，要有极其强的收纳整理能力，同时又要有极强的审美能力，真正的极简风装修实际上是花费不菲的。

图 3-3 是一家以色列的餐厅，位于一条充斥着批发店面和杂货店的街道，餐厅的设计师拆除了店铺里所有原有的金属格栅和透明窗户，封闭了整个临街立面，安装玻璃与刷成自然色调的墙体组合（图 3-4）。其结果是这里更像是一个艺术画廊而不是餐厅的入口。这个设计提供了一种亲密的、具有安全感的效果，减轻了街道上的噪声，将客人与混乱的外部世界隔离开来。

图 3-3　极简风装修

图 3-4　极简风餐厅外部

极简风适合主打健康、注重顾客感受的餐饮店，它不是简装而是简约不简单的装修风格。

② 北欧风。北欧风是指欧洲北部国家挪威、丹麦、瑞典、芬兰及冰岛等国的艺术设计风格（主要指室内设计以及工业产品设计）。北欧风起源于斯堪的纳维亚地区的设计风格，因此也被称为"斯堪的纳维亚风格"，具有简约、自然、人性化的特点。

北欧风格简洁实用、直接、功能化且贴近自然（图3-5），宁静的北欧风情，绝非蛊惑人心的虚华设计。

北欧风格的白色调与绿植装饰非常适合文艺类店铺装修应用，并利于产品的售卖展示，因而天然受到花店、咖啡店等走文艺小清新装饰风格店的追捧（图3-6）。

图 3-5　北欧风格装修　　　　图 3-6　北欧风典型装饰风格（清迈咖啡店）

③ 森系风。森系一词最早来自森林系女孩，是一种时尚潮流。

森系以营造大自然感觉为主，原木、绿植、石头等都可以被用来装饰。如今森系也代表了一种崇尚自然的生活态度，因此森系风格除了被用来作为花店、咖啡店、书店等店的装饰装修风格，也会被广泛应用在餐饮店中（图3-7）。

图 3-7　早期森系与工业装修风格融合的餐吧

④ 叙利亚风。叙利亚风指一种看似简陋、破败的装修风格，钢筋混凝土直接用作墙体，家具只有生活必需品，将房子装修成毛坯房的样子。

越来越多的店铺靠做这种装修火了起来，刻意营造破败感（图 3-8）。

图 3-8　叙利亚装修风格店铺

这种装修风格特殊，看似破败的装修实际上会花费大量人力物力，同时也会造成装修材料的浪费，与其称之为"叙利亚风"不如称为"战乱风"更加符合实际。店铺里充斥着大量的残垣断壁的感觉，从看客或食客的角度考虑都会让人产生心理不适，容易让食客心理焦虑无法就餐，长远看对店铺的发展是不利的。另外，这种店铺往往在装修时为了与室内装修风格相呼应，它的店面、门头都需要装修成同等风格，此种破败感与城市美化不符，也容易被城市管理者处罚、要求整改。

作为一个店铺的经营者，未来将直接参与到城市的建设中，应把自己的店铺呈现出美的一面为城市增光添彩，并竭力避免宣传丑、恶文化。未来这种"战乱风"必将被淘汰，因为它不符合主流大众的审美与社会文化内核。因此不建议开店者再赶这个"时髦"，这种风格终将过气。

⑤ 工业风。工业风格来自第二次世界大战后，那个时期的家具和风格独具工业特色，有浓郁的文艺气息，所以受到很多人的喜爱，后来工业风逐渐发展成为一种风潮。工业风格有以下几项关键元素：颜色以黑白灰为主，材料选用砖、混凝土、金属、玻璃、大面积裸露管件、各种老旧家具等。工业风格还可以细分为 LOFT 工业风、机械原理工业风和复古混搭工业风。

工业风因流行时间长，取材容易，家具、家居物品容易寻找，被广泛应用到各行各业的店铺装修中，未来仍将流行下去，并会演变为复古工业风、怀旧风等。

工业风适合各类店铺装修，其中以餐饮店、酒吧、咖啡厅等休闲娱乐场所居多（图 3-9）。

图 3-9 工业风装修的餐厅

⑥ 中式风。中式风格是一种以宫廷建筑为代表的中国古典建筑的室内装饰设计艺术风格，气势恢宏、华贵、高空间、大进深、金碧辉煌、雕梁画栋，造型讲究对称，色彩讲究对比，装饰材料以木材为主，图案多龙、凤、龟、狮等，精雕细琢、瑰丽奇巧。

因为中式风格往往用料讲究，做工精细，因此其装修投入通常比较大，一般的创业者对此种风格敬而远之，此类风格装修一般常见于中餐馆、中式茶楼、酒楼等（图 3-10）。

图 3-10 中式风格装修的餐厅

⑦ 新中式。与中式风格相近的就是新中式风格。将传统的中国元素与现代材质巧妙地结合在一起，而且在装修氛围中，能够处处体现出来。新中式风格的家具有古典的风范，包括一些窗棂、精致的小摆件，延续着明、清时期家居的理念，同时又得到了现代元素的升华，给传统的装修氛围注入了新的气息，古典又时尚。

新中式风格因其风格造型多变，用料方便选取，造价相对亲民，受到店主们的喜爱，比较常见应用于足疗店、茶叶店、按摩店、中式餐饮店、汉服店、古风摄影店等众多店铺（图3-11）。

图3-11　新中式装修风格的餐厅

⑧日式风。日式风格又称和风、和式，源于中国古代唐朝。

和风传统节日用品日式鲤鱼旗、和风御守、日式招财猫、江户风铃等都是常见门店装饰用品。日料寿司店是我们常见的装修成日式风格的店铺（图3-12）。

图3-12　日式装修风格的餐厅

⑨欧式风格。欧式风格有一种在形式上以浪漫主义为基础，装修材料常用大理石、多彩的织物、精美的地毯、精致的法国壁挂，整个风格豪华、富丽，充满强烈的动感效果。另一种是洛可可风格，其多用轻快纤细的曲线装饰，效果典雅、亲切。

从文艺复兴时期开始，巴洛克风格、洛可可风格、路易十六风格、亚当风格、督政府风格、帝国风格、王朝复辟时期风格、路易·菲利普风格、第二帝国风格构成了欧洲主要艺术风格。这个时期是欧式风格形成的主要时期。其中最为著名的莫过于巴洛克风格（图3-13）和洛可可风格（图3-14），深受皇室家族人员的钟爱。

第三章　开店流程详解　▶▶　041

图 3-13 奢华的巴洛克装修风格

图 3-14 洛可可装修风格

欧式风格在店铺中的应用主要有：甜美的蕾丝花边、精致大气的水晶灯、优雅的天鹅绒、金碧辉煌的金色镜框等，一些换装馆、欧式下午茶店、甜品店等比较适合这类精致装修风格，与之延伸出浪漫色彩极浓的法式风格装修店铺甚至是花园，这里不再赘述。

(2) 预算

开店最初投入的成本里除了房租外，装修费用是另一大项，一间 20 平方米的店有人装修花 5 万元，有人花 20 万元，如果不做好装修预算，仅仅在装修一个环节就有可能花掉创业者全部的资金，最后落得房子装修好却开不起店的后果，因此在装修前为店铺量身定制装修方案、制订装修预算至关重要。

装修预算应该是开店资金的1/3，比如有20万元开店资金，租房用掉5万元，装修可以用6万元，而不是15万元，因为店装修好后还需要进货、宣传及运营，因此装修最多可以用掉开店资金的1/3。

有装修预算后，就可以寻找设计师，根据预算请设计师出设计方案，再着手准备装修。

3.2.2　向相关单位报备

装修门店不都是店主说了算，门外的门头、墙面装修需要跟城管部门报备；室内部分的装修需要与物业报备；在签订租房合同时应该注意房东关于房屋装修的约定，如果需要知会房东的还要知会房东；涉及消防安全的也需要符合消防规范以备消防部门检查。

具体的政策应咨询当地的相关管理部门，总之行为应合乎法律法规，并充分考虑安全隐患才能保证顺利开店。

我的朋友老张和朋友合伙开了一家烤鸭店，因为装修时没有和城管部门报备，他的门头做好后城管人员来检查，因不符合规定，迟迟通不过检查，面临着拆掉重做的尴尬境地，一个门头好几千，一下就这么损失了。

3.2.3　寻找施工队

店铺装修跟家庭装修一样可选两种方式：一种是找专业的设计师设计，然后再找整体包工包料的团队一体协作完成；另一种方式是自己或加盟店出设计方案，找施工队一步步装修。第一种方式的好处是店主会比较省心省力，不用操心工程进度，不用到处跑建材市场买各种材料，只需要不时盯一下现场并验收即可；劣势是需要花费的金额相对较高，省心省力的同时是别人代替你去完成，那么你就需要付出金钱买别人的劳动与时间。第二种方式的好处是店主会比较省钱，因为每一步都是自己盯、自己找人、自己买材料，所以对任何装修步骤都需要心里清楚；劣势是装修离不开人，虽然省了钱但需要花费大量的时间和精力，而且装修的施工队各自分管，等房屋使用出了问题时，无法找到明确的责任人帮忙维修，只能再次花钱维修。

两种装修方法各有优缺点，可以从是想省钱还是省时间考虑，省下的时间可以去做别的准备工作，省钱可以用在后期进货上。每个人需求点不同，所以选择不同。

我的朋友自己建造并装修了一个咖啡厅，从前期平整院子里的土地，砍院子中碍事的树杈，到后面的搭建房屋，再到咖啡厅装修，大到一扇门小到一块砖，都是施工队进行到哪一步，缺少什么东西，他和朋友再开车满城转，到处跑，货比三家买回来的，从夏天开始搭建到秋末装修完一共花了两个多月的时间。因为朋友有体力优势，在资金不充裕的情况下，一边看着人装修一边到处采购材料，省钱又学东西，是适合他的方式。

我的店是冬天开始搭建并装修的（图3-15、图3-16），一共花费一个月时间完成。采用的方式是我出设计图后找了一个靠谱的施工队，包工包料全程负责不用我操心。我的要求就是我只负责出钱，工期30天，质量要过关并能够达到我的设计要求，其余的我就不管了。

图3-15　平整土地

图3-16　搭建玻璃花房

在施工并装修的一个月时间里，我做的事情就是有空了去看看。等施工差不多时，我开始在网上采买家具及软装装饰品，我没有花时间在买地板或买橱柜上，而是集中精力在挑选法式水晶灯、蕾丝窗帘等细节上（图3-17、图3-18）。

图3-17 花房的水晶灯

图3-18 室内样貌

因为我看不懂装修材料，所以选择了最省心省力的方法，我认可让施工队或者包工头赚钱，我认为那是人家该得的，只要在我的装修预算范围内我都可以承受，也因此后面店里出现了任何质量问题我还可以找到这个施工队来帮我免费解决（图3-19、图3-20）。

这就是选择带来的差别，不用分谁好谁坏，适合自己的就是最好的。

图 3-19　早期春天的玻璃花房外观

图 3-20　经营中春天的玻璃花房

3.2.4　制订工期计划

　　寻找到靠谱施工队后，除了敲定装修方案外，一定要制订工期计划，如期完工交付使用是检验施工队是否合格的又一标准，检验人家合不合格在其次，最重要的是为自己省钱。早一天装修完投入使用，就能早一天开业，早一天实现盈利与回款，因此一定要为店铺装修制订工期计划。

我的朋友开咖啡店，因为是用零散的装修方式没制订工期计划，只能干一步看一步，虽然有包工头为他盯施工现场并找人干活，但他所有东西都需要自己采买，不但花费精力更容易延误工期，他的店搭建、装修用了2个月时间才完工，而我跟施工队制订了严格的工期计划，因此我的店从搭建到装修完一共用了1个月时间。同样是搭建外加装修的模式，我们的店都需要平整土地，也同等大小面积，他的水泥地面铺瓷砖以及刷墙在夏天晾干时间短，我的超大号玻璃需要订做，水泥地面铺地板冬天需要晾干时间长，但我们总体的工期相差一半。

制订工期计划除了可以帮助节省时间快点开业外，还有一个好处就是可以分期支付装修款，最后的尾款可以等装修完成或者店铺使用一段时间后再付。这里不是教你拖延付款，而是本来装修界就有约定俗成按工期付款的方式，同时也是帮助店主合理分配资金，防止遇到不靠谱的装修队，拿了装修款不干活跑路，无法追回装修款，也是一种避免损失的方法。等到装修完，使用店铺一段时间确认没有施工质量问题后再付尾款更是对店主有利的方式。

3.2.5　工程验收

一定要进行装修后的验收，验收合格后再付剩余的装修款。

验收主要有以下几个方面需要注意。

① 店内的布线、插座、电源是否合理。店主的需求应该在装修之初就提出，并在验收环节重点查看，特别是用电需求。比如咖啡店需要用到大功率的咖啡机等设备，店内的电线能否承受；店里的空调、电暖气等设施有没有接电的地方；店门口或店外等是否需要装霓虹灯招牌等，是否预留外接电源接口；地板上是否预留插座；店内安装摄像头与音箱的地方有没有预留等。

② 店内是否有明显的装修瑕疵影响店铺美观，比如瓷砖有裂痕、地面高低不平、墙面掉灰等，这属于施工质量问题，要及时提出。

③ 如果一家餐饮店在店里设计了厨房，那一定要重点检查厨房用水、用电是否安全，是否有安装净水器的地方与电源接口，是否有安装大功率排烟设施的地方，水槽与操作台的方向、高度是否合理等。

硬装设施是无法轻易改变的，装修除了要好看还要看是否能方便日后的使用，店里众多设施、布局是否合理以及是否有安全隐患，这些因素既会影响自己店铺在后期经营又是为后期消防、卫生等部门检查更容易通过。

3.2.6　室内软装

门店装修除了方便店铺操作、经营外，更是为了把环境布置得好看、特别，从而吸引顾客到店"打卡",产生消费并自发地为门店宣传,实现持续盈利。因此装修就是门店吸引顾客的利器,店家为了把门店装修好看,通常分为硬装与软装部分。软装即室内家具、窗帘、花瓶、摆设等,代表了一个店主、一家门店的格调与品位,更代表了未来要吸引的顾客群体画像(什么样类型的顾客),因此门店的软装应该比硬装更为受到重视。

软装要风格统一,店里装修的是巴洛克风格,那就应该配水晶灯、蕾丝、流苏、金色浮雕和高脚杯,而不应该放一个日式和风的鱼灯,否则会显得不伦不类无法协调。因此在最初装修设计时,除了确定店内各项设施的摆放位置,定制的柜子、墙线、灯带、特殊工艺等,还要考虑灯吊在哪里以及选择什么样的灯等具体细节,并在一边装修时一边选择软装的物品,这样会极大地节省装修时间。

‹ 3.3 ›
店铺起名

3.3.1 起名技巧

店铺名字是店铺的灵魂,名字可以特别、新颖,也可以跟营业执照上注册的名字不一样,但它应朗朗上口,让人容易记住。

这里不推荐使用日文、韩文、英文等外国文字起店铺的名字,会造成顾客的认识混淆与无法辨认,别人推荐店铺时也会因为店名无法顺利说出来而放弃。特殊情况是店铺开在外国人聚集区,客人主要以外国人为主,那店铺名称可以中外文同时具备。

店铺名字尽量不要与别人的店名重复,在起名时除了可以查询百度外也可以在抖音、小红书等社交网络查询一下,因为店铺日后也要做宣传,也要上抖音、小红书,所以尽量不要跟那上面的店名称重复,避免将来麻烦。

店名起好后,就可以在装修过程中顺便把店的招牌制作出来了。

3.3.2 店铺商标设计

一般情况下,店铺需要用到标志(LOGO),标志主要用于店招牌、名片、店内包装袋等外包装上。

设计也比较简单的话,可以直接在网上寻找制作名片、贴纸的商家(图3-21),他们会有免费的设计。如果对店标要求比较高,在网上也会有相应的专做设计的服务，付费后制作一系列的名片、外包装等即可。与此同时要记得留下设计源文件，并保存在电脑中。这种方法会比在本地寻找设计师或找熟人帮忙更经济实惠。

图 3-21　网络上名片定制商家非常容易找到

3.3.3　商标注册

商标所有人为了取得商标专用权，将其使用的商标，依照国家规定的注册条件、原则和程序，向机关部门提出注册申请，机关部门经过审核，准予注册的法律手段。在经相关部门审核注册后的商标，便是注册商标，享有商标专用权。

"麻辣烫"是一种深受百姓喜爱的食物，从南到北，大街小巷，麻辣烫店铺无处不在。若要问起哪一家最好吃，得到的回答一般都是"我家楼下那家""那家是哪家？"。后来我们发现多数麻辣烫店铺的牌匾上都会加上"重庆""小辣椒"等字样。最常见的麻辣烫品牌可能要数"张亮麻辣烫"和"杨国福麻辣烫"了。此类名称其实就是商标的组成部分之一，从这些商标的起源我们便能清楚地了解商标的概念，商标是一种经营者用以区别自己与别家商品或服务的标记。

（1）商标的概念

商标是由图形商标、中文汉字商标、英文字母商标、组合商标等形式组成。如果申请时是中文、英文、图形一起申请的，算是一件商标，商标审核时也会分开审核，分开审核的部分如果一个未通过则这个商标就会被驳回，通过率低，而且组合商标申请下来后无法分开使用，申请的时候什么样子注册下来后就得怎么用，不能随意变换，不能单独拆分使用。商标注册流程简图如图 3-22 所示。

第三章　开店流程详解　049

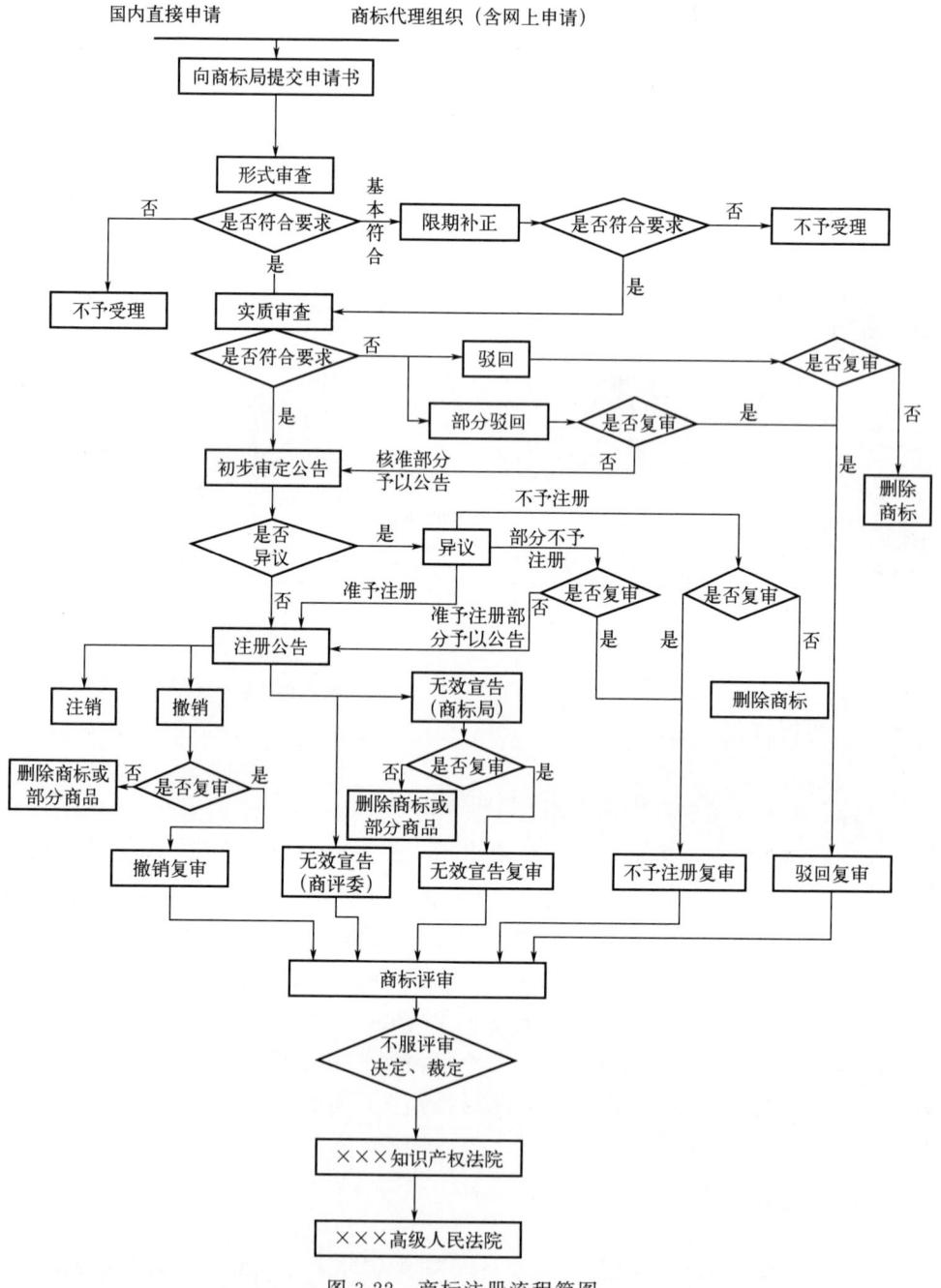

图 3-22　商标注册流程简图

① 商标的标记。在我国，一般商标注册成功后，在商标右上角以®标记；在申请中的商标在右上角以字母 TM 标记。

② 商标的作用。一是区别于其他的商品或服务；二是商标专用权保护。想要

注册自己个人品牌名称，保护个人品牌名称不被恶意抢注和恶意使用，就需要提前注册文字类商标。

③ 商标有效期。商标注册的有效期是 10 年，从注册公告之日起算，10 年期间无须年检，不产生任何费用。10 年到期前 12 个月内即可办理续展，续展一次又是 10 年，一直续展一直有效，不续展则 10 年到期后再过 6 个月商标即失效。

（2）标记的形式

《中华人民共和国商标法》第八条规定，任何能够将自然人、法人或者其他组织的商品与他人的商品区别开的标志，包括文字、图形、字母、数字、三维标志、颜色组合和声音等，以及上述要素的组合，均可以作为商标申请注册。

根据商标是否注册，商标可以分成注册商标和未注册商标。注册商标中，根据商标识别商品对象不同，又可以分为商品商标和服务商标。根据商标本身的形状不同，还可以分成二维商标和立体（三维）商标，比如劳斯莱斯的小金人就是立体商标。

商标跟 LOGO 一样，都是企业用的标志，我们这里讲的商标是未来要为店铺、产品、企业注册用的商标，是店铺做大做强后防止别人侵权而有明显区别的 LOGO，而普通的店铺 LOGO 一般只需要与别人有区别即可。

因此在商标还是 LOGO 的选择上，店主要根据发展规划合理选择，毕竟找人代办商标注册是需要收费的，另外在设计上随便设计个 LOGO 和设计要注册的商标也是两回事。

（3）为什么要注册商标

注册商标，可引导消费者认牌消费；促进生产者或经营者不断提高或稳定产品或服务的质量；有利于市场竞争和广告宣传，树立企业信誉，成为企业质量的象征；可作为无形资产、信誉的载体，为企业带来更好的经济效益；便于消费者认牌购物，提高商品的知名度。

注册商标的好处主要有以下几方面。

① 商标注册人拥有商标专用权，受法律保护，能够更好地维护自己的品牌；

② 通过商标注册，可以创立品牌，抢先占领市场，通过经营，使商标品牌化发展；

③ 商标是一种无形资产，可对其价值进行评估，可以转让、继承，作为财产投资、抵押等；

④ 商标可以通过转让、许可给他人使用，或质押来转换实现其价值；

⑤ 商标还是办理质检、卫检、条码等的必备条件；

⑥ 商标也是品牌产品能否进入天猫、京东等网络销售平台，以及大商场或超市销售的前提条件；

⑦ 获得商标专用权的商标在全国范围内受保护，其他任何人均不能使用，可

以打击竞争对手。

（4）商标也是资产

不少企业、个人恶意抢注与社会热点相关的商标，就可以看得出商标这部分比较复杂。想要注册自己个人品牌，保护个人品牌名称不被恶意抢注和恶意使用，就需要提前注册文字类商标。

（5）注册商标归属

注册商标可用公司执照去办，办完商标的拥有者是公司；个人办商标必须要个体执照，办完后商标是归个人所有。这两种方式各有利弊，根据自己情况而定，用公司办的话，商标归公司所有，查公司时，可以查到公司名下有商标，显得比较正规，但以后公司如果注销或者变更了，商标想变更的话，比较麻烦，还得再支付额外费用。

⟨ 3.4 ⟩
门店招牌

3.4.1 招牌制作

门店招牌是一个店的形象，更是一个店被顾客顺利记下来不可缺少的要素，开店初期我们经过了租房、起名、商标注册等一系列的步骤，是时候为我们的店做一个招牌了。

根据门店装修风格，选择适合的招牌样式，请专业的店铺/工人帮忙制作设计好的招牌样式，这个招牌指的是门头，是顾客一眼就能看见的最醒目的所在。

另外，除了门头招牌外，还可以选择墙面的招牌、门口外面摆的灯箱、广告牌、店铺里悬挂的招牌等，样式多种多样可以供选择。除了门头的招牌比较贵，按面积收费（有的地方费用中包含安装）外，大部分的招牌可以通过网购的形式，完成定制并邮寄到店里，小型的招牌是为店铺装修服务的，可以为店铺增色不少，同时价格低廉、安装简单，性价比很高。

3.4.2 招牌悬挂

门头的招牌通常都是找人安装，有些比较大或者比较高的招牌可能需要用到吊车，这种往往要看当地政策是否允许，因此制作招牌前要咨询制作人员，不要一意孤行，避免在悬挂招牌过程中惹来麻烦，损失时间和金钱。

除了门头外，一些招牌悬挂也很简单，有的找个挂钩就能挂上，因招牌的多种多样更令店铺变得生动有趣。

3.4.3 让招牌更醒目

如何让你的招牌更醒目，可以通过制作发光字，也可以在立体字上缠绕太阳能灯带，更可以将整个门头都做成夜晚可亮的灯箱，同时还可以做立在地上的立体灯箱等，这些都会让招牌更醒目，但与此同时要记得在一开始装修时就预留电线插口，为未来的各类装饰型用电留出余地。

我们让招牌更醒目是为了让顾客一眼能看到或为了让顾客更快速记住我们的店，对于临街店铺或是藏在深巷里的店铺都是如此，而深巷中的店铺除了要做醒目招牌外更要做一些指引性的标志，方便顾客寻找。

藏在深巷居民区的这家店（图 3-23）为了让顾客可以一眼看到它，把门漆成亮黄色，同时遮雨棚也做同色系，而招牌则做了 2 个，其中一个是灯箱，与墙面垂直。连门口的地面都铺设成欧式花砖，既可以起到装饰效果，又很醒目，真可谓挖空心思装饰门面了。

图 3-23　醒目的店铺门口装饰

图 3-24 中的店为藏在弄堂里的店面，连电线杆都不放过，不但染上醒目橘黄色更在门上写上大字，既省钱又效果好（一般这种藏在巷子里的店少人管理，可以考虑，如果是临街店铺则不建议使用）。

图 3-24　橘色醒目装饰

　　图 3-25 中也是一家巷子里的店铺，店主不但做了超大醒目的招牌外围还布了灯带，更在店铺外面放置巨型玩偶吸引顾客，兼具装饰与功能性，令人印象深刻。

图 3-25　巷子里的醒目店铺

不论是醒目的招牌还是门外的独特装饰又或者是与所处环境格外不相称的刷漆，都是为了让自己的店铺醒目起来，让顾客记住，只要合法合规，在装修预算内，可以想尽办法把店铺门外的装饰做起来。

< 3.5 >
相关手续

租房后拿到的房屋租赁合同，以及装修时跟物业的报备手续，同时在装修过程中找设计施工方做的房屋装修设计图，都是为申报相关手续做好准备，这些纸质文件一定要专门放在一个文件袋里避免丢失。

3.5.1 注册营业执照

营业执照是工商行政管理机关发给工商企业、个体经营者的准许从事某项生产经营活动的凭证。

（1）工商部门现场办理营业执照

必要资料：身份证、身份证复印件、经营者签署的个体工商户开业登记申请书（现场填写），还需要带着房屋租赁合同以备不时之需。

如果没时间去现场办理的，可以委托他人帮忙办理，需要手写或打印一份"委托某某办理个体工商户预先核准申请"的委托书，同时需要委托人也携带身份证、身份证复印件。

（2）网上办理营业执照

现场办理营业执照通常需要排队以及提前预约，有时忘带证件还会白跑一趟，所以现在全国各地大部分工商部门都有网上办理流程，如果要申请营业执照，可以先搜一搜本地的网上工商部门政务系统，看是否有网上办理系统。

如果当地工商部门已经开通网上办理个体工商户的系统，就可以在网上申请营业执照，如果当地工商部门没有开通网上办理个体工商户的系统，就必须递交书面材料到当地工商所或者行政服务中心办理营业执照。但是网上只是一个申请的过程，通过之后还需要打印资料去工商大厅递交纸质资料审核，通过之后才能领取执照。

① 只要网上申请办理营业执照并且相关部门完成核准登记工作后，申请人会在网上或手机上收到短信通知。

② 申请人可在网上登记系统中下载电子营业执照复制件或电子登记通知书，申请人也可免费向相关部门申领纸质营业执照或纸质登记通知书。

(3) 个体营业执照办理需提交的材料

① 经营者签署的"个体工商户开业登记申请书"。

② 经营者的身份证复印件（正、反面）。

③ 经营场所使用证明：个体工商户以自有场所作为经营场所的，应当提交自有场所的产权证明复印件；租用他人场所的，应当提交租赁协议和场所的产权证明复印件；无法提交经营场所产权证明的，可以提交市场主办方、政府批准设立的各类开发区管委会、村委会出具的同意在该场所从事经营活动的相关证明。

将住宅改变为经营性用房的，属城镇房屋的，还应提交"登记附表——住所（经营场所）登记表"及所在地居民委员会（或业主委员会）出具的有利害关系的业主同意将住宅改变为经营性用房的证明文件；属非城镇房屋的，提交当地政府规定的相关证明。

④ 申请登记的经营范围中有法律、行政法规和国务院相关规定必须在登记前报经批准的项目，应当提交有关许可证书或者批准文件复印件；

⑤ "个体工商户名称预先核准通知书"（无字号名称的或经营范围不涉及前置许可项目的可无须提交"个体工商户名称预先核准申请书"）；

⑥ 委托代理人办理的，还应当提交经营者签署的"委托代理人证明"及委托代理人身份证复印。

(4) 个体工商户登记办理时限

申请从事个体经营的个人或家庭，应当持所在地户籍证明及其他有关证明，向所在地工商行政管理机关申请登记，对符合条件的准予填写申请登记表，在受理登记15日内，做出审查决定，核准登记的发给营业执照，不予登记的，书面通知本人。国家规定经营者需要具备特定条件或须经行业主管部门批准的，应在申请登记时提交有关批准文件。核准时限为15日内。

办理时限：在文件证件齐备的前提下，个体工商户开业登记1个工作日（即来即办）。

3.5.2 相关卫生许可证

一般的服装店、花店、书店等不需要办理卫生许可证，但如果店里有餐饮或者本身就是餐饮店，那么就一定要办理卫生许可证，而这是除了营业执照外最重要的一项手续。

(1) 办理卫生许可证需要准备的材料

①卫生许可证申请表；②法定代表人或者负责人身份证明和培训证明；③公

共场所平面图和卫生设施平面布局图；④公共场所卫生检测或者评价报告；⑤公共场所卫生管理制度；⑥企业营业执照复印件；⑦健康证明复印件；⑧房产证或租房协议复印件；⑨空调通风系统卫生检测或者评价报告。

（2）办理卫生许可证的流程

①申请人提出申请；②卫生行政部门审查图纸及相关材料，并进行现场验收；③合格后，申请人依法申报材料，10个工作日领取卫生许可证。

卫生许可证有效期一般为四年；临时从事食品生产经营活动的单位和个人的卫生许可证的有效期不超过半年；如果是食品生产经营者需要延续卫生许可证的，应当在卫生许可证有效期届满前60日内向原发证机关提出申请；同意延续卫生许可证的有效期为四年。

总之，公民、法人或者其他组织申请卫生行政许可，应当按照法规规定的程序和要求向卫生行政部门提出申请。申请书格式文本由卫生行政部门提供。申请人可以委托代理人提出卫生行政许可申请，代理人办理卫生行政许可申请时应当提供委托代理证明。

3.5.3 特种行业许可证

（1）什么是特种行业

一些特殊的行业需要申请特种行业许可证。特种行业，是指在工商服务业中，因经营业务的内容和性质易于被犯罪分子所利用，由国家规定交由公安机关实行治安行政管理的行业。

主要包括：①旅店业；②刻字印铸业；③旧货收购信托业；④修理业。上述行业很容易被犯罪分子用来作为隐身落脚的场所，或者借以变造伪造证件、公章以及销匿赃物，因而是治安行政管理和治安预防的重要对象。

根据有关法规规定，凡经营特种行业，都必须报经主管部门同意，向所在地县（市）公安机关申报领取治安管理登记证，同时向所在县（市）工商行政管理部门申报登记领取营业执照后，始能营业；因故歇业、转业或变更登记事项，向工商行政管理部门申请的同时，应在公安机关备案；未经批准，不得私自开业。

（2）必备条件

旅馆业包括接待旅客住宿的宾馆、旅馆、饭店、招待所、客货栈、浴池、停车场、度假村等。旅馆业条件：房屋建筑、消防设备、出入口、通道等，必须符合《中华人民共和国消防法》有关规定；要有必要的防范安全设施，建立各项安全管理制度；设置治安保卫组织或者指定安全保卫人员。

典当业是指从事典当经营活动的行业。典当业条件：①有符合法律、法规规定的章程；②有符合规定的最低限额的注册资本；③有符合要求的营业场所和办理业务必需的设施；④有熟悉典当业务的经营管理人员及鉴定评估人员；⑤有两个以上法人股东，且法人股东相对控股；⑥应当建立、健全安全制度，房屋建筑和经营设施应当符合国家有关安全标准和消防管理规定；⑦符合国家对典当行统筹规划、合理布局的要求。

(3) 所需资料

旅馆业：①开办单位或个人的申请报告；②经营场所的平面图、房屋建筑和消防设施安全的有关证明；③从业人员登记表、治安（保卫）组织人员花名册；④企业法人必须是本市的常住户口，需带居民身份证（复印件）。

典当业：①申请报告；②典当经营许可证及复印件；③法定代表人、个人股东和其他高级管理人员的简历及有效身份证件复印件；④法定代表人、个人股东和其他高级管理人员的户口所在地县级人民政府公安机关出具的无故意犯罪记录证明；⑤典当经营场所及保管库房平面图、建筑结构图；⑥录像设备、防护设施、保险箱（柜、库）及消防设施安装、设置位置分布图；⑦各项治安保卫、消防安全管理制度；⑧治安保卫组织或者治安保卫人员基本情况。

3.5.4 消防防火措施

开店后会遇到消防安全检查，一是为保证自身生命、财产安全，二是保证顾客生命、财产安全，与此同时也是符合国家相关的安全法规，因此一定要在店内安装消防防火措施，不然也会影响我们的店铺正常开业、营业。

小到一个灭火器，大到消防安全通道、应急指示灯牌等都算消防措施，作为店主的我们根据自身经营范围和实际店铺使用面积、经营内容等要合理安排相应消防措施。

店铺无小事，消防安全更无小事，火灾事故酿成的悲剧足以让我们心中常警醒，日常应勤检查。

⟨ 3.6 ⟩
员工招聘

店铺即将装修完毕，就可以着手准备招聘事宜，店铺需要招待顾客、餐饮店需要制作餐饮，一个人无法完成全部工作内容，需要根据店铺大小、工作内容、实际需求等招聘员工一起完成工作。

3.6.1 选择适合的店员

店员的性格、经历、观点不同，人多就容易出现争吵，店员之间会有矛盾产生，店员和店主之间相处是否愉快，店员是否值得店主的信任都是问题，因此在雇用店员时要选择合适的人，适合店铺，适合店主。

(1) 观人识人

① 什么样的人不能用。

长相：第一眼看到就害怕（凶神恶煞）、反感（不顺眼）、浑身不舒服（气场不和）的人不能用。古话有"人不可貌相，海水不可斗量"说的是不能凭人的相貌来轻易判定一个人的能力高低，但当老板，用工、用人，首先要找自己顺眼的人来用。而这个"顺眼"代表的就是这个人的气场与你合不合，不一定长得凶神恶煞的人就是恶人，但"相由心生"，一个人让你看着不顺眼，这个人大概率是不能用的，这就是我们去找工作，用人单位要有面试一环的原因。

行为：行为不端的人不能用，可能会觉得这个人不相处怎么看得出来？他过来时是不是吊儿郎当或者"贼眉鼠眼"地东瞄西看；请他坐下时，他是不是歪歪扭扭坐着并"六神无主"，这样的人在门店中用这样的人会影响店铺形象。

② 什么样的人可以用。除了上述长相、行为外，还应寻找合适的人，比如店主是一个急性子的人，做事风风火火，那他一定看不惯做事瞻前顾后拖拉的人，所以要找同他一样果断、爽快的人。如果是一家书店，那就不能找说话粗声粗气、大声嚷嚷的人做员工。员工在很长的一段时间里都像伙伴、家人，他们是在店里待时间最长的人，也是帮店主做事看住店的人，除了要跟店主相处愉快，也要与店气场相合。

【案例10】

我的店也是我的工作室，为成本计只在寒、暑期雇用学生兼职做助理，帮助我处理琐碎杂事和盯店。最开始店里聘请的小助理是我邻居家的孩子，也是在校大学生，这个女孩活泼开朗，凡事好奇，见到新鲜事物都会拉着我问东问西，也能跟我店里的顾客、朋友玩到一起，按理说应该是一个好员工，但我不太喜欢她。原因有二：一是我觉得她特别聒噪，喜欢一惊一乍，对于一个小女孩来说是可爱，但对于一个店或者是工作场所来说就不适合，我总是在我的店里写书、思考，她的这种不分场合地追着我喊着"姐姐姐姐……"我会比较反感。二是我不喜欢她的穿着，她喜欢穿个小吊带配短裤外面穿个宽大的袍子，再配一双拖鞋，整个人的感觉就像日本动漫里穿着袍子和木屐，行动坐卧极为不方便，而我这里需要面对顾客，不是家里，我说过她几回她也没有改。我觉得我算是一个为人宽厚的老板和严厉的姐姐，也时刻在教她一些做人、做事的道理，但有一次她的行为令我直接拉黑了她。

七夕节前夕我非常忙碌，以至于某天累到半夜发烧，我给小助理发消息要她独自盯一天店我好在家休息，结果她半夜给我回复不想干了，要在家学习备考教师资格，明天也不会帮我盯店。我很诧异于这样的行为，有责任的人都会最起码帮忙先盯完那一天店再提辞职的话，我无论如何也想不到她妈妈介绍她来工作，才干几天就以这样的形式撂挑子。

后来，我又在店里招助理，这回来的小助理不怎么爱说话，会很安静地待着，也会在我店里做各种手工，我忙起来的时候让她帮忙她总是跑得飞快，很快就能找到我需要的东西，帮我解决很多问题，这样我就很喜欢。这个助理，每到寒暑假我都会优先录用她，也会在店里不忙时带她一起旅游，会带她吃各种美食，也会教她很多道理，俨然把她当成了亲妹妹。我的朋友们不理解，为什么我喜欢找她当助理，她看起来那么不爱说话，他们跟她说话也不怎么回答，有时候逗她，不论难听与否她都一笑了之。别人看她的是缺点，甚至她妈妈也会担心她太过腼腆，我恰恰认为那是她的优点。对于我来说，一个干活麻利、话不多，不会在我这人来人往的店里一惊一乍，能够踏实学习、做事的姑娘，正是我喜欢与需要的，也因此我很喜欢她并与她相处愉快。

这就是我店里两个性格截然不同的助理，在我店里相反的去留结局，其实不用评论她们好坏，只看她们适不适合我的店与我的性格，或者说是适合我的工作性质，所以并不是只要人品没问题就是好员工。

(2) 考察员工

员工需要考察吗？当然需要，不然怎么会有试用期一说，试用期就是用来考察员工，看这个人适不适合店内需要，是否人品有问题，是否能胜任分内工作。

我们在经营中不但要花心思在经营店铺上，更要花心思在员工身上，好的员工能够帮店主撑起店铺，节省店内成本，维护老顾客，极大程度帮店主赚取利润。差的员工能把顾客都得罪光，更能让店主把店铺赔掉。考察员工时可以从以下几个方面着手。

① 看员工的人性。人性好不好是可以看出来的，什么叫人性？即这个人灵魂深处的性格、喜好、为人处世、做事方法、对待人的态度。灵魂深处的这些是隐藏于外表下的，轻易不会被人发现，也不容易被人深究，往往会被人忽略。那么怎么看出来人性呢？平时跟员工闲聊时，听他说家长里短，看他怎么对待家人，怎么对待朋友，看他怎么对待帮助过他的人，多分析而不是被他的情绪左右也不要被他的片面之词所影响，用自己的思维去判断。当然这个前提是作为老板自己为人得"正"才有资格要求别人。

有些人看起来很老实，但是他对待他的家人、朋友说话刻薄，并不是"刀子嘴豆腐心"而是为人刻薄，"老实"是他的表象；有的人看起来彬彬有礼，但他会对外卖员、门卫、保洁员大声吼叫，会说侮辱性的话语，会贬低别人的人格，像这种人就属于人性不好，因为他看不起人，看不到别人的辛苦，那么这种人在为店里工作的时候也极容易招致怨气，为店铺惹来麻烦。同时那些有暴力倾向的、爱骂骂咧咧的人也是属于人性不好的，不适合在店里做员工。

② 看员工的人品。人品好不好决定了日常员工之间是否能相处融洽、店内工作氛围是否和谐，也决定了这个员工能否被店主信任并委以重任，更决定了在店铺突发状况时的应对表现。比如说这个员工爱偷奸耍滑，那店里就不能用他，因为他偷懒、拈轻怕重意味着店主不能把店铺许多事务交给他，如果交给他了，他可能心生不满，他的行为会影响店内其他员工有样学样，久而久之店里的员工都养成了偷懒习惯，可能这一批人都不能用，因此这种偷奸耍滑的人一旦发现就绝不能用。

爱占小便宜的员工不能用，爱占小便宜属于品行不端，他今天能拿店里几双筷子，明天能拿店里几个碗，后天就能偷顾客落在店里的手机不还，更会挪用店里的资金。这些事情都会为店铺埋下隐患，除了要坚决杜绝这类事情发生，更要一旦发现这种员工及时予以制止。

类似欺善怕恶、投机取巧、不懂感恩、不知回报的人都属于不能聘用员工的范围内，而具有拾金不昧、尊老爱幼、知恩图报等优良品行的员工则应是店铺里重点关注与聘用的对象。

③ 笨且不好学的员工不能用。例如，我遇见过一个不好学的员工，她总记不住店里的服装尺码和库存，每次考核她的时候都是最后一名，因为要为顾客正确拿取衣服尺码，别人都是记尺码时背库存，却从来不见她背，我每次教育她，她都答应得很好却从来不去做。这个员工因为记不住尺码和库存，时常拿错尺码给顾客，又动不动跟顾客说没有这个尺码可以订购，造成店铺资源的浪费，而她的销售业绩也是最差的，后来这个员工因此被我辞退。

特别笨的员工花费店主的培养心力是最多的，怎么也学不会她的本职工作，浪费了时间和人力，对店铺来讲是不划算的，也不能用。无法对店里的事务熟悉，不能快速上手，教也教不明白，学也学不会……有些人确实就是这样，面对这样的人，即使人品好但是为了店铺利益着想也是不能用的，因为白白在他身上花了时间和金钱，无法得到回报，就投入产出比来说是不成正比，要及时止损不能用。

④ 私下获取客户资料、私下交易的员工不能用。有一种员工，会私下随意添加客户联系方式，会从店铺掌握大量客户资料，这种员工一定要警惕，因为他走了会带走店主的一大批客户，他不走又会利用客户资源去做别的事，会留下重大隐患，因此这种员工绝对不能用。

(3) 员工培训

有人说，我不过就是开一个小小的店，又不是大公司，用得着员工培训吗？

但凡店里要雇用员工就要有员工培训，门店的员工培训不像大企业一样还要培训企业文化，但一定要有岗位培训。店里的员工要熟悉店里的工作流程、产品价格、维护顾客方法，有些热衷网络的店还会有专门的网店、网络平台，网络运营规则、方法等也需要教给员工，同时像注重技术的花店、美甲店、美容店、手工艺店除了本身要求员工有一技之长外也要相应培训员工店里的技术，因此员工培训非常有必要。

一般针对店铺员工培训有两个方面：一是员工岗位技术培训，即针对店铺与之相关工作内容的培训；二是员工内在培训，即针对员工对于顾客丢落店内物品的拾金不昧、与顾客发生争执的处理方式方法、遇见同行到店的应对等相关培训。

（4）留住员工

好的员工，作为店主要学会留住他们。不论是许以店铺股份、分红，还是其他员工激励计划都是必要的。好的员工能够帮店主把店铺打理得井井有条，更能帮店主留住大批顾客。因此学会留住员工是非常有必要的。他不但能帮店主节省培训开支，更能保证店铺运营的稳定。

3.6.2 制订合适的薪酬计划

员工的薪酬即工资，给付工资的方式有月结、季付、年薪，员工的工资组成可以有固定工资、提成、奖金、绩效以及股份分红的形式。一般店铺里的普通员工采用月结固定工资更容易算清店铺成本，类似店长、厨师、主管、花艺师等技术与管理岗位就可以采用固定工资＋绩效/股份分红的形式。

薪酬不能忽高忽低，也不能过分低于同行业的平均值，要保证店里能招到合适的员工，不能为了留住员工不停涨薪，要保证店铺的利润，不因为过高工资水平拖累店铺的运营。因为店铺的运营是需要现金流的，而员工的工资就是店铺现金流支出的一笔非常重要的项目，前期店里刚刚营业时不用招聘满员的员工支付过多工资，店铺一旦营收不佳，最先考虑的就是减少工资开支。

因此为店里员工制订合适的薪酬计划可以留住优质员工，稳定员工的工作情绪，更可以减少店铺的人员流动，同时降低店铺的运营成本支出。

3.6.3 员工试用期

试用期是指包括在劳动合同期限内，用人单位对劳动者是否合格进行考核，劳动者对用人单位是否符合自己要求也进行考核的期限，是一种双方双向选择的表现。

其工资不得低于本单位相同岗位最低档工资的 80% 或者不得低于劳动合同约

定工资的80%，并不得低于当地的最低工资标准。

劳动合同法针对滥用试用期、试用期过长问题做出了有针对性的规定。

在用工过程中，滥用试用期侵犯劳动者权益的现象比较普遍，包括什么样的劳动岗位需要约定试用期，约定多长的试用期，以什么作为参照设定试用期等，实践中比较混乱。用人单位通常不管是什么性质、多长期限的工作岗位，也不管有没有必要约定试用期，一律约定试用期，只要期限不超过劳动法规定的六个月即可，用足法律规定的上限。有的用人单位与劳动者签一年期限的劳动合同，其中半年为试用期；有的生产经营季节性强的用人单位甚至将试用期与劳动合同期限合二为一，试用期到了，劳动合同也到期了；有的劳动者在同一用人单位往往被不止一次约定试用期，换一个岗位约定一次试用期。

① 限定能够约定试用期的固定期限劳动合同的最短期限，并且在劳动法规定试用期最长不得超过六个月的基础上，根据劳动合同期限的长短，将试用期细化。具体规定是：

劳动合同期限在三个月以上的，可以约定试用期。也就是说，固定期限劳动合同能够约定试用期的最低起点是三个月。

劳动合同期限一年以上不满三年的，试用期不得超过二个月；三年以上固定期限和无固定期限的劳动合同试用期不得超过六个月。

需要说明的是，劳动合同期限长短不是约定试用期的唯一参照。

② 同一用人单位与同一劳动者只能约定一次试用期。这就涉及对劳动合同中试用期性质的理解，试用期是指用人单位对新招收的职工进行思想品德、劳动态度、实际工作能力、身体情况等进行进一步考察的时间期限。在录用劳动者时的试用期内这些情况已经基本搞清楚了。

③ 为遏制用人单位短期用工现象，不是所有劳动合同都可约定试用期。以完成一定工作任务为期限的劳动合同或者劳动合同期限不满三个月的，不得约定试用期。

④ 劳动合同仅约定试用期或者劳动合同期限与试用期相同的，试用期不成立，该期限为劳动合同期限。

一般对于门店普通的员工试用期定为三个月比较合适，用于培训、考察员工即可，过长时间的试用期也不利于店铺员工稳定，同时不利于店铺工作安排。

⟨ 3.7 ⟩
货品准备

货品准备有以下几个方面：店铺售卖成品、用来制成商品的原材料、制作过程中使用的机器或物品、包装。

以鲜花店为例，需要用的原材料是鲜花，包装是包装纸、丝带，工具是剪刀、胶带、保水棉等，由它们组合成的花束就是售卖的成品。我们在开花店时准备的货品就是与之相关的一切。

3.7.1 原材料

大到工厂小到门店想要产出成品进行售卖都需要原材料，原材料的准备直接关系到成品产出的质量与数量，更关系到成品变为商品后的价值。因此在门店开业前最重要的一环就是准备充足的原材料保证开业一段时间内的商品售卖供应量。

例如，我们居家做饭有时会遇到正做着饭没有醋，支使家人去附近的便利店买瓶醋回来再做饭然后再吃饭，但是若开餐厅不能厨师做着饭没有盐了，告诉顾客买回了盐再给您上菜。门店不同于居家，我们在家可以容忍的事情到了外面需要付费买服务时便不能允许。

餐厅、花店等类型的店铺原材料是储存与消耗大项，同时损耗也多，需要时常进货保证原材料的新鲜，这类店铺建议根据天气、季节、温度、淡旺季、损耗来制订专门的进货时间与补充原材料的数量计划，帮助减少因为过多囤货造成的浪费以及囤货较少无法满足日常销售需要。

书店、手工店等原材料耐存放、不易变质过期的店铺则可以根据店内的运营需要，在开业前准备充足货品，店铺运营过程中消耗原材料较多时再行补充即可，需要注意的是进货量需根据自身经济情况以及店铺仓储实力量力而行，过多的原材料积压会造成资金压力以及仓储压力，同时像手工店这种店铺经营项目也有潮流时间，不能等流行的时间已经过去，还在仓库里积压很多原材料，到时候只能等着清库存。

3.7.2 设备

设备往往是开店前的一次性投入，比如奶茶店的各类奶茶机、热水壶、净水器、封口机、冰柜等，鲜花店的保鲜柜、空调、打刺机，咖啡店的咖啡机等，这些设备通常投入比较大，会占用我们比较多的资金，可以选择在采购设备前去本地的二手市场转转，采购合适的二手设备，也可利用网络平台，比如闲鱼或微信本地群信息以及58同城二手转卖等寻找合适的设备。这样可以帮助自己节约开店成本，同时又不造成资源浪费。

【案例11】

我的店铺运营需要采购一台冰激凌机，网上全新家用款卖300～500元不等，商用机器则3000～5000元不等。价格相差悬殊，同时用途、大小也不尽相同。店铺里采购这样一台设备，并不能为我带来多少额外利润，只是因为想增添经营项目更好地服务顾客，因此这个投入回报率不高，即使明知道店里缺一台这样的设备，我仍迟迟没有购买。某一天，无意中在同城的二手转卖群中发现有冷饮店转卖商用冰激凌机，几乎9成新的设备最终被我以800元的价格购入，完成了店铺设备投入。

很多人都会觉得一个新店铺为什么要买二手设备，多没面子，还有可能设备不好用，其实不然，每个城市每个月甚至每天都有新开业的店铺也有倒闭的店铺，总有机器、设备没有用多久就需要转卖，这种设备跟全新设备差不多，却比全新设备便宜很多，完全可以购入，为店铺节省相当可观的费用，这是非常划算的事。

除了使用原材料制作成品的设备，还有一些日常使用的工具也需要提前采购，这些小工具可以直接采购新的，提前备足并放置在店里固定的位置方便拿取。

比如木器、皮具店的各种工具，花店的水桶、剪刀，奶茶、咖啡店的杯子、勺子、搅拌棒、拉花杯等都属于日常工具。

3.7.3 包装

包装是店铺里必不可少的东西，花店里各式各样的包装纸、丝带，外卖店里的外卖手提袋、外卖盒，服装店装衣服的手提袋等都是包装。

印有店名、店址的小卡片、宣传单、名片、不干胶等也都算在包装里，在开业之前要相应准备好。这些东西琐碎又需要花费时间，可以在注册手续办完后，一边盯店内装修一边准备起来，准备的方式也很简单，上网购买即可。

‹ 3.8 ›
试营业

一切外在条件都准备好，店就可以试营业了。为什么要试营业，试营业有什么作用，能不能跳过试营业直接正式开业？

试营业是对店主，对门店的测试。就像新出一款游戏，要经历内测、公测阶段一样，试营业就是按照营业标准测试，看看店铺、员工，以及自己有哪些方面的不足，好在正式营业前及时改正。有些店铺试营业时会对外开放，并对光顾的顾客有一定优惠，同时对提出宝贵意见的顾客还有奖励措施，顾客往往对试营业的店铺报以宽容态度，有些顾客甚至会很中肯地提出改进意见。这就是把店铺通过试营业放在大众眼前接受大众检阅的方式，对于新店铺、新老板来说是非常好的历练。

3.8.1 价格调整

试营业的时候最重要一项测试就是产品定价。开业后，产品一旦定价就不能轻易改变，时常变动价格会让顾客对店铺产生不信任感，并且如果原来定了高价忽然调低价格顾客会有心理不平衡的感觉，反之同理。因此不能轻易改变价格，那么产品定价如何知道是否合适，就需要在适当的时机通过看顾客的反映来确定，这个合适的时机通常就是试营业。

前文提到过试营业时顾客通常会对店铺诸多包容，产品定价也在此时调整比较合适。一般而言定价前期可以稍微高一点，万一不合适再往下调价顾客会有一种便宜之感，如果前期价格定得比较低后面再调高价格，顾客不能轻易接受，不利于店铺的口碑传播同时也不利于老顾客的积累。

总之，试营业的时候一定要重点关注产品定价，观察或询问顾客的反响，确保在开业后价格的稳定性。

3.8.2 给自己信心

多数人都是第一次创业开店，除了有对未来的憧憬外也会心情忐忑，试营业就是给店主树立信心的时候。记得我刚筹备店时，跟我父亲聊到了我的心理，我面临到底要不要投入巨资开店，同时如何规划经营以及对于社会情况判断把握。我跟父亲说："原来盖花房没谱时，我满脑子想的都是我要盖花房，如何才能盖起来，现在花房即将盖起来，我反而过了兴奋劲儿，成天忐忑不安，很害怕。"我害怕什么？我怕花房盖起来以后不能盈利，怕没有人来，怕……总之前怕狼后怕虎，就怕失败，唯独没有兴奋。后来，随着自己把花房盖起来，落成后有一个月的试营业，顾客的认可以及对花房的惊艳，自己才逐渐建立起信心和肯定了当时的想法。

其实任何人都一样，会害怕、犹豫、没信心，这些并不是简单地对自己没信心，而是对未知事情的恐惧，也是对看不见摸不到的前路担心。因此通过试营业，尽可能多地跟顾客沟通，向顾客要反馈、要好评、要改进建议，就是逐渐为自己建立信心并为自己的店铺确定未来经营方向的时刻。

< 3.9 >
门店开业

当所有人力、物力、个人信心都准备好就可以正式开业了，门店开业后要面对各式各样的顾客，要按照自己的想法去经营，尽量有盈利，门店开业不只是个仪式，它还是一个开始。

3.9.1 开业准备

开业庆典，又名"开张庆典"，主要为商业性活动。小到店面开张，大到酒店、超市、商场等开业，庆典不只是一个简单的程序化活动，而是一个经济实体形象广告的第一步。开业庆典标志着一个经济实体的成立，昭示社会各界人士它已经站在了市场角逐的起跑线上。开业庆典的规模与气氛，代表了一个工商企业的风范与实力。通过开业庆典的宣传，告诉世人，在庞大的社会经济体里，又增加了一个鲜活的商业细胞。

开业，我们到底要准备什么？笼统地讲，开业准备的是与开业仪式相关的人、物、财，我们按照一个门店常规的开业仪式来描述（图3-26）：开业仪式装饰、宣传开业的物料、参与者、店铺优惠措施。

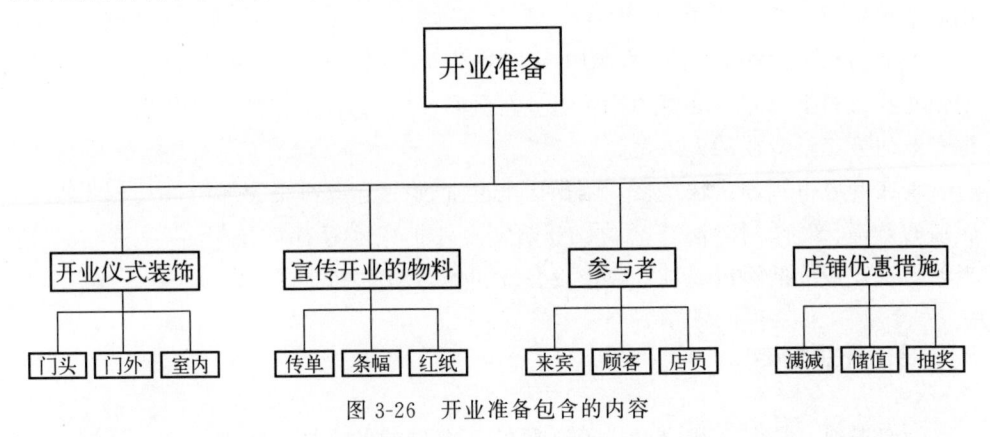

图 3-26 开业准备包含的内容

我们办开业仪式有两个目的：造话题告诉人们店铺开业；通过开业仪式为自己制造仪式感。所有的活动都是围绕这两个目的去办。造话题即在条件允许的情况下可以把店铺装扮喜庆，仪式办得热热闹闹。开业装饰包含门头霓虹灯、条幅、电子屏的装扮，也可以包含门外流行的气球拱门、红地毯铺路、鲜花花篮等，还可以包含室内摆放的鲜花、宾客送的礼物、为了让宾客参加准备的回礼、甜品台等，更包含店铺为顾客准备的优惠活动，比如购物满减、储值优惠、购物抽奖等。

仪式感则是通过开业活动，店铺里每一个人，员工、店主甚至包括他们的家人都将因为这个仪式被调动而参与其中。员工和店主是最直接的参与及经营者，需要准备物料、话术并提前培训，应对即将到来的开业。开业庆典仿佛是一次战斗，新兵们将通过这次战斗得到经验，他们的配合度、默契度、应对能力都会得到前所未有的锻炼与提升。

3.9.2 开业形式

比较常见的开业形式有以下几种（图 3-27）。

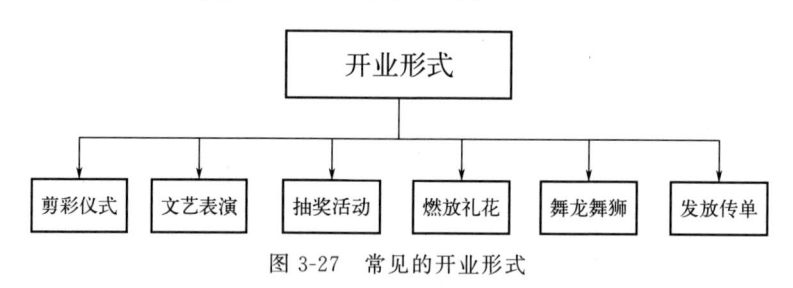

```
                    开业形式
   ┌──────┬──────┬──────┬──────┬──────┐
剪彩仪式 文艺表演 抽奖活动 燃放礼花 舞龙舞狮 发放传单
```

图 3-27　常见的开业形式

通常人们把这些形式两两或几个组合在一起，形成自己店铺/公司的开业仪式，店铺的开业仪式一般不会搞得很隆重、庞大，主要因为一是这类活动搞得越复杂越需要公安、消防、城管等部门的审批，二是越复杂的活动花费必然不菲，小店铺无法承受高昂费用。

开业活动可以根据自身的费用预算来操办，预算少的就自己设计活动内容，把钱花在刀刃上（主要在顾客宣传上），预算多的可以请策划公司做相应的策划，把专业的事交给专业的人来做。

现在的城市管理比较严格，临街店铺开业前一定要到城管部门进行相关报备，店铺的条幅、气球、演艺活动、音响、户外扩音器等都需要报备，以防在开业当天因未报备审批而造成城管收走设备或叫停活动的尴尬局面，为开业添堵。

3.9.3 开业宣传

上文提到，我们办开业仪式很重要的一个目的就是为了制造话题让顾客知道我们的店铺开业了，从而达到宣传目的，因此关于开业的宣传才是整个开业仪式的重中之重。

开业宣传涵盖哪些方面，又应该从何下手？宣传方法有很多（图 3-28），主要有：印发传单、顾客口口相传、网络平台直播、平台发布图文消息、现场播放宣传语、电台广播、报纸广告等。

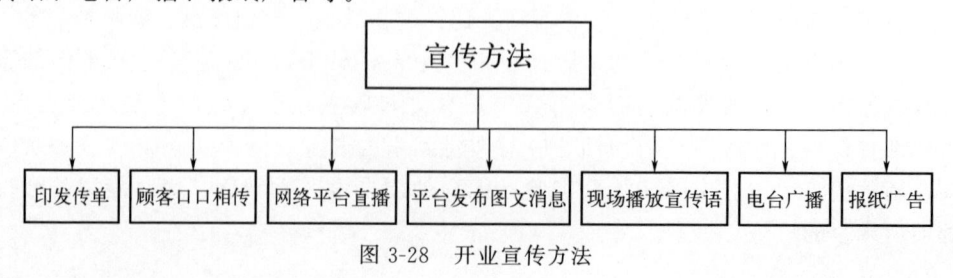

```
                          宣传方法
   ┌──────┬────────┬──────────┬──────────────┬──────────────┬────────┬────────┐
印发传单 顾客口口相传 网络平台直播 平台发布图文消息 现场播放宣传语 电台广播 报纸广告
```

图 3-28　开业宣传方法

印发传单就是印有介绍店铺的宣传页，在开业前三天，在靠近店铺位置的街口、马路边、人流密集的地方配合"某某店开业酬宾""进店看看有好礼赠送"等类似话术告知顾客附近有新店开业并吸引顾客到店的行为。

顾客口口相传，靠的是试营业期间定下正式开业日期，让顾客帮助传播店铺的开业信息，或者以邀请顾客帮店铺转发带有开业信息的图文朋友圈并赠送礼品的方式达到传播开业信息的目的。

网络平台直播，首先要有店铺的网络视频平台账号，如抖音、快手等，然后在开业前要公布直播预告，同时安排直播期间的类似直播、关注抽奖活动，吸引顾客关注直播以及真实到店消费。还有一种是借助别人的账号，如探店号或者本地达人账号帮助宣传，进行直播活动，这种方式需要提前与达人达成协议并支付相关费用。

平台发布图文指的是通过本地的探店、达人公众号来做广告发布新店开业信息，帮助店铺达到开业宣传的目的。

现场音响宣传、电台广播、报纸广告都是比较容易理解的方式，值得提起注意的是用音响要考虑到周边环境是否在学校范围内以及城管审批，电台广播则建议选择当地交通电台，广播听众更多，同时要考虑到店铺顾客的受众范围，如果以年轻人为主，则这种广告作用不大。

3.9.4 开业效果

作为一个经商者，在关于店铺的事情上做任何事都要考虑目的关联结果性，办开业仪式为的是什么，想要达到什么效果等。目的推动行为，为了达到开业效果要如何行动。因此，我们办开业仪式要把想要达到的开业效果摆在优先考虑位置。

开业效果大致分为两种：第一种顾客知道你的店并形成传播效应；第二种顾客买单成为VIP，店铺快速获得资金回笼。这两种效果实际都是一样的，即店铺可以通过开业仪式达到赚钱的目的。

让顾客知道店，就是通过宣传方法的组合形式并策划新、奇、特或隆重的开业仪式让顾客留意并关注到店即可，后续在运营时持续注重宣传，顾客总会因为好奇，对店有印象而进店，只要进店就有机会进行销售并实现盈利。

通过开业仪式让顾客买单，则比较复杂，需要从试营业时就积累顾客口碑、店铺运营及销售经营，通过开业宣传让新老顾客到店后利用送礼、促单、讲解等多种方式推动顾客充值店铺VIP或者直接购买店铺产品。

一般休闲生活类店铺，如咖啡店、酒吧、书店、手工店等追求第一种效果更容易达到，而涉及日常衣、食、住、行方面的店铺比如餐饮店、服装店、蛋糕店等则更容易达到第二种效果。

  我朋友所在的甜品店在新店开业时因为给之前积累的顾客发消息、打电话告知新店开业酬宾，同时在店铺周边宣传并利用网络平台宣传，开业当天销售业绩非常优秀，店铺从早上9点一直营业到下午3点，准备好的面包、甜品就全部售空，同时店里还有大量的储值卡售出。这家甜品店开业不在于开业仪式多热闹，而是把重点放在顾客转化与商品销售上，因此取得了非常不错的开业效果。

第四章

店铺营销推广

店铺经过装修,也经过了小试牛刀的开业历练,下面就是店铺的营销推广阶段,是关系到店铺能否经营下去,是否有顾客来的重中之重。

⟨ 4.1 ⟩
店铺营销方式划分

我们把营销方式分为两大类:传统营销方式与时下流行营销方式(图4-1)。传统营销方式为过去人们常用,随着网络时代来临逐渐被网络营销取代,渐渐淡出人们视野,但不代表它不存在或者不好用,我们这里仍做讨论一二。时下流行的营销方式即因网络时代兴起而流行,它们全部依托互联网发展而来,将是我们讨论与关注的重点。

4.1.1 传统营销方式

传统营销方式分为:传统纸媒营销、电台推广营销、地推三种。

传统纸媒营销即在报纸、杂志做广告,传统纸媒不会因为网络发达而消失,但因为受众减少并呈现老龄化,导致纸媒收入一再萎缩,因此传统登报纸、杂志做广告的方式不再适用于新兴店铺。

电台推广营销:随着电视机的普及电台广播逐渐式微,如今除了遛早的老爷爷会拿个收音机听新闻、听评书之外,很少人会听广播了。家用汽车普及后广播又有了新的生长土壤,司机们会在早晚高峰时段通过广播收听实时路况,年轻人也会在午夜时分听听情感电台,普通听众现在可通过手机App收听各类电台节目。

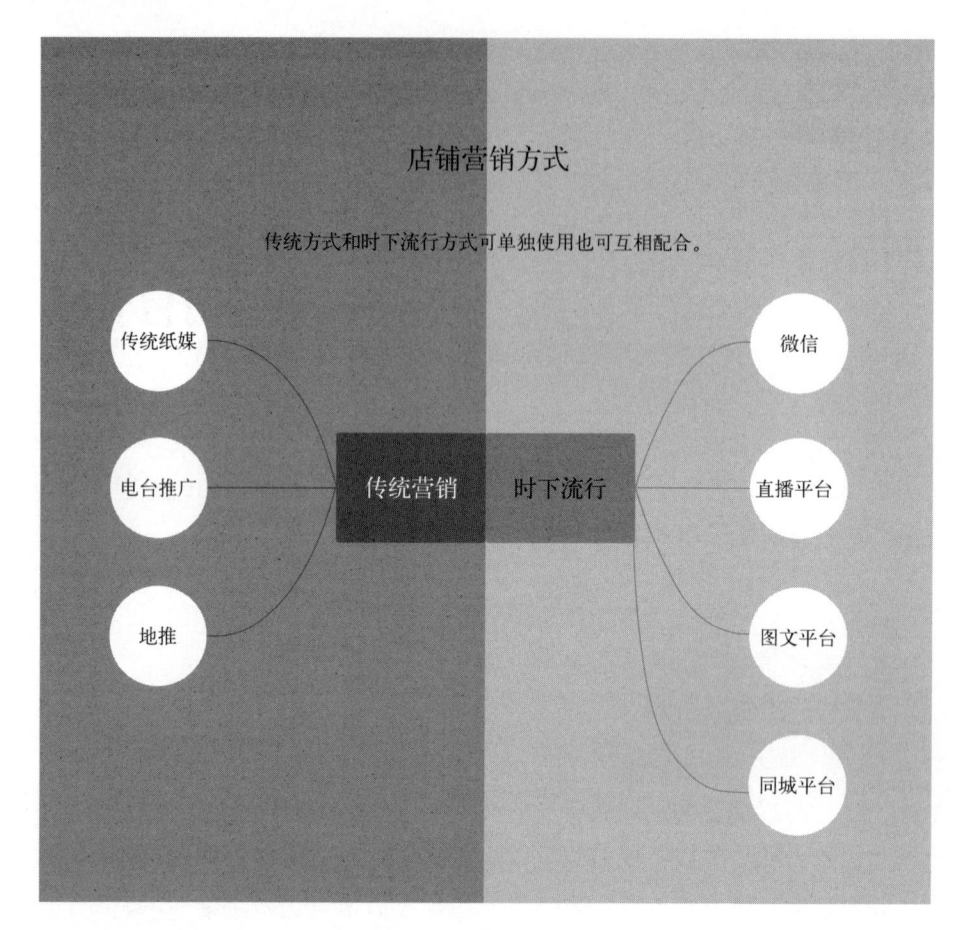

图 4-1　店铺营销方式

因为有听众,广告便应运而生。

地推:指地面推广方式,泛指街头散发小广告、传单,街边悬挂的招牌,雇车巡游,找一众骑手举着彩旗或身穿统一服装穿街而过等。这种方式看似很低端,但对个别行业仍不失为一种见效快的好方法,因此仍然在被商家们使用。

4.1.2　时下流行的营销方式

时下流行的营销方式即借助网络平台,利用手机、平板等便携设备能轻易被人捕捉到的营销方式。包含有以下几种(图 4-2):

这些营销方式都是常见、常用的,利用好这些新式营销方式可助力我们的店铺客满盈利。

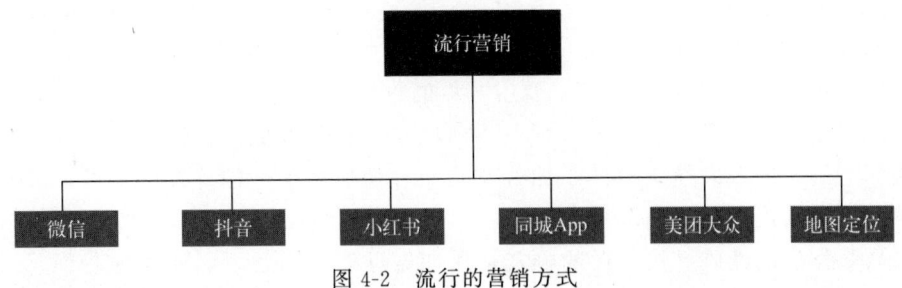

图 4-2 流行的营销方式

‹ 4.2 ›
微信营销

大多数人都会有一个,甚至多个微信号,账号里有我们的亲朋好友、同事、同学等。人们通过微信发送消息、语音聊天,通过朋友圈知道发生在他们身上的喜怒哀乐。那么如何利用微信做营销?

微信刚出现时,人们最初会像用 QQ 空间一样在朋友圈发一些个人的心情、经历,后来朋友圈里忽然多了好多广告,卖什么产品的都有,于是他们有了统一的名称叫"微商",微商占领了朋友圈,某一天你发现连大牌公司也在朋友圈做广告,你和亲朋好友都被公司要求要在朋友圈发广告,你也开始习惯了朋友圈的广告,也学会在需要某样东西时到朋友圈寻找……

这就是微信朋友圈的发展,也是微商的发展,而微商就是基于微信的一种营销方式,本章节内容中关于微信部分内容也来自微商经营方式。

微信营销方式分为以下几种:微信号、朋友圈、微信群、视频号、公众号、微店、群接龙。

4.2.1 微信设置技巧

申请微信号是一件非常简单的事,本书这里讨论的重点在一些普通人不会注意到的微信设置技巧,从细节处让微信号变得不一样,做更专业的店铺微信号。

(1) 主动添加陌生好友的方法

过去我们用微信号添加的好友都是我们身边熟悉的人,没有谁有习惯去添加陌生人为好友,但如今我们新开店需要为店铺带来足够多的客源,即需要认识更多的朋友,在不想站在街边发传单的情况下用微信添加陌生好友是最快速的方法。

① 通过微信群添加好友。打开微信,有各种各样主动或被动添加的微信群,

比如某宝妈群、某小区业主群、某团购群等，原先都是别人主动添加你为好友，如今需要你反过来主动添加别人为好友。加陌生人微信别忘了附上打招呼信息，不要用系统默认的"我是某某"，要用诚恳的打招呼方式"我是某某店店主，我自己创业开了这样一家小店，想认识一下新朋友……"类似这种话语一般人看到是不会拒绝的。通过大量微信群添加好友是一种快速增加微信好友的方式，只有量积累到一定程度才会量变引起质变。

要根据店的性质寻找合适的群友，比如做母婴店的就不必要添加一堆男士头像的微信号；开烟酒店的则可以重点添加男士微信。有些人的微信设置了添加限制，不能在微信群里添加，那也不要紧，这个不行下一个，一个一个添加就好。同时有时候人们比较反感这种添加微信的方式，可以提前联系群主，并在群里发一个带红包的简短广告再来添加群成员的微信就比较容易了。

② 通过手机号添加微信。打开美团、58同城这类的软件，上面登着电话信息的商家、个人都可以尝试着去添加微信。

③ 微信附近的人添加。打开微信界面，在最底下的菜单中点击"发现"，然后找到"附近"按钮即可找到附近的人添加。

按照方法打开附近的人后，你会看到如上界面，也可以清楚地看到附近范围内的各式各样的人群，筛选合适的人后就可以添加好友了。

需要注意的问题：在店里打开附近的人添加而不是家附近，女性朋友谨慎添加附近的男性，要注意安全不要泄露自己的地址，总有一些人是不怀好意或是别有所图，最简单的分辨方式就是看他们的个性签名，一旦发现不合适的人要果断拉黑删除，保护自己的权益。

（2）微信是你的私域流量

为什么如今朋友圈里那么多广告，你还要发广告？因为微信是我们日常生活中接触最多的软件，买东西通过微信扫码付款，孩子学校的老师通过微信与我们联系，公司的领导通过微信下达工作指令，夫妻二人通过微信沟通生活日常，父母通过微信询问我们三餐……当通过微信串联起每个人与各种关系圈，我们的生活就处在随时拿着手机与看微信的状态。

微信成为我们社交第一工具App时，它就不再是一个常用软件那么简单，人们通过微信卖货、做生意，甚至演变出了专有名词"微商"。

微商通过朋友圈发广告展示卖货，又通过展示他货品销量的方式发展（招）代理，从而达到等级的提升以完成业绩，一个小微商从零售商逐渐转变为大代理、大批发商。究其根本微商的发展是从添加微信好友开始，微信才是他们的私域流量。

作为开店的我们，要看到微商们的闪光点，向他们学习，锲而不舍想尽办法添加好友到微信，成为私域流量，同时进行微信营销，做好微信营销才是店铺营销的第一步。

① 好友分组设标签。把那么多人添加进自己的微信，看着通讯录里各种各样的头像、昵称，如何区分他们，又怎么能记住各种场合添加的微信好友而不至于混乱呢？发的生活朋友圈不想让顾客看见，怎么才能做到？这就需要用到微信的一个小附加功能：通讯录好友分组设标签。

如图 4-3 所示，添加微信好友后点击这个好友头像，可以看到他的详情界面，有一个标签一栏，点击就可以设置相应的分组标签，标签名称可以自己随意填写、设置可以按男女分组，可以按地域分组等，一个人可以设置多个标签并列。

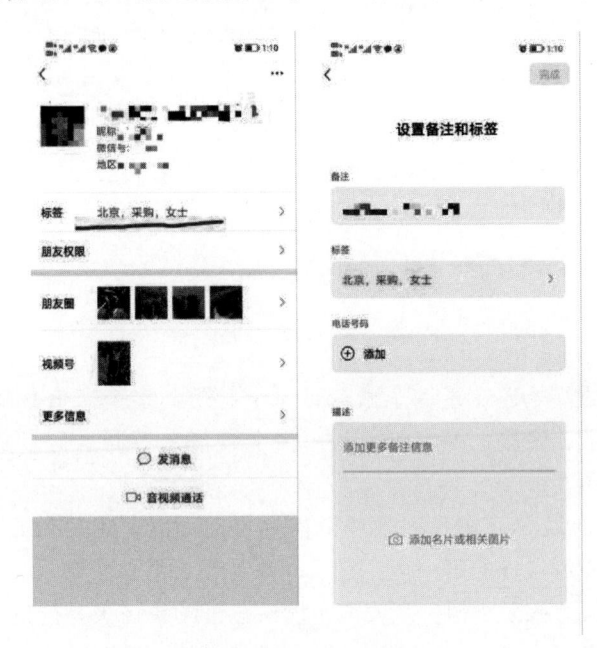

图 4-3 设标签方法

随着加进来的好友增多，标签也会逐渐增多，并可以把过去原有微信好友进行标签化整理，可以看到（图 4-4）通讯录有了分组标签。

点击"通讯录"有"标签"一栏，点进去后即可看到设置的标签，每个标签下有多少人，都是哪些好友都可以查找到。

为通讯录好友设置标签、分组的好处是可以清楚地知道这些人都是从哪里加进来的，哪些人是工作关系，哪些人是店铺顾客，哪些人是亲朋好友等，当我们利用朋友圈发布广告、生活信息、工作内容等时就更方便，让想看的人看到，不想让谁看到谁便看不到。

② 多个微信号的使用。有些人不想把自己私人的微信号和店铺微信号混着用，兼职开店的人更不想让同事或其他人知道，这个时候就可以考虑申请多个微信号。

图 4-4　标签分组化

多个微信号的好处还在于一个微信号一个身份,多个微信号就可以营造多个身份,比如,店主、客服、顾客等,利用多个微信号不同身份多角度地去发朋友圈或添加不同的顾客。

③ 微信头像的设置。在我们添加微信好友的同时,也要做好自身形象展示,而微信头像就是展示自身的第一步。有以下几个要点需要注意。

a. 不要用自己的孩子头像。从安全角度讲孩子的头像极易被犯罪分子窃取,容易让人按照照片去找到孩子进行不法行为;从店铺的角度讲,使用孩子的头像会让人感觉店铺过于随意不专业,容易让人产生不信任感。因此微信头像不要用自己家或别人家孩子的头像。

b. 尽量不用宠物头像。除非是开宠物店,不然不建议采用宠物头像,同样让顾客产生不信任感。

c. 可以选用个人照片做头像。个人店主,开一家小店,用一张看起来阳光开朗的个人照片当头像,可以让顾客产生亲近之感,便于顾客认识店主本人,同时产生信任感。用个人照片当头像的人从心理学角度讲一般都是比较自信开朗的人。

d. 不用黑白照片、画作为头像。黑白照片、画,有时虽然好看或者令人感觉很个性,但因为微信头像很小,缩小的图片糊成一团很容易让人产生压迫、沮丧之感,对店铺的形象是不利的,因此不要用黑白色调的照片、画作为头像。

e. 可选用店铺 LOGO/店铺照片作为头像。用店铺相关照片做头像,除了给人专业感之外,还容易让顾客记住店铺的样子,方便寻找,是比较好的选择。

除此之外，也可以用明快色彩的照片、风景等作为头像，好处是不会犯忌讳，缺点是因为太大众化非常容易被人遗忘。

④ 微信状态的设置。微信状态是微信新出的一个小插件，点击"我"在头像下面有一个"＋状态"（图4-5），从这个地方点进去就是微信的状态，像发朋友圈一样，好友也可以看见，同时可以发图片、视频，如下图所示点击状态选择自己喜欢的状态即可。

图 4-5　微信状态设置方式

微信状态是微信官方开发给用户分享心情的一个状态窗口，除了用户可以分享个人心情之外其实也可以变成商家分享状态的一个窗口，图片、视频都可以按照自己的心意发，故而商家图片、广告也可以发出去。发布广告图文状态不用天天发，可以与个人状态交替发布，既可以引人观看又不会让人反感。

⑤ 个人名片设置。微信名片除了可以设置头像、微信号之外还可以设置"拍一拍"以及"更多信息"，这里的"拍一拍"一般都用于用户的趣味设置，这里即使作为店家微信号也可以设置有意思一些，令人过目不忘。

"更多信息"点开（图4-6），可以看到有一栏"个性签名"，这个个性签名大有讲究：可以设置个人或店铺介绍、店铺地址、电话等；也可以设置成店铺及个人可以承接的项目、售卖的产品等。

个性签名是别人对你感兴趣时，在点开你的朋友圈以及添加好友时可以看见，一句随意的话与认真填写的信息在别人眼中专业程度是不一样的，可信任度也不一样。微信号个人信息的众多设置就是为了让自己及店铺看起来更专业，而专业才是顾客信任的开始。

第四章　店铺营销推广　　077

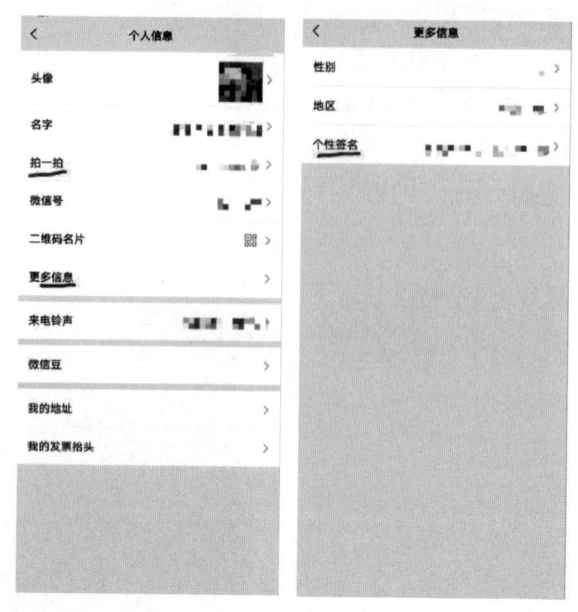

图 4-6　个性签名

4.2.2 朋友圈营销

设置好微信号的个人相关信息，添加好友后就可以开始朋友圈营销了，朋友圈是微信好友最直观了解你和你的店做什么、卖什么的地方，做好朋友圈营销，让顾客能够轻松了解你和你的店，并且产生信任从而完成销售。

(1) 朋友圈主页设置

朋友圈主页是指从"发现"一栏点击进入朋友圈，自己看到的朋友圈上部主页（图 4-7）。

朋友圈主页除了自己看朋友圈时可以看到，别人在点击你的头像看你的朋友圈时也能看到。我们常常会因为好奇或其他目的点击某个人的头像，专门进入他的朋友圈去详细看他以前发的朋友圈，这时就可以看到这个人设置的朋友圈主页。同样的，我们设置朋友圈主页作用是当你引起别人兴趣，别人点开你的朋友圈时可以清楚看到你和你的店是做什么的。

朋友圈是你的店铺在微信上的第一广告位，而朋友圈主页则是常年挂在上面最重要的一条广告。作为一个店铺经营者，除了要让自己所代表的店铺在顾客眼中显得专业值得信任，更当事事以店铺经营为重，因此最重要的广告位自然不能随意用一张图片或者用系统设置草草了事，而是要认真地做一张图放在上面利用好这个广告位。

设置方法：点击朋友圈主页位置图（图 4-8），可以看到主页下拉变长，右下角点击"换封面"，即可设置主页背景图。

图 4-7　朋友圈主页

图 4-8　朋友圈背景图

用手机上的作图软件，找一张自己喜欢的图片或者店铺照片，可以在图片上写上文字介绍自己或店铺，方便别人了解查看。

（2）发朋友圈的时间段

发朋友圈是讲究时间的，不是随时随地发，也不是想起来就发，更不是不停地发。现在即使是微商也不是一刻不停地发朋友圈，一天狂发几十条。讲究时间段发朋友圈是因为发朋友圈不是发给自己看的，也不是为了抒发心情，我们发的是跟店铺相关内容，是给顾客或者意向顾客的，因此发的时候要想着别人什么时候有空，什么时候会看。

一天 24 小时，我们分为以下几个时间段发朋友圈比较合适。

① 早晨 6～8 点，这个时间段大部分人都从睡梦中醒来，会习惯性地拿起手机看时间、看微信消息，再顺便看看新闻、看看朋友圈，一天之计在于晨，大家会比较希望看到可以令自己一天好心情的消息，因此这条朋友圈宜发送轻松愉快、积极向上的内容，并向大家问早安。

② 10～11 点：这个时间段上班族一般刚开完会，或是刚忙完一个阶段，或是精神集中工作的间隙需要喝杯水休息一会，总之这是一个大家工作的间隙，人们总会趁空拿起手机看一眼。有些人也会在这个时间段在朋友圈或者手机里寻找需要的信息、工作内容、某个存在于通讯录却总也想不起叫什么的微信好友，因此这个时间段比较适合发一些和店铺相关的消息、广告，借此来提醒你的微信好友你的存在，以及店铺的经营内容。

第四章　店铺营销推广　　079

③ 12~13点：这个时间段人们正在吃饭，吃饭时会习惯性地拿起手机来看朋友圈、看消息，因此这个时间段也是发朋友圈的好时机，可以发一些店铺实时的状态，比如忙碌中、顾客来了或者店里员工的工作场景，开餐饮店的朋友可以借此时段发店铺里的美食等。我们称这样的朋友圈为软广告，在本时段发此类软广告可以帮助店铺加深在顾客心中的印象，起到宣传作用。

④ 16~17点：这个时间段我们称为下午茶时间，顾客一般会有时间出来玩，约着朋友聚会、喝下午茶，也会忙完了阶段性的工作考虑去哪吃晚饭、约会，或者刷刷手机，因此这个时间段可以集中性多发几条朋友圈，从不同的角度、不同的方向去发和店铺相关的信息，吸引顾客到店。

⑤ 20~22点：人们在这个时间段一般已经吃完晚饭，同时处于休闲放松阶段，会拿着手机一直看，看朋友圈、看消息、看电视剧等，这个时间段可以发广告、招聘信息、店铺信息、工作状态等，也可以发一些店铺员工聚会、多姿多彩的生活等内容。

⑥ 23~24点：一天的结束，此时很多人已经准备休息，可以发一条晚安圈，结束一天的工作，向顾客道晚安。

6个发朋友圈的时间段，可以都发，也可以挑适合自己或有空闲的时间段发，把时间段记好，其实发朋友圈不会很困难，融入生活中做到像呼吸一样轻松。

(3) 发朋友圈的技巧

朋友圈大家都会发，可以文字配合图片发送，也可以单独发文字，还可以文字配合视频发送，但发朋友圈的技巧你知道吗？

① 发图技巧。

a. 单独发图片不发文字，一张图片一条朋友圈（图4-9），3张图片组成一组朋友圈，单发的每张图片最好是同类型、同色调、同系列，可以是同一个事情的不同方面的广告图，也可以是好看有趣的图片。此技巧的作用是提醒大家注意，也可以用作不同朋友圈内容的分割线。发的朋友圈一张一张的虽然当时别人可能看不懂，但会因为好奇而点开你的头像专门看你的朋友圈，这时就会看到比较明显的区别。

这类型的朋友圈应当是3的倍数发，而不是发一张、两张，同时记得连发图片最好不要一口气发6张或9张，以3张为一组发比较好，避免因为一口气发图片过多导致的刷屏而被别人屏蔽。

b. 微信朋友圈图文形式最多可以发9张图（图4-10），图再多就会变成编辑视频的形式，非必要不要以9宫格形式发朋友圈，因为图片会被缩小变成小图，阅读时看不清，不是特别醒目的图片别人就不会特意点开看了，一般图文最佳方式是精修一张图外加一段文字。

图 4-9 发图技巧 1

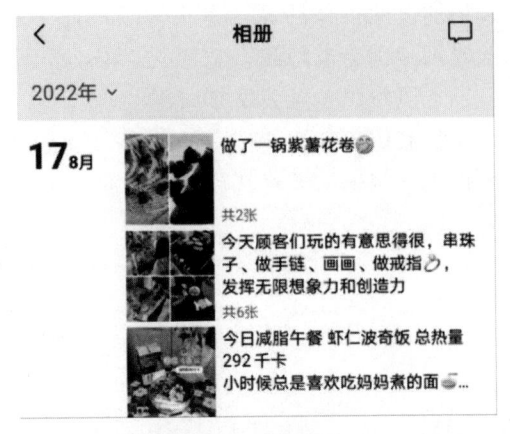

图 4-10 发图技巧 2

在个人朋友圈主页一条朋友圈最多会显示 4 张图，并被缩小至 1 张图大小，1 张大图＋1 段文字远比 9 张小图＋1 段文字效果直观。

同样是发朋友圈做广告（图 4-11），右图比左图看起来更高级更清爽的原因就是右边采用的是 1 张大图＋1 段文字的形式，看着图片更大更清晰，而左图是发的 9 宫格，图片会被缩小。因此在我们发朋友圈时，能用 1 张图说清楚内容的尽量不要用多张图，不论是朋友圈直观地去看，还是查看你的朋友圈主页都是 1 张图更好。除了图文清晰外，如今的人们时间不充裕，快速浏览朋友圈时印象最深刻能够一下看清楚的一定是 1 张图。

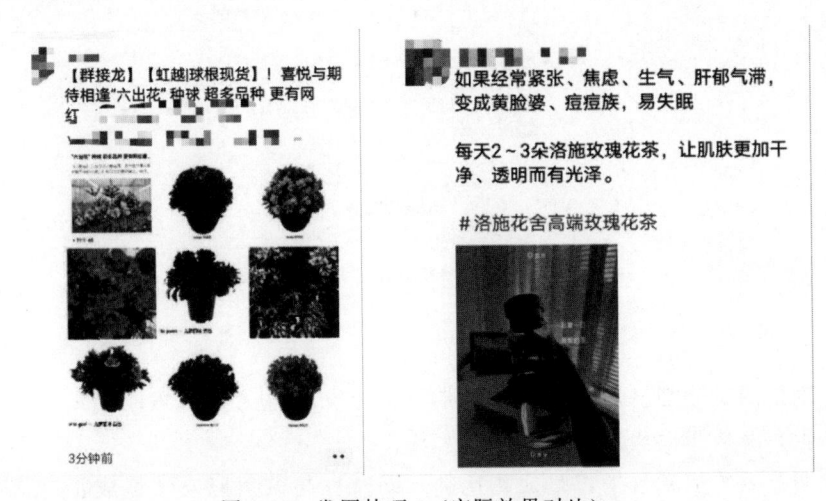

图 4-11 发图技巧 3（实际效果对比）

第四章 店铺营销推广　081

② 发文技巧。

a. 朋友圈可以逐字输入大段文字，但如果是复制的文字，过长会折叠成一行，想要不折叠又可以复制大段文字，则需要借助一些特殊的输入法才能做到。不让自己发的朋友圈折叠的原因是折叠后不便于图文一起观看，需要点开文字去看全文而此时图片则会被隐藏，观者的观感会受影响，因此不要让过长文字折叠。

b. 朋友圈可以单独发文字（图4-12），可以发两行简短文字，每行不超过8个字，这两行简短文字会自成一个长条，在朋友圈里像一条分割线，可以起到承上启下的作用，用于店铺经营项目很多或图文过多的情况下做文字分割线。

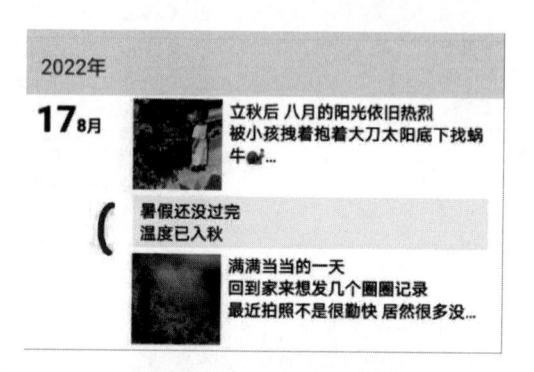

图4-12　发文技巧1

c. 输入法中漂亮的分隔符号也可以作为几条朋友圈之间的分割线（图4-13）。

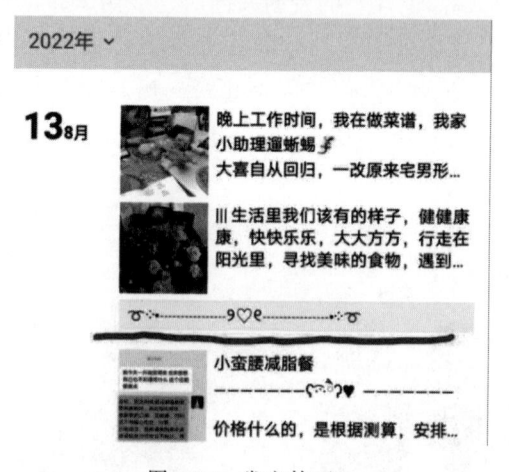

图4-13　发文技巧2

不论是图文分割线，还是图片一张一张地发都是为了更好地展示朋友圈，让顾客产生兴趣从而促成销售。

发朋友圈的频率与销售是成正比的，同时也与微信好友数量成正比，这是量变与质变的过程，一定要注重发朋友圈，因为这是最廉价的广告位，别人只要浏览朋友圈就一定会看到你的广告，比任何投资都小都更精准。

（4）设定特定人群可见

我们朋友圈里有这样一些人：考察项目时探店的老板微信，没有离职时工作中的同事，一些面和心不和又不能删除的人……对于这些人我们发朋友圈时要不要屏蔽他们，怎么才能不让他们看见呢？这里就用到了我们之前加好友时的分组设标签，然后进行分组屏蔽（图4-14）。

图4-14 分组屏蔽方法

在发布朋友圈的页面下方，有"谁可以看"选项，点击可以看到四个选项，其中后两个选项就用的分组标签进行设置，按照自己的需求进行相应设置即可。

有时，我们一天发的朋友圈比较多，可以分批给别人看，如一部分给顾客看，一部分给其他人看，或者分成一部分给老顾客看，另一部分给新加来的顾客看。

4.2.3 微信群营销

微信里添加众多好友后，就可以着手准备运营微信群了。如今微信朋友圈充斥着大量的广告，很多人已经不再看朋友圈，建立微信群的好处是可以把那些平时不怎么看朋友圈的顾客集中起来，并可以通过群维护他们，同时有助于降低通知好友、发送消息的时间维护成本。

（1）建群目的

微信群可以用来发布店内的促销信息、活动信息，更可以发布店内的日常经营状况，而且微信群还可以作为线上团购，如群接龙、快团团等发布地。对于商家来说，微信群的建立只需要花费很少代价就能维护住顾客并不停产生利润，是非常划算的一件事，因此有条件的店主应当及时建立微信群，并做好群维护工作，不要让微信群变成一潭死水。

（2）建群方法

微信设置最开始一批群友在 40 人以内，免邀请即可拉群，因此要利用好初始的 40 个名额，帮助自己建群，这 40 人只要没有删除你微信，你都可以无障碍地拉进群。那么这 40 个人选就很关键。

群管理者在第一批，群管理者为群主即老板，群管理员即某个店员或合伙人，尽量占用第一二个名额。三人成群，因此还要再拉一个人进群，这个人须是绝对支持你，你下意识想选择同时又相信的人，或者是店内的"群托"。

三人建群完毕后，不要急于拉顾客进来，而是要完成群的内部建设，即设置群名、完成微信认证（微信群能否建立与微信号是否绑定身份证进行认证有直接关系）、设置群公告以及群规则。群名要先改过来，易于区分的同时，不能太长也不能太短，像"相亲相爱一家人"这种群名就不合适作为店内客户维护群的群名，命名时可以以店名、LOGO 名、店内特色等为群名起头，先进行群名设置。群公告设置可以先写在手机记录本中，都编辑好后不发送，等后续顾客进群再发公告。

群公告分为三种：①新建群、新拉人进群时的公告，要包含欢迎词、群名、建群原因、建群目的等，向顾客说清楚让别人知道你拉人进群是为的什么；②后期拉人进群的群公告，包含欢迎词、群名、群运营目的/内容等，区别于第一次拉人的群公告，是为以后更多顾客加入已有的微信群做准备；③日常运营时的群公告，这类公告就属于"@"全体的类型，可以等有活动或店内重要事情时再发布。

准备充分后拉顾客进群。40 个名额中除了群主、管理员，余下的全部拉陌生、不熟悉、交流少的顾客进群，直到名额全部被填满。这些人因为跟你关系不紧密，因此利用初始名额不用提前说好就能全部进群。进群后先发红包表示欢迎，再马上抛出已经准备好的群公告，意思是向这些顾客解释为什么会有这样一个群，并且这个群能为他们带来什么好处或他们能通过群得到什么。从而促使他们做出留在群内的决定而不是立马退出群去。只要人们留在群内你就成功了一半，同时即使有人退群也不要紧，那些退群的人也不是你的潜在客户，空出的位置还能让你添加其他人进群。

熟悉你的人、跟你关系比较好的顾客。一个一个跟他们私信沟通，请他们进群并发送邀请链接，这样他们能感觉到被尊重，也能让他们充当你群里的维护者与群内活跃气氛者。

群活跃成员、其他店员最后进群，他们是你最后邀请进群的成员，这些人才是你群的核心，他们进群后将充当未来群"托"，发挥促单、气氛维护等作用，都要跟他们提前说好，并不露身份。

最后，日常店铺中随时认识的顾客逐渐被邀请进群，这些人每进群一个都要发小红包表示欢迎，并发出公告以及群规。

至此，微信群就算完成建群，可以准备运营了。

(3) 建群转化

我们建立顾客群不是为了哄着顾客玩，而是为了增强与顾客之间的黏性，从而产生复购、重复到店甚至是顾客带新朋友进群以及进店的效果。因此如何在维护顾客同时又能产生复购就是我们讨论的重点。

① 群内定期或不定期发布店内日常、趣事、有意思的其他内容，引起顾客兴趣，引导顾客定期查看群内容。令你的群不会淹没在顾客手机上众多微信群中再也想不起来看一眼，有趣、有意思是最大的牵引。

② 群内定期发布商品公告并让群"托"出来为你的商品说好话，注意不要太刻意，也不要说太多，一两句即可，在群内介绍商品可以图、文、视频同时发出，让群友感受到商品的好。

③ 促销信息，不论是店铺日常促销信息，或是重点在群里介绍的产品，都可以在群内发布，同时公布下单及配送方法，或是店内购买与群里购买的区别，促进顾客成交。

④ 群内可以做一些活动，专门用来维护顾客，比如群内顾客到店可以获赠什么小礼品，或优先享有参加店铺举办的何种活动的名额。

⑤ 针对顾客做的回馈沙龙活动，在群内发布信息，邀请群友参加，并使用报名接龙，一条条接龙文字信息可以促使更多群友参与其中。

(4) 运营小技巧

群内除了有群"托"进行帮助维护，有群主、管理员进行管理外，还可以设置小助手，这个小助手是机器人，需要你付费激活，就可以自主和群友互动：猜谜语、玩游戏、查看谁退群等，非常方便实用。微信搜索小程序"黄二狗机器人"即可。

同时微信搜索小程序"群助手"也会出现各种各样的群运营小助手的小程序，可以酌情探索使用。

(5) 建立多个群

当你的店铺运营到一段时间随着群友越来越多，你就需要建立多个群了。不建议把一个群塞满至500人上限，因为对于群友来说，群里每一个人都属于陌生个体，一旦群过于庞大群友过多，群友便不敢说话，群内互动减少就是一潭死水，群也就失去了意义。同时，500人满员的群因为人数过多，也很容易造成混乱，群互动过多会造成信息刷屏，真正想看群的人无法快速从群内捕捉到店铺信息，对于店铺运营来说这样的群也成了无用之地。因此我们运营群，不能让群内群友没有互动，却也不能互动过多，这就需要在适合的时候再新建群。

新建群由此而生，同时肩负着与第一个群一样的使命，自然运营方法也同第一个群一样，此后以群友200人左右为一个上限，一个群一个群复制建立下去。

为了防止自己建群搞混,可以在群名后面加后缀:1群、2群、3群等,方便自己区分。

4.2.4 视频号营销

视频号是微信新增添的程序,入口就在朋友圈下方,有着同抖音类似的功能,同时也是为了方便微信用户观看,它的用户主要还是微信用户,并增添了可以看到微信好友点赞或查看过什么视频的功能。创建视频号,主要是为了像朋友圈一样方便别人查看,尤其是新添加好友后会被看到,视频号比朋友圈更直接。

(1) 视频号内容选择

视频号顾名思义是发布视频的账号,因此即使是图片也应该搭配音乐、旁白、字幕并进行剪辑后再发送。内容可以选择店铺全貌揭秘、店铺装修记录、店主心声、店铺售卖产品展示等多个方面围绕店铺展开,展示的同时帮助别人全面并形象地了解你的店铺。

同时视频号也可以发布一些与店铺经营相关的内容,比如书店就发布一些书的介绍,咖啡店就发布一些咖啡小知识、拉花小技巧等,这些内容将很好地使你的店铺形象变得更专业,也能引起顾客兴趣从而下单、回购。

不应发布与店铺无关、与个人有关的情感问题,与国家法律法规、普世价值观相违背的内容,与国家安全有关的内容,政治方面的内容,明星相关的内容等。因为网络是一个有监管的地方,并不是法外之地,那些与道德、法律法规、国家大义等相违背的东西不论从何种角度考虑都不要发。

(2) 视频号注意事项

视频发布时,不要带有其他视频程序的LOGO,比如从抖音转过来的视频,带着抖音号,会因此而不能发送,如果需要发布相同内容,必须把相关账号裁切后才能发布。

视频发布尽量不要发布过长内容,一般1分钟以内为佳,如果1分钟的视频都不能说明白那就把视频分为上下两集,尽量简洁地讲明内容更有利于观众观看。

视频是面向微信全用户的,即使不是你的微信好友也可以看到,因此可以在视频号主页设置个人、店铺介绍,方便别人感兴趣可以顺着主页找到你的店。

(3) 视频号直播

视频号与抖音一样都可以发布直播内容,直播内容会优先推送给好友,以及同城的人,由于目前用视频号直播的人不是很多因此你一旦直播,会有很多流量涌入进你的直播间,对于店铺的宣传非常有好处,需要注意的是直播时间段的选择,与直播内容的选择。

直播时间可以根据朋友圈发布时间段一样来选择，即在人们有空时而不是工作时间直播，或者你可以选择全天直播店铺日常。

直播内容除了可以有规划地选择一些主题内容外，还可以直播店铺的日常、员工的工作、店铺里各种商品的制作、介绍与讲解、同时还可以做类似访谈一样的直播，让顾客了解不一样的店铺。

4.2.5 公众号营销

微信公众号是开发者或商家在微信公众平台上申请的应用账号，是一种主流的线上线下微信互动营销方式。通过公众号，用户可在微信平台上实现同特定群体的文字、图片、语音、视频的全方位沟通、互动。

不同尺寸的公众平台二维码，中间可嵌入企业 LOGO 图片，可印刷到名片、广告牌、宣传册、商品包装上。微信公众号后台可群发图文消息或广告，设置关键词自动回复、默认消息、自动打招呼。同时，公众号具备粉丝管理，与粉丝互动、粉丝属性分类功能；服务号还具备自定义菜单（栏目导航）功能。

(1) 公众号分类

公众号分类如图 4-15 所示。

图 4-15 公众号分类

服务号：偏于交互服务，为企业和组织提供更强大的业务服务与用户管理能力。一般都是企业和银行采用比较多，如速排小蚂蚁编辑器、招商银行、德邦快递等账号。每月可推送四次消息，群发的消息可显示在用户的微信聊天列表中。

订阅号：主要是为用户提供信息和资讯。一般是媒体用得比较多。如央视新闻、澎湃新闻、人民日报等。每天可推送一次消息，群发的消息可在订阅号列表中查看。

企业微信：企业微信是一款企业通信与办公工具，具有与微信一致的沟通体验、丰富的OA（办公自动化）应用和连接微信生态的能力，可帮助企业连接内部、连接生态伙伴、连接消费者。

小程序：是一种不需要下载安装即可使用的应用，它实现了应用"触手可及"的梦想，用户扫一扫或搜一下即可打开应用。主要有企业、政府、媒体、其他组织或个人的开发者进行开发服务。

微信小程序、微信订阅号、微信服务号、企业微信是并行的体系。

(2) 如何区分服务号、订阅号

服务号悬浮于微信聊天对话框之上，就像德邦快递的服务号那般，直接点击就可以进入。订阅号有专门的窗口，一切订阅的公众号都收纳在订阅号消息里（图4-16、图4-17）。

图4-16 微信服务号与订阅号

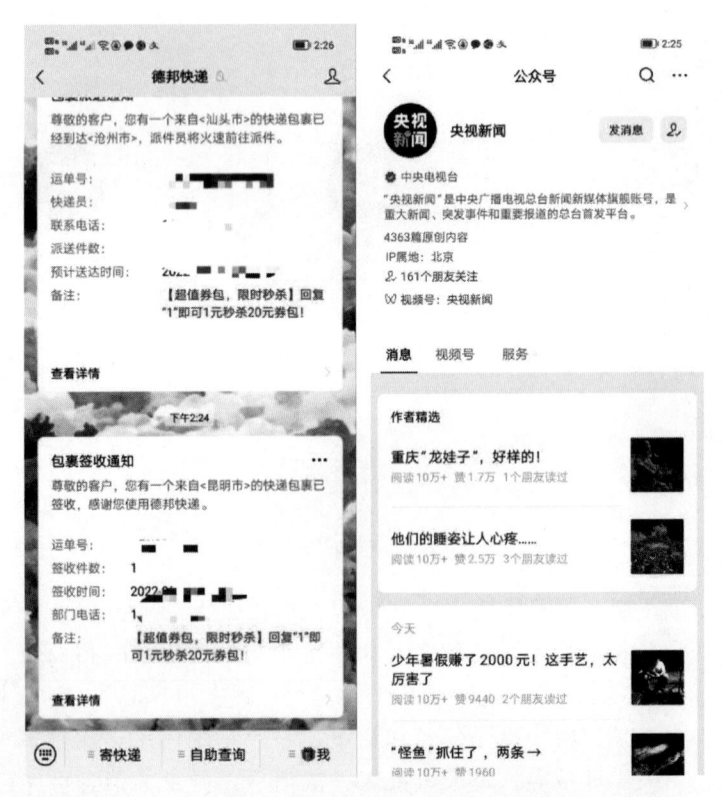

图4-17 左图为服务号打开界面，右图为订阅号打开界面

(3) 公众号设立优势

① 熟人网络化，小群体沟通，沟通效果更高。它所建立的朋友圈子是已经认识的人，它所建立的网络是熟人网络。

② 信息和服务可以随时随地提供，并且可以在更短时间内达到。

③ 丰富的媒体内容，易于分享。可以随时随地浏览信息传输音频，碎片化的时间得到充分利用。

④ 交互方便，信息推送灵活实时更新。微信的热门频道允许用户与企业账户以及老朋友进行互动。企业可以通过微信公众号立即向公众推送信息，敏捷更新。

(4) 如何选择公众号类型

① 如果想简单发送消息，达到宣传效果，建议选择订阅号。

② 如果想用公众号获得更多的功能，例如开通微信支付，建议选择服务号。

③ 如果想用来管理企业内部员工、团队，对内使用，可申请企业微信。

④ 订阅号不支持变更为服务号，同样，服务号也不可变更成订阅号。

⑤ 同一个邮箱只能申请1个公众号；同一个手机号码可绑定5个公众号；同一身份证注册个人类型公众号数量上限为1个；同一企业、个体工商户、其他组织资料注册公众号数量上限为2个。

搞清楚微信公众号到底是做什么的，就可以明确知道自己的店铺需要什么样的类型，如果仅仅作为店铺宣传作用，可以以个人名义申请订阅号，在订阅号发布图文信息，介绍店铺、产品即可。如果想要赋予更多功能同时更好地服务顾客，可以考虑服务号。有实力者可以花钱请团队帮你搭建专业的小程序，帮助店铺更好做销售及售后工作。

4.2.6 群接龙营销

这里我们所指的群接龙是微信官方开发并植根在微信里的小程序。自2020年社区团购逐渐兴起，群接龙在这样的环境下异军突起，成为店家、社区团长常用的方便、快捷小程序。

(1) 群接龙的好处

群接龙可以方便群主在群内运营、售卖商品、发起拼团，并实现物流登记以及发货，看起来有点像微店和公众号，但微店是借助了外部程序代入，下单功能多于群接龙介绍功能，浏览量、下单量需要后台观看。公众号可以实时查看浏览量与评论，但它不是为销售而生的平台，因此销售需要再嵌入别的商城链接，而群接龙集产品介绍、商品浏览、后台统计、实时促单、发货提醒、快捷下单为一体，非常适合用来运营维护微信群。

（2）群接龙创建方法

在微信小程序搜索"群接龙"，点击创建主页。这里的主页有类型区分，如果想把自己和别人的产品卖给顾客，可以开"帮卖团长"主页；如果想供货给别人可以开"选品团长"。不论哪种都需要付费才能使用，同时群接龙每一单都会抽取服务费，记得事先确认清楚。发货可以选择物流发货，也可以选择自提，物流发货只要输入运单号即可，网页版可以批量操作。

（3）货款提现

在群接龙主页可以看到"余额"，绑定银行卡即可提现没有太多限制，但是不要把账户金额全部提完，一旦出现售后、退款等问题也是通过群接龙处理，需要账户中有余额才能完成操作。

‹ 4.3 ›
抖音营销

抖音，是由字节跳动孵化的音乐创意短视频社交软件，上线于 2016 年 9 月，是一个面向全年龄段的音乐短视频社区平台。用户可以通过抖音录制或上传视频、照片等完成自己的作品，抖音平台会把用户上传的作品进行分类，推送给浏览用户。抖音支持多终端观看使用，包括移动版、网页版、电视版、智能终端（音箱、车载）版等。目前抖音除了可以在线上发表作品外，还具备购物功能，用户通过直播带货的方式在页面挂上自家商品链接，也可以通过发布视频的方式挂同城团购优惠券吸引顾客下单。

4.3.1 抖音账号创立与定位

（1）如何更好定位

抖音开账号，其实更像在网上开了一家实体店，怎么让这家店像活了一样，作为店主怎么可以在网上立体、丰盈起来。当初我们刚开始想要开实体店时，就为店里规划过定位，是作咖啡店、奶茶店，还是蛋糕店等，这个规划放在抖音上也是一样的，一切都重新再来一遍。例如，现在你已经有了一家实体店，你需要想的事就是如何把你的抖音账号与你的店链接起来，让抖音上的粉丝能顺着你的账号要么到你的实体店来光顾，要么直接在抖音上购买产品。

定位很关键，一个好的定位带给你的账号一个好的开始，更能给店铺带来无限可能。抖音账号就是为实体店服务的，要跟店铺相关联。

（2）抖音账号的变现方式

你想展现个人IP，让粉丝认可你，从而到你的店铺来找你，那么建议你以真人出镜，分享一些干货、一些对别人有意义的事。如你是开花店的，你的抖音号可分享给粉丝们如何将买回来的鲜花打理得更好，养得更持久，还可教你的粉丝们做居家插花，或是教你的粉丝们认识各种各样的鲜花，总之就是利他性，做知识传播，以真人出镜，让人们认识你从而认可你的店。

如果你想以直播卖货的方式，那么你就要打造个人IP，让你的粉丝从视频中了解你是个什么样的人，从而让你的粉丝信任你，后续他们也会因信任你而从你的直播间购买产品。建议你以店铺产品为主，视频的内容全部围绕店铺产品展开，这样才能更好地卖货。

想明白抖音账号的变现方式，就知道如何为自己的抖音号定位，后续的一切都会变得明了起来。

（3）之前有抖音号如何用

作为初创者，在开店之前都是过着普通人的生活，很有可能已经有了抖音账号，那这个号还能够用吗？能用，只是这个账号之前发布的视频肯定是不够专业。也与店铺挂不上边的，但是这样的账号如果发布对了，会比新起的账号好用一些，抖音也会更偏重一些，即权重高。

使用方法：①老号正常去养，就是要养的时间长一些，即7～10天。这里的"养"，指的是每天登录账号并用账号浏览你要开设内容的同质账号，内容不间断，时长超过1小时。②将之前你发布的个人生活、情感等与店铺定位不相干、不匹配的内容隐藏起来。③把之前喜欢的视频与关注的和定位不匹配的人逐渐取关。

以上这些步骤是告诉抖音算法，你在逐渐关注专业的东西，逐渐变得专业，并且真正地知道自己想要什么，这样抖音也会有所期待并逐渐对你投入更多的关注。

（4）昵称、头像、个性签名与主页头图

① 抖音号昵称不要太普通，要有猎奇性，或者与所处行业以及店铺相关，方便人一眼识别。

② 抖音头像如果用个人照片，尽量不要用全身照，因为全身照会被缩小尺寸导致看不清，头像要清晰，个性表情要鲜明，同时背景要干净，配色简单。

③ 抖音头图是给粉丝的第一印象，千万不能空着，它的设置可以和朋友圈主

页设置一样甚至选用同一张做好的图都可以。

主页要进行包装，选用符合账号调性的清晰图片，并进行页面美化。同时可以添加带有心理暗示作用的行动指令文字，引导进入你主页的陌生人加关注，甚至加你留在主页上的联系方式。将重要的文字信息做成特殊花字，醒目突出。

④ 在个人信息备注位置，可以添加很多信息内容，如你做什么的、你的店做什么、联系方式、地址等。

⑤ 主页设置好后不建议再做过多变化（图4-18），头像和主页图可以更新，但昵称不能过度变化，因为昵称代表的是垂直领域的信息，如果一旦发生变化意味着你的粉丝和平台的方向性认知会发生改变，有点像你的店转行、关门、倒闭，抖音上的改变费时费力，不如重新再做一个新号。

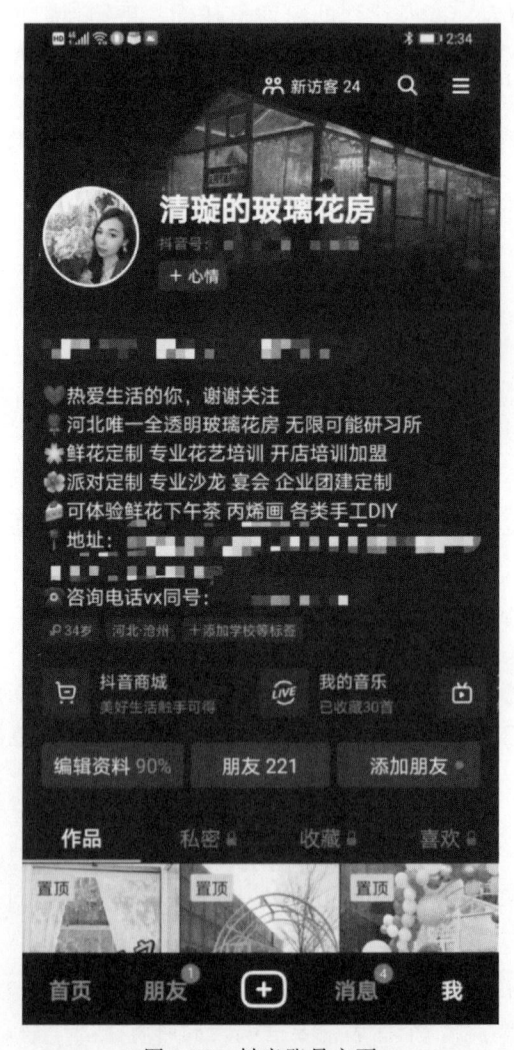

图4-18 抖音账号主页

（5）如何找到同行优质竞品账号

可以通过数据分析软件查找，推荐的软件有：蝉妈妈、飞瓜数据、抖查查，这些工具可以快速找到同类目最新的爆款视频以及账号。找同行优质账号的目的在于可以知己知彼，由于我们所处的地域、时间等限制，无法及时快速获取最新的资讯，同行账号里的视频可以帮助我们快速获取信息；同时同行是最好的学习目标所在，可以学习他们的思想，学习他们的方法，也可以学习并模仿他们的爆款视频。人都是从模仿开始学习的，就像孩童的学说话一样，学多了才有可能进行更好的创造。

4.3.2 简单的抖音内容创作

我们不用追求视频爆火，因为我们毕竟是开实体店的，做视频就是为了记录，并让人发现、记住店铺，从而为店引来流量。不用像专门做抖音的短视频博主一样，需要有专门的摄影、专业制作、有话题，然后制作出不一样并期望爆火能够变现的视频。出发点不一样，要求不一样，方法也不一样，我们要做看起来专业一些，让粉丝觉得我们的店与众不同，从而信任我们并且光顾或下单。

（1）优秀内容具备的条件

① 视频段子。视频内容结构紧凑、不拖拉；视频里人物以正脸出现；视频内容有情感激发，情绪唤起，可以唤起粉丝身份认同，即感同身受和代入感；有情节冲突与反转；有热门梗和配乐的加成；内容或标题引发观众争议评论。

② 封面和字幕：封面风格统一，字幕醒目且略带悬疑能激发粉丝好奇心。注意每条视频的封面图片和文字设置要统一风格，这样粉丝打开主页以后有一种整齐划一的感觉。

③ 配乐/原声：抖音允许使用作品原声，同时原声标签也是一个重要的流量入口，但要注意部分电影和影视剧的原声会涉及版权问题。

④ 标签：即"#文字"热门标签是重要的流量入口。自创标签约等于封闭的流量池，官方活动也是通过标签来推送流量的。

⑤ 视频简介文字：简介文字可引发评论、点赞、互动、转发，还可以@某个特定的账号，做账号联动。

⑥ 同框拍摄：允许别人跟自己拍同框。这是一个独有的流量入口，有转发和展现的功能。

⑦ 地址定位：不同的发布地点启动播放量不一样，农村地广人稀，城镇人群多，启动播放量大。网红地标自带大量的流量。地点展现在视频文字简介下方，会带来身份认同和线下偶遇的情感激发。地点本身也是流量入口和流量池。

⑧ 更新投放时间：特定的投放时间，启动播放量不一样。

⑨ 评论区互动：评论区互动，评论点赞，可以带来二次页面打开。神评论也是一种有获得感的体验。

⑩ 发布后转发、转载：转发朋友圈、微信群、QQ 空间和 QQ 群，带来基础启动播放量。上传贴吧，二次采集编写图文，多个自媒体平台二次传播，可以带来意想不到的传播效果。

（2）帮助视频增加流量的文案必备三要素

在视频描述（文案）里，引导用户完成点赞、评论、转发或看完视频的动作。

① "一定要看到最后" "喜欢记得点赞哦" 在视频描述或者视频开口增加这样的文字，可提升完播率。

② 在视频描述中，设置互动问题，比如 "某某你知道吗？评论区下方留言告诉我" 等引导用户留言评论，可以提升评论量。

③ 视频发出后，可以让好友在评论区评论，引导用户围绕话题展开更多互动。

（3）视频具体格式和要求

视频页面需要 9∶16。比特率：9000～15000。帧率 24～25。

（4）短视频时长控制

抖音视频一般控制在 7～20 秒，这样可以得到一个比较好的视频完播率，达到突破播放的目的，进而使内容得到更好推广。超过 20 秒时，如果内容不是太出彩很可能就会被刷过去了。

（5）发布时间

在饭前及睡前这两个时间段，抖音的打开率较高，基本有 62% 的用户会在这段时间刷抖音。所以，对于抖音创作者来说，最好的视频发布时间是工作日 6～9 点，12～14 点，18～20 点，22～24 点，周五全天。另外，发布抖音的频率最好是每天都发，可以多个时间段测试，看看哪个时间段的用户更喜欢你的视频内容。不同类型的视频在发布时间上各不相同，可以根据视频类型来决定发布时间，比如励志类、职场类的黄金时段在 8～9 点，这段时间正值上班高峰期，因此在这个时间段发布视频容易获得高点赞量；11～12 点是搞笑类、表演类的黄金时段；11～13 点，这段时间是大部分用户吃饭休息的时间。21～23 点适合发治愈类、情感类的内容，晚间最能激发一个人的情感。根据用户使用习惯有的放矢地发布相关视频才能获得用户的关注与认可。

（6）视频内容制作软件

录制视频可以用相关的软件，比如原相机录制、开美颜录制或者其他拍摄美图软件等录制，可以采用多段录制方式，方便后期剪辑。

剪辑最常用的软件叫"剪映"，它与抖音相关联，剪辑好后可以直接通过剪映发布到抖音视频，同时抖音中也有很多关于剪映的使用教学、音乐、卡点视频等可以学习与使用。

经过制作的视频会比通过抖音直接录制发出的视频看起来更专业，花样也更多，抖音功能与算法强大，还是需要专业、系统的学习。

4.3.3 抖音推荐算法

（1）关于抖音流量的几个问题

① 抖音流量池。抖音流量池指的是在视频发布之后，会将该视频率先投进一个流量池，这个流量池可能是几十个人也可能是几百个人，通过分析这些人观看该视频的效果后，再决定是否会提升到下一个档次。

如果视频在第一个档次的流量池数据不错，那么抖音会把视频放进下一个流量池，人数会更多，可能是几千也可能是几万，然后继续分析视频播放效果，判断是否继续提升流量池档次。依次类推，如果视频的质量很高，将会进入到更大的流量池，通过一个个流量池的检验之后，在视频质量得到保证的情况下才会推送给大部分用户。

② 抖音发布第一个视频或者是前5个视频播放量低的问题。抖音的前5个视频很重要，若抖音的前5个视频播放量低，则大部分原因为：

a. 视频太长了，新号发前几个视频都是长视频不利于推荐；

b. 养号步骤出现问题，导致标签没养出来，账号定位不正确，推荐量降低；

c. 视频内容没看点，文案写得不符合内容，音乐搭配不当，完不成抖音的指标。

③ 视频没有以前火。抖音是基于算法内容分发的平台，视频没有以前火，首先应思考内容本身的问题。算法分发机制公平公正，优秀的内容就能脱颖而出，没有其他别的因素。现在有更多的优质创作者，更多的优质视频，用户对视频的要求也是不断提升的，所以不要一成不变，要不断打磨内容质量，多学习、多总结。

④ 抖音不给推荐的原因

a. 有水印；b. 不适合传播的内容，抖音很重视未成年人的健康教育；c. 含有疑似广告的内容；d. 内容和形式长期无聊、单一，逐渐沦为"僵尸号"；e. 视频画面模糊，不可分辨。

⑤ 养号到底有没有用。一个新号是没有任何权重标签的，注册以后通过模拟正常用户刷抖音的习惯，可以快速帮助我们打上"浏览者兴趣标签"，并且利于我

们收集同行竞品的账号；其次通过短视频的养号操作可以帮助我们打上"短视频权重标签"，一般一个新账号平均播放量在300~500次，连续发布三天以上的产品短视频。注意别发营销短视频，尽量以产品场景拍摄为主。

⑥ 提高抖音号曝光的方法。即抢热评，多关注自己领域的一些大号，在对方视频推送之初就抢先留下精彩评论，一旦大号的视频火起来，你的评论点赞量和关注度也会一同起来，而大号的粉丝也是你的潜在粉丝，通过不断抢热评便会源源不断地引流过来。

⑦ 有没有必要开企业号，企业号的权重更高？相比于个人号，从平台来说，对企业号的包容度会更高一些，因为开通蓝V就是告诉抖音，我是企业，我来抖音是做生意的，所以营销性质会更强，稍微带有一些营销信息的视频更容易过审。从买家角度来说，你的账号加了一个蓝V，会增加用户的信任度，更放心在你账号的直播间下单买东西，相比个人，公司会更有保障。如果你本身就是企业商家，建议开通企业号。个人号权重高了，和企业号相差不大，至于流量权重，不管是个人号还是企业号，流量分配机制都是同等的，没有企业号比个人号权重更高的说法。

⑧ 上热门最简单的方法。利用抖音的"热门挑战"功能，判断话题火爆的潜力，选出你认为最可能会火的话题进行模仿。

⑨ 发两遍真的会火吗？不一定。那些两遍一模一样的视频，能火的是微乎其微，大部分依旧表现持平。那么，怎么发第二遍才能火呢？可以通过优化标题文案，更换更吸睛的封面图，视频内容重新剪辑优化，在评论区做好互动等方式，第二遍发出去才有机会火起来。

⑩ 发视频要不要加定位？分两种情况而定，第一种这个作品里带有一定的地方属性，比如：方言、地域、标志性建筑、标题描述等，那么加定位会增加被推荐的权重。第二种，如果你的内容过度垂直或风格统一，且整体内容跟地方属性没有任何关系，那就不需要加。

（2）如何更好利用抖音算法

① 调整发布时间。前面我们提到过抖音发布的时间和算法，你的视频根据抖音分类人群选择人们闲时发布，或者在看抖音的热门时间段发布更容易增加浏览量。

② 提升4个指标。抖音评价你在冷启动环节的表现，主要看点赞量、评论量、转发量、完播率这4个指标。

在视频描述里，引导用户完成点赞、评论、转发或看完视频的动作。很多短视频会在视频描述和视频开头、结尾写道"一定要看到最后""心疼小姐姐的快点赞吧"，就是为了提升完播率。

在视频描述里，设置一些互动问题，引导用户留言评论，提升评论量。

通过回复用户评论，提炼视频核心观点，引导更多用户参与到话题讨论中来，进一步提升评论量。

提前准备神评论，视频发出后，让好友写在评论区，引导用户围绕这个话题展开更多互动。

③ 持续维护。抖音的推荐算法有时候会带火一些优质的老视频。所以，对于比较优质的视频，要持续做点赞、评论、转发，不断运营，也许过段时间这个视频就会被推荐。

4.3.4 抖音的变现方式

我们前面已经做了那么多准备工作，又是设置主页，又是发布视频，大量的时间精力花费在上面，须知实体店才是我们的变现根本，既然抖音的其他变现方式复杂，那么我们只需要将视频或者直播做得有意思，不论是通过同城投放还是找本地大V发布视频，想法让你的账号或视频火起来，然后吸引顾客到你的店铺或者添加你的微信即可。添加到微信，有我们日常发布的内容、广告、生活、产品方方面面，更可以直接收款，可以给粉丝发布地图定位引导他们去店里消费，不必要把事情做复杂，要知道一切都是手段，就是为了引流到私域然后到店铺里消费。

4.3.5 抖音的本地同城运营

对于具有实体店的抖音账号来说，最重要的是本地同城流量，因为我们运营抖音账号是为了告知顾客在本地有这样一家店，从而吸引顾客上门，完成从粉丝到顾客的转化。

（1）视频投放

制作好的视频在投放时要给自己设标签，这个标签一定带上"#北京""#天津""#浦东区"等，你店铺所在地是哪里，就把标签设哪里，这就相当于进入了本地流量池，抖音对于本地同城很关注，你的店铺开在当地就是为了请当地人来的，外地人没有几个会专程为了抖音上的一家店而来。这个标签，中小城市就直接打城市标签，大城市像北上广深这样的就打两个标签，一个是城市标签，一个是所属区域标签，能够方便抖音和目标顾客快速识别。

（2）买流量

你的视频发布2天后看一下浏览量，达到200~500次以上，可以用"DOU+"投放助力一下，买流量投放可以帮助你的视频更好地被本地粉丝看到，这个助力量力而行，一次花 100 元已经足够，采取的是少量多次，助力店铺视频变火。

(3) 请同城达人账号助力

① 利用同城达人账号。请同城达人账号探店拍视频，投放在他的账号中。这种通常需要付费，要仔细斟酌，考察对方的账号活跃粉丝量，看对方账号往期视频与你的店铺整体形象是否符合等，最重要的是考察好对方的探店视频能为你带来多少收益，如知名度、访问量、成交量等，可以酌情考虑。

② 自己动手。自己发布视频，与本地达人账号互动，这种方法需要提前与对方沟通好，也需要付一定的费用。

(4) 开直播

开直播不光本地顾客能看见，整个抖音用户都能看见，但会优先推荐给同城粉丝，对于开店的你来说，所在的城市小一点反而开直播的人少，能够刷到你、关注到你的反而多，你只需要做好自己的事，保证视频、直播质量即可。

做好抖音本地化，更加利于店铺知名度的提高与顾客的增加。说一千道一万不如自己去实验与尝试，只要你的目的不是做抖音上的达人，也不是靠抖音赚多少钱，而仅仅是依靠抖音吸引顾客增加粉丝，还是很容易办到的。

⟨ 4.4 ⟩
小红书营销

除了朋友圈、抖音外，小红书已经成为最吸引年轻人又有最丰富社交生活的 App，因此做好小红书营销尤其是生活品类产品对于店铺营销至关重要。

小红书社区里内容包含美妆、个护、运动、旅游、家居、酒店、餐馆的信息分享，触及消费经验和生活方式的众多方面。在小红书上，来自用户的数千万条真实消费体验，汇成全球最大的消费类口碑库，也让小红书成了品牌方看重的"智库"。

小红书成了连接中国消费者和优秀品牌的纽带。通过小红书，中国消费者了解到了国外的好品牌。比如，Tatcha 在美国口碑很好，在中国却默默无闻，小红书用户在社区分享消费体验后，它渐渐受到关注，最后一举在中国这个世界最大市场里火了起来。小红书成为 Tatcha 在中国的唯一合作方。

小红书也致力于推动中国的品牌走向世界。小红书上已经聚集了一批优秀的国产品牌，借助于小红书社区的口碑模式，这些品牌不必将大量的资源投入到广告营销中，而是可以专注于设计和品质。小红书创始人瞿芳说："我们相信，只要将最好的设计、最优的品质和消费者对接，一个具有市场潜力的中国品牌就会冉冉升起。"

因此小红书成为年轻化的种草和日常分享社区，对于实体店来讲是非常重要的引流方法，做好小红书营销能够帮助店铺实现业绩提升。

4.4.1 小红书的账号设置

（1）账号定位

① 打造个人IP。首先让我们来明确个人IP的概念。个人IP就是一个人的品牌和个人影响力。它本质上是流量和人脉，而流量和人脉就是一个人的财脉，也是一家公司的财脉。个人IP是个人向其粉丝或潜在关注用户长期以来提供的特色，是一份利益和与之带来的一份服务，延伸来说就是一个人的价值被内容化、标签化后的产物。

"个人IP"对于拥有者来说，是一种建立信任、产生增值的无形资产。简单来说，个人IP＝人脉＋财脉＋服务＋无形资产。打造个人IP，就是将一个人自身特点放大，将一个人完整的形象，包括性格、外形、技能等进行"标签化"，然后利用特定渠道推广宣传。

在拥有一定的粉丝影响力之后，就可以考虑通过提供某项服务产生利益，从而盈利。打造个人IP，激活你的个人私域流量，做一个"斜杠青年"，是当下的大势所趋。

作为实体店铺，在设立小红书账号之初就应考虑好以店铺店主名义设立个人账号展现创业日常，是形成一个贴近大众的IP，还是以店铺官方账号的名义设立店铺账号，日常分享广告以及店铺运营，是需要认真斟酌的事情。

② 小红书上什么角色的变现能力好。首先需要确定在小红书上希望成为什么创作者角色，因为每个角色变现的能力和路径不一样。比如KOL（达人）需要的是持续发声、测评和买买买，需要完全站在消费者的角度，哪怕是广告和宣传也需要站在消费者的角度。作为商家类博主，要想清楚如何定位自己的角色，如何引起用户关注和共鸣的同时不让用户反感品牌，树立良好的品牌形象。

（2）账号设置

① 如何打造风格鲜明的主页。

风格鲜明的主页有助于加深别人对你的印象，印象越深，用户越会持续关注你。

a. 首图尺寸统一。不管是拍视频还是图文形式，首图尽量统一成宽高比3∶4，首先是因为尺寸统一会让主页井然有序，不会很乱，其次是3∶4的大图可以给人更强的视觉冲击感，容易让人记住。

b.主页颜色鲜艳。颜色鲜艳容易抓人眼球，也更有辨识度，可以通过首图加文字，或者手机拍摄原图后用修图软件处理一下。

　　② 昵称的设置。

　　a.简单好记，在小红书重名比较少。

　　b.突出自己的领域。

　　c.店铺账号跟最开始定位相关，想做个人博主就以某某店主身份设立账号起昵称，想做店铺账号就以店铺名为昵称。

　　③ 头像的设置。

　　个人头像，用自己的生活照最好，需要突出个人IP。如果是美食领域的话，可以用美食照片。选头像的核心在于吸引人，可以把同领域博主的头像都看下，然后把你选择的头像和他们对比一下，觉得哪个头像比较突出或者更能吸引人眼球，就选择和选中的头像相近的一个即可。

　　店铺头像，用店铺LOGO或店铺门头作为头像即可。

　　④ 简介和主页背景如何设置

　　a.简介设置。注意不要带有敏感词汇。因为新号或者没有太多粉丝的账号权重很低，涉及敏感词汇很有可能被别人举报或者被官方屏蔽处理，更有甚者会清空内容，因此开始的时候就简单介绍下自己是干什么的就可以，等到有1万粉丝之后，再留一个邮箱即可。

　　b.主页背景设置。可以设置也可以不设置，设置可以让账号的主页显得更加美观，有概率可以涨粉。比如作品封面非常整齐和美观，再加上背景墙，也许就会给粉丝一个关注你的理由，认为这个博主审美很棒，毕竟小红书里的粉丝，是所有平台里最注重审美的。

4.4.2　小红书的内容创作

　　（1）写笔记

　　① 不断复盘，总结成长。模仿优秀笔记是一条快速成长的路，我们需要学会发现热门领域和优秀数据。关注小红书在各个领域的官方账号，每一个官方账号都会推荐热门笔记，这就是所谓的模仿对象。可以不断去复盘这些推荐的热门笔记长什么样，每个部分的结构是怎么样的，如何配图，如何打标签，笔记中抓取了哪些关键词。

　　② 学习笔记内容。1000字是每篇小红书笔记的上限，用户通常能集中注意力阅读500～700字，所以建议每篇笔记的字数保持在这个区间。内容的排版要整洁，可以利用表情符号来减少文字的枯燥感，帮助用户阅读。内容是标题的展开，也要带有关键词，便于系统给这篇笔记打上相应的标签。同时内容尽量原创，模仿

的重复率不要超过70%，不然很可能被判定为违规笔记，并且不要带有营销词汇，可以注意别人笔记中类似"宝子们冲啊"这种词汇，把营销词汇变一种说法再展现出来。

（2）写吸引人的图文笔记

① 标题。笔记标题最多可以输入20个字，要和内容相互呼应。标题通常由笔记关键词+表情符号构成，好的标题会适当强调"冲突"来表达笔记的中心思想，同时这种冲突也能很好地引起用户的好奇心。

② 内容。内容贴合定位。比如，你给自己定位的人设是摄影师，那么内容就要和摄影相关，体现摄像师的专业性，不能给自己定位的是摄影师，但是发一些和人设不贴合的内容。你给自己定位为某某店主，那么你的账号里就要和店铺相关，不能往账号里发育儿心得，除非你是个母婴店店主。

③ 封面。要有吸引人的封面。封面是用户对这篇笔记的第一印象，很大程度上决定了用户是否想打开这篇笔记，所以一定要认真对待。封面尽量满足：原创、整洁美观、突出笔记重点三点。可以为封面专门拍摄图片，也可以用美图软件制作图片，总之一定要吸引人。

④ 图。图配文要协调。小红书每篇笔记最多可以发布九张图片，图片风格尽量和封面的图片风格保持一致，让用户对你的笔记有一个整体印象。用户观感最好的图片比例为3∶4，笔记的图片建议尽量按照这个比例发布。图片内容不要过于繁杂，从而让用户找不到笔记的重点。

⑤ 关键词。小红书系统不仅会根据关键词来给用户贴上标签，还会根据关键词来匹配用户，把你的笔记推送给有相同关键词的用户，笔记内容里可以多次提及关键词来提升笔记的排名，提高笔记的曝光量。例如：有些用户经常浏览"母婴"这个关键词下的笔记，那么当你的笔记标题和内容越贴合"母婴"这个关键词，系统越有可能把你的笔记推送给这些用户。关键词的分布也很重要，标题中一定要含有关键词，内容的开头、中间、结尾也最好含有关键词来提升笔记排名。

⑥ 话题。笔记最后要加话题，根据笔记的关键词为笔记挑选一个合适的话题便于用户搜索，这样可以增加笔记的曝光量。

（3）视频笔记如何写

一定在最开始的5～10秒，前50字，抓住用户的眼球，也可以用表情凸显要讲的重点。视频内容能戳中用户的痛点，或者能找到共鸣更好，用户更喜欢能跟自己类比、有真实感的内容，要贴近用户的生活和感受。视频内容能真人出镜就尽量用真人，漂亮小姐姐+日常街拍+生活场景中商品的嵌入和搭配，能够使用户在身处类似场景下产生联想，更容易达到种草的目的，也更容易激发深度了解的欲望。

总之，记得小红书是种草分享类社区，作为店铺店主，如何让小红书用户对你的店铺产生兴趣，对你的产品有购买欲才是根本。

4.4.3 小红书的账号运营

我们把小红书账号设立起来，并尝试写了几篇笔记后会逐渐发现一些问题，比如为什么我的笔记看的人比较少？为什么我的小红书账号被推荐概率不高？是不是像抖音一样也需要养号？小红书的推荐机制是什么？

（1）小红书的养号

新账号需要先进行养号，养号是为了让账号符合真人用户的使用习惯，号养好了对于笔记的流量曝光会有很大的优势。一般情况下养号需要7天的时间，在这7天里可以多搜索目标领域的关键词来浏览、点赞、收藏和评论笔记，浏览笔记的速度不要过快，最好能够在笔记页面停留一到两分钟并看完笔记。例如，你想做母婴领域的博主，那么你就多多搜索"婴儿""孕妈"等关键词来浏览笔记，这样小红书系统就会给你打上"母婴"标签，通过系统算法平台就会给你推送"母婴"类的相关笔记，同样，当你持续发布"母婴"类的笔记，系统就会把你的笔记推送给打了"母婴"标签的用户。

养号的时候多关注小红书的官方账号，例如"薯管家""生活薯""校园薯""小红书成长笔记"等账号，每天浏览小红书主页半个小时以上，多关注小红书的热点话题。

小红书可能是最容易测试的一个平台，因为写笔记只需要你在地铁上玩手机的时间。你要做的就是不断尝试输出、找方向，快速确定自己是否适合这个平台。小红书账号运营的关键决胜点在于如何快速输出高质量笔记，最难的则是每一篇笔记都获得很高的数据。

（2）小红书的流量

笔记质量与小红书流量密切相关，小红书不是朋友圈，如果是朋友圈，随便发什么内容，都会有朋友捧场互动。小红书的用户是一群陌生人，如果内容没有价值，吸引不了用户，是没有人点赞、关注、收藏或者评论的，这样就很难做起来。

① 点击率与流量。用户从发现页刷到笔记后点击进入阅读笔记（曝光转化成浏览）。简单讲可以理解为笔记曝光到100个人的发现页中，有10个人在看到笔记后选择点击，那么点击率就是10%。账号的热度需要经营，而一篇爆文就可打破困境。持续热度的爆文可让账号权重升级。在账号热度较冷的时候，确实是比较

难产生爆文，但是机会对于所有人都是平等的，前提是得有优质的笔记，稳定更新笔记。"薯条"小额测试到有潜力的笔记，比如点击率大于 10%、15%、20%，遇到就要抓住机会，利用"薯条"给笔记加热。

需要注意有时点击率再高也很难拉动自然流量，也无法有效引流，这时候要自查的问题主要有四点。

内容（包括后续图片），跟标题首图内容是否一致。

内容对目标用户来说有价值吗，是否值得点赞、收藏。

内容对用户是否有代入感。

内容用户是否能参与进来讨论，参与门槛是否高。

完播率在很大程度上对于提升笔记的权重要高于点赞和收藏，但是笔记特别需要关注的一个问题是用户 5 秒钟就可能流失。笔记最前面的 30 字或者视频前 5 秒非常重要。

② 账号权重的提高。账号权重的打造靠的是内容权重的累积，短时间内打造出多篇爆文是加速账号成长的最快路径。企业号初期运营，每周保持 4 篇新笔记，不断测试优质内容的方向。新笔记测试出效果后，趁热按照同形式和元素产出新笔记，利用爆文持续积累热度。两张相同的封面，发布时间不可隔得太近，会影响点进主页进行浏览的用户的观感。

③ 新人扶持流量。为了让新用户有更好的平台体验，能更快地融入其中，小红书对新用户有一定的流量扶持活动，平台会增加新用户第一篇笔记的曝光量，所以要提高第一篇笔记的质量，第一篇笔记流量不错的话，第二篇笔记的流量也可能会多一些。

④ 长尾流量。优质笔记不仅可以在前期给你带来可观的流量和粉丝，在后期同样也能持续给你带来流量和关注，笔记内容在用户主页、搜索主页等渠道被反复曝光从而积累流量，具有长尾效应即长尾流量。

小红书的推荐机制、涨粉优势、长尾流量的加持等使得新手在运营小红书时也能显得驾轻就熟，只要你肯学习一些简单的运营技巧，在小红书上很容易实现涨粉引流变现三步走。

(3) 小红书推荐机制

小红书的推荐机制与知乎、抖音比较相似，都是算法推荐制，在这种机制下系统会将用户发布的笔记放在对应的流量池中进行数据统计（评估点击率、点赞率、收藏量、评论量数据），如果满足数据要求就能进入到下一个流量池，以此类推，用户便可以获得持续的推荐。这种机制对新手小白来说十分友好，它的优势就在于，系统会把优质内容推送给更多用户，即便没有粉丝基础也能做出爆款笔记。这也是很多素人博主能在短时间内火起来的原因。

⟨ 4.5 ⟩
同城 App 营销

有时候本地人习惯用一些本地人开发的 App 或者平台，上面会有大量的优惠信息、同城信息，同时都是用本地人习惯的方言、生活方式等来阐述，故而受到本地人的关注，掌握了大量的粉丝与流量。过去我们没开店之前也许会用这些 App 来寻找本地的吃喝玩乐优惠信息，如今当我们自己变为店主，可以反过来利用同城 App 帮助我们拓展新用户。

如店铺开业信息、优惠信息、团购套餐等，可以每隔一段时间发布一下，也可以定期发布，这类的平台都会收取相应费用，在把自己家的店发布在上面时，应考虑好成本、利润以及本地口碑等影响，再发布相应的信息。

⟨ 4.6 ⟩
美团(大众点评)营销

美团拥有美团、大众点评、美团外卖等消费者熟知的 App，服务涵盖餐饮、外卖、生鲜零售、打车、共享单车、酒店旅游、电影、休闲娱乐等 200 多个品类，业务覆盖全国。

基于美团已经成为最重要的生活方式类 App 之一，作为店家自然应当重视店铺在美团上是否有一席之地，更加需要好好经营美团店铺。

美团店铺分为美团与美团外卖两种，店家可以视店铺的经营模式选择一种或两种上线，适合美团外卖的为鲜花、餐饮、咖啡甜品等方便跑腿或骑手配送的项目，适合美团的为需要到店体验、堂食的项目，如餐饮店、咖啡店、手工店、换装店、剧本杀店等。这里，我们以美团为例讲解相关的运营方法。

4.6.1 创建方式

店家看到的美团页面与顾客看到的页面是不一样的，要上的是后台系统，因此要下载"美团开店宝"，这是美团的商家版，在这上面注册账号才能在美团上开店并让顾客在美团看到。

在手机应用商店输入"美团开店宝"即可找到并下载到手机上。然后打开"美团开店宝"，根据提示，完成下面的步骤（图 4-19）。

图 4-19 注册页面

然后根据你自己所属的品类根据提示注册，品类不一样，看到的界面以及功能也不一样。同时在注册时要注意准备店面门头照片和店面照片、营业执照照片、店主身份证照片以及银行卡。

美团注册需要付服务费，一般为年付，同时每一单还有抽点，各地、不同品类费用不一样，根据当地实际情况为准。

店家提交注册，美团审核通过后方可上线，一般审核时间为 5 个工作日左右，等审核通过就可以正式在美团上开店了。

这里与其他软件注册一样，都需要设置店铺头像、店铺环境图片、店铺简介等，选择优质图片发布即可，同时美团上展示的店铺图片比例尺寸为 1∶1，即方形尺寸，商品售卖图片尺寸为 16∶9，建议把需要的图片经过制作后上传。

4.6.2 上传类目

美团注册成功后可上传团购信息了，打开主页，点击"团单管理"，可以看到"新建团单"按钮，按照提示，上传相关信息、图片，设置好价格即可（图 4-20）。

设置成功后需要等美团审核通过，通过后顾客就可以在美团 App 上看到团购信息了，当有人下单后会生成二维码，此时店里需要进行扫码验券才算完成这一单，获得的金额才能到自己的账户内。金额可通过"财务管理"看到，结账打款周期为 7 天。

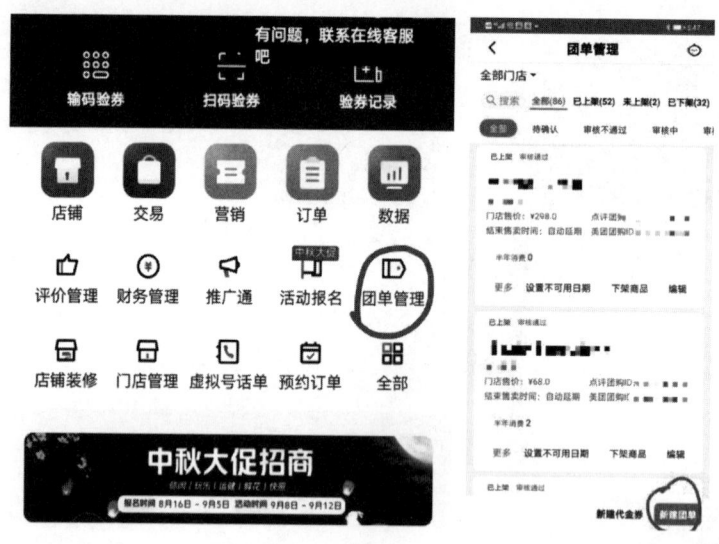

图 4-20　团购页面

4.6.3　定期维护上新

美团上架后要定期维护，定期更新项目，这样顾客才有新鲜感，美团的评分也才高。上新周期可以根据季节、节日来定，法定节假日美团都有相应活动进行促销，可以跟着美团活动一起上活动大促。

美团会给到店铺相应流量，也会在首页展示做活动的商家，对商家来说是好事，但因为做活动即促销，相应的利润因此减少，要设定好活动促销价格，看好促销项目，核算成本、利润，要做到的是薄利多销而不是卖得越多亏得越多。

4.6.4　评价管理

美团顾客消费后会提示顾客进入评价系统，方便顾客评价，顾客在他的订单评价成功后店家可以听到来自管理端的评价成功提示音，方便快速查看（图 4-21）。

这里评价有两个渠道：大众点评、美团。大众点评即使不消费也可以进行评价，并且可以上传多图，大城市的顾客们因为口碑效应短线，所以会习惯在大众点评上找到被人们认可的衣食住行、吃喝玩乐，来自大众点评的评价一定要重视。刚开店时，可以邀请朋友帮忙在

图 4-21　评价页面

大众点评写一些带图的好评，这是新店的基础。美团的评价一般是真实消费后评价所得，不能更改，被顾客差评后申诉难，很难消掉差评。

对店铺评价来说，有好评有差评是非常正常也是真实的，但是要分清情况，是同行恶意差评还是顾客真的不满意，因为每个认真评价店铺的顾客都是认真想给出店铺意见的人，如果真的是店铺做得不好，在认真改进并回复顾客后，也可以邀请顾客再来店铺，而不是在评价端口互相谩骂。这样对外展现给其他顾客的是店主的大气，以及顾客们的真实认可，这样的口碑是花钱也买不来的，因此不要怕差评而是要重视差评。

当然，好评更加重要，顾客在有效好评后，可以回复15字以上的内容感谢顾客，并邀请顾客再光顾。有些消费者习惯在消费前去看店铺评价，就像我们逛淘宝买东西也会先看这个东西的评价，好评多就尝试购买，差评多就不会买是一个道理。

⟨ 4.7 ⟩
地图标注

开店以后店主也可能会接到这一类的电话——推广商家地图标注。现实中有很多地方我们不知道怎么去都是靠地图导航的，那么作为商家要不要做地图标注，以及是否需要找人花钱做地图标注，地图标注是否需要花钱。

所谓"商家地图标注"，就是把商家或企业的地址、电话、简介等相关信息显示在电子地图上（图4-22）。做地图标注是为了能让人们通过导航找到你的店，对于在偏僻街道或巷子里的店铺具有非常实际的意义，对于临街或处于商场繁华地段的商铺则定位意义不大。但因为地图上会标注商家各种信息，因此可以考虑它的宣传意义，这是一种无形中的宣传名片。

"地图标注"取代了纸质名片的局限，传播范围更广，而且地址一旦有变，只要稍微修改一下，用户便可轻松查询到最新地址信息。而从营销角度来看，地图标注服务也为商户或企业的曝光做出了巨大贡献，是时下比较流行的一种宣传推广自身信息的渠道。

地图标注不需要花钱做，以百度地图为例我们将详细讲解如何自己做地图定位。

打开百度首页，点击右上方"地图"（图4-23）进入百度地图后，点击下方"商户免费标注"（图4-24），然后点击"添加新地点"（图4-25），填写商铺详细信息，上传相关资质及店铺照片，最后点击提交即可（图4-26）。

除百度地图外，知名度、使用率较高的还有高德地图、搜狗地图、腾讯地图，标注方法与百度地图相似。

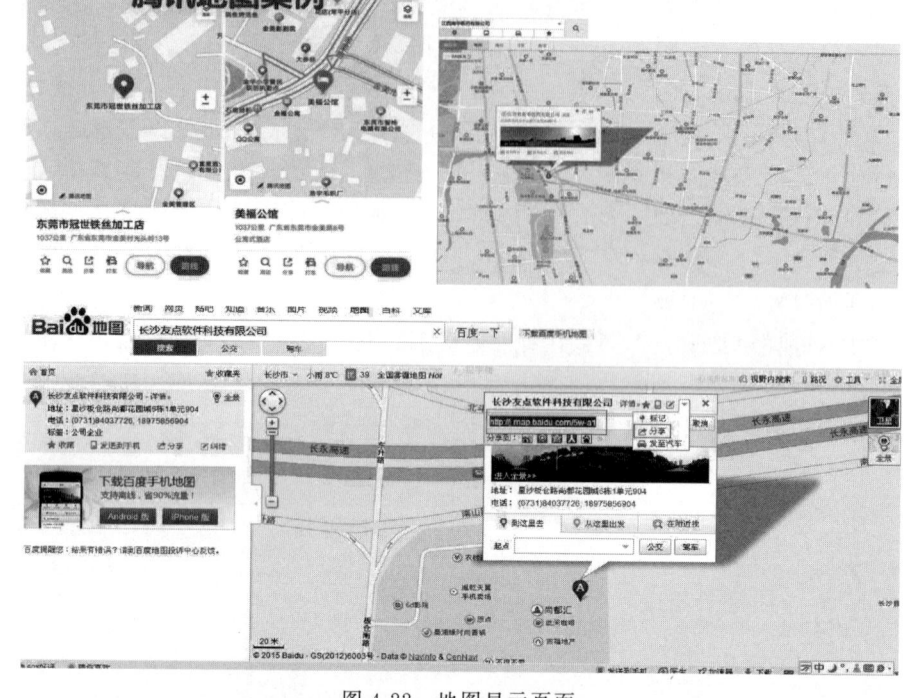

图 4-22　地图显示页面

图 4-23　百度页面进入地图标注的方法 　　　　图 4-24　商户免费标注的位置

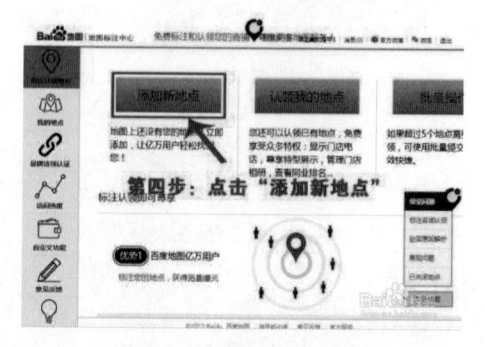

图 4-25　添加地点的位置

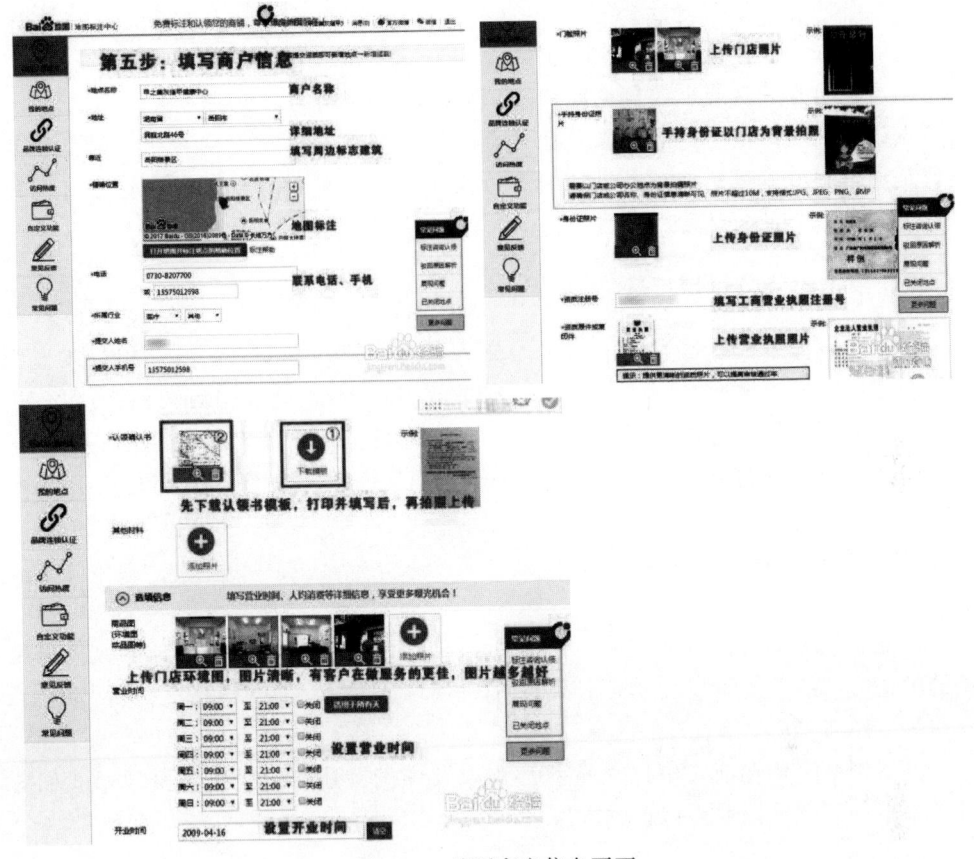

图 4-26　填写商户信息页面

‹ 4.8 ›
引流与私域流量转化

4.8.1　建立私域流量

(1) 什么是引流

引流即把流量引过来，把什么流量引过来？自然是人流量。引流就是引导人流量到你的私域。

我们做生意，需要不停地寻找顾客，帮助店铺拓展生意，即使开在商场或临街的店铺本身带有巨大流量但仍然需要更多流量。只有不停引流、不停增加客源才能帮助店铺更好地盈利，同时也是店铺发展壮大的基础。

第四章　店铺营销推广　　109

(2) 什么是私域流量

私域流量是品牌或个人自主拥有的，可以自由控制的，免费多次利用的流量。简单点说，私域流量是那群可以反复"骚扰"、反复推销的人。微商的主要售卖交易就是通过私域流量达成。私域流量是社交电商领域的高频新概念，区别于传统电商消费流量，是向经营用户的转变。

(3) 为什么建立私域流量

建立私域流量，就是为了把陌生人变为顾客，把顾客变为好友，把好友变为忠实VIP，我们通过朋友圈、抖音、小红书的IP打造，让顾客对我们产生好感、信任感，从而心甘情愿地掏钱买我们的产品，愿意把他的钱充值在我们的店铺里就是建立私域流量的根本目的，即一切为了利润最大化，为了店铺盈利。

4.8.2　如何建立私域流量

建立私域流量首先需要引流，把人引流到你的微信，才能形成你的人脉。常见的引流方法有：街头发传单、扫码送礼、网络宣传、朋友圈转发、做活动、转介绍等（图4-27）。

其中网络宣传在前文中以大量的篇幅以及详细阐述，这里不再赘述，我们着重讲一下扫码送礼以及做活动的方法。

(1) 扫码送礼

你一定在街头见过这样的场景，几个小姐姐头戴漂亮的发卡，见到女生就走上前去请人扫微信二维码，扫了二维码的人就送一个漂亮的发卡；或者你也一定在地铁上见到过一个小伙子拿着二维码的牌子请你扫码，扫码后他就送你一支笔……总之，总是有人以各种各样的名目请你扫码添加微信送你个小礼物，然后你的微信号会被添加到人家的微信里。

送礼可以选用一些小而精致并成本低的物品，如花店可以扫码送一支花，美甲店可以送一支美甲锉等，与店铺实际相关物品成本又低，我们以每支不到1元的价格批发来，然后送出去获得众多微信好友，只要新成交一单，我们就回本了，因此这种代价是可以付出的。

利用普通人因小利不会拒绝的心理，实现低成本引流。引流后新人会被添加到你的微信里，然后你可以给他设置标签分组，并发送统一编辑好的问候语向他介绍你是做什么的，你的店是卖什么的，或者你可以提供什么服务给他，并可以把他拉进你新建立的微信群里，之后我们前面篇幅介绍的所有转化方式都有了用武之地。

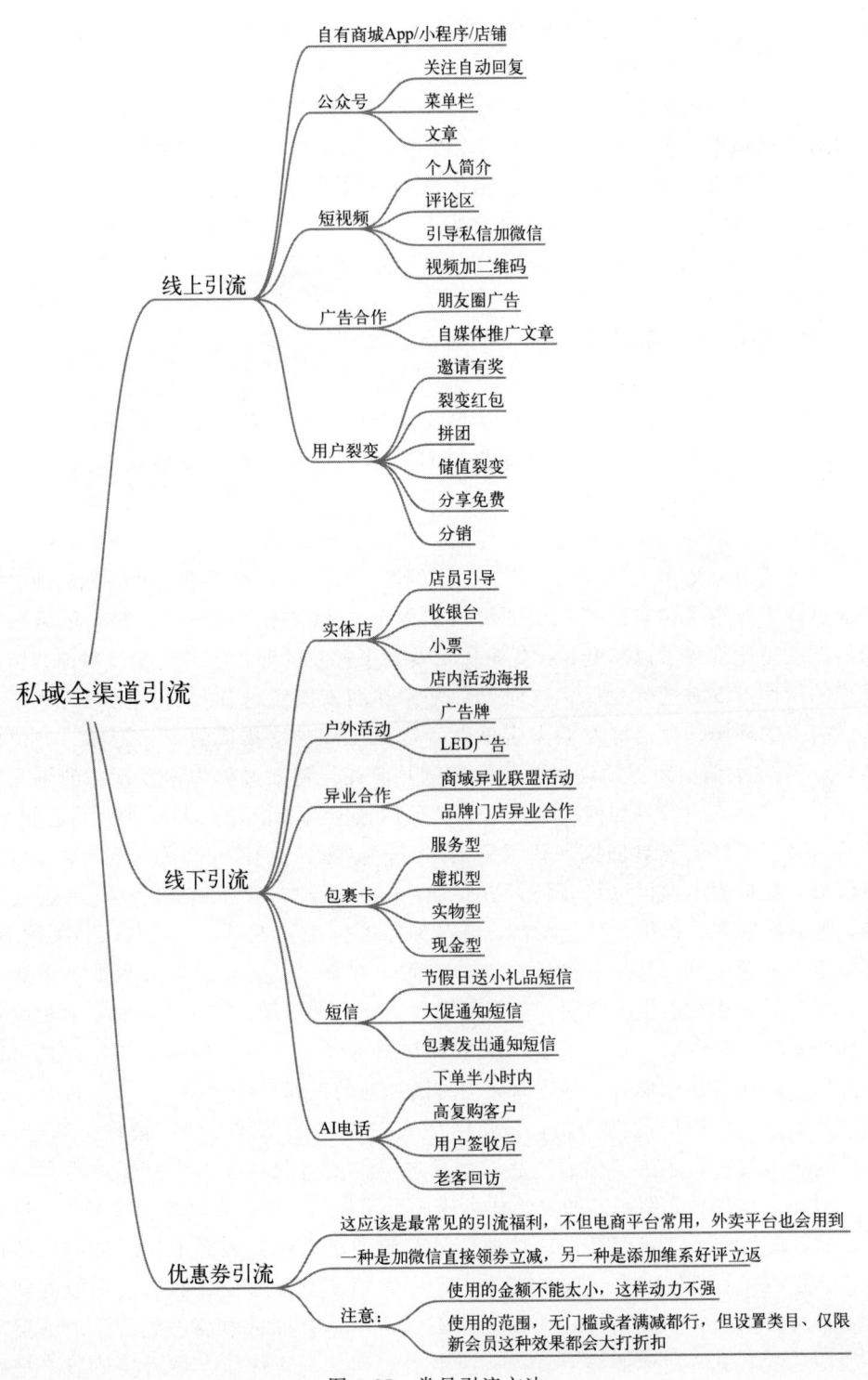

```
私域全渠道引流
├── 线上引流
│   ├── 自有商城App/小程序/店铺
│   ├── 公众号
│   │   ├── 关注自动回复
│   │   ├── 菜单栏
│   │   └── 文章
│   ├── 短视频
│   │   ├── 个人简介
│   │   ├── 评论区
│   │   ├── 引导私信加微信
│   │   └── 视频加二维码
│   ├── 广告合作
│   │   ├── 朋友圈广告
│   │   └── 自媒体推广文章
│   └── 用户裂变
│       ├── 邀请有奖
│       ├── 裂变红包
│       ├── 拼团
│       ├── 储值裂变
│       ├── 分享免费
│       └── 分销
├── 线下引流
│   ├── 实体店
│   │   ├── 店员引导
│   │   ├── 收银台
│   │   ├── 小票
│   │   └── 店内活动海报
│   ├── 户外活动
│   │   ├── 广告牌
│   │   └── LED广告
│   ├── 异业合作
│   │   ├── 商域异业联盟活动
│   │   └── 品牌门店异业合作
│   ├── 包裹卡
│   │   ├── 服务型
│   │   ├── 虚拟型
│   │   ├── 实物型
│   │   └── 现金型
│   ├── 短信
│   │   ├── 节假日送小礼品短信
│   │   ├── 大促通知短信
│   │   └── 包裹发出通知短信
│   └── AI电话
│       ├── 下单半小时内
│       ├── 高复购客户
│       ├── 用户签收后
│       └── 老客回访
└── 优惠券引流
    ├── 这应该是最常见的引流福利，不但电商平台常用，外卖平台也会用到
    ├── 一种是加微信直接领券立减，另一种是添加维系好评立返
    └── 注意：
        ├── 使用的金额不能太小，这样动力不强
        └── 使用的范围，无门槛或者满减都行，但设置类目、仅限新会员这种效果都会大打折扣
```

图 4-27 常见引流方法

（2）做活动

做活动的目的也是引流，但是做活动更高级以及成本更高。可以选择一些节假日有选择地做一些主题活动，例如七夕节相亲活动，或者情人节双人套餐活动，利用节日期间大家的从众心理，推出价位合适的活动套餐或者主题活动，通过场地布置、气氛营造、提前预热、网络发布等方法，让顾客对你的活动产生兴趣，从而主动上门、添加微信，把陌生人转化为你的微信好友。

4.8.3 形成消费闭环

把陌生人添加进私域仅仅是第一步，让私域好友下单消费是第二步，而形成消费闭环才是终极目标。什么叫消费闭环？即你的消费模式要使顾客离不开你，无论怎么样都从你这里购物。

举个最简单的例子：你是开餐厅的，微信是你的私域，你通过线上、线下相结合的方式引流陌生人到你的微信成为你的微信好友，起名叫A，然后你向他打招呼的过程中介绍了你自己正在做的事以及你有一家很漂亮的餐厅，并向他承诺微信好友去餐厅就餐可以享受8折优惠。A看到了你发的照片也许会很感兴趣并留在了你的微信里没有把你删除，这时候你开始在朋友圈宣传你的店，比如店里的美食、店里的环境、微信好友们去店里以后是如何被热情招待的。于是你的这位微信好友A在微信里跟你预订了餐厅的座位并前往。就餐过程中他发现你的餐具非常好看，向你询问餐具如何购买，这餐具是你独家代理的，只有你这里买最便宜，然后他又买了你的餐具回家。就餐完结账时，你告诉他有一个微信群，他可以进微信群，在里面不但可以订餐还可以参加活动并买到与餐厅相关的一些有趣的东西，他欣然同意。你把他加进微信群后，你在群里每天不但发一些餐厅相关内容，还发了一些群接龙，从生鲜到图书，方方面面都有。某天你忽然看到他下单买了一套书。后来你在群里做活动，他不但来参加还带来了朋友B，这个朋友B也变成了你的顾客……再后来，你的餐厅除了日常就餐外还开放了外卖服务，并且可以订月餐，A顾客在你那订了月餐每天按时送到他的工作单位。

这就是一个简单的消费闭环，从陌生人变成你的私域流量，被你持续吸引，不但到店里就餐，还买了你的产品，之后进了你的群又买了其他产品，更参加了你的活动，并且转介绍了新朋友给你，还成为了你的VIP。这是非常理想的一种消费模式，即形成了消费闭环，这种消费闭环延伸出来的是顾客不仅在你的实体店消费，更在你的私域消费。你是实体店主同时也变成了微商，而我们一般的实体店主很难做到形成消费闭环，因为他想不到，不具有那种电商思维。这个消费闭环就是从线下引流到你的线上，再从线上引流到你的实体店，最后实体店又把顾客转化到线上消费，周而复始，这就是电商转型开实体店的模式，也是那些博主们最开始在微博分享穿搭经验，后面又去开淘宝店铺，然后做直播的模式。

　　实体店产品较之网店最大的劣势就是因为经营成本过高，使得产品价格必须维持在一个较高的水平，因此实体店需要做的就是将产品、消费者搬到线上，利用线上活动的多样化引流，从而带动实体店的销售。

　　像示例中这种能不能做到呢？能的，你要先具备这种意识，再打开思路即可。不要认为开了实体店就是好的，也不要认为微商就是差的，取长补短把微商的经营方式补充到你的店铺经营里，自然可以做到。有钱有实力的店主，店铺开得比较大，实体经营事多，那么线上经营可以聘请专人帮你打理。经济不宽裕的小店主，自己亲力亲为，利用碎片时间一样也可以经营好。开店投资从来不是小生意，一旦租房，每天每分每秒都是需要向外掏钱的，只有想法多种经营，线上线下双开花才能保证自己快速收回成本，赚到钱。

第五章

客户体验与服务管理

如今你还觉得实体店就应该拥有天然的大量客户,并且能够轻松赚得盆满钵满吗?那么那些纷纷倒闭的实体店与庞大的网店群体又是如何出现的?不停地有新的网红店出现,如何不被顾客遗忘?被顾客记住的店铺依靠的是什么呢?

随着网络经济的蓬勃发展,实体店是否会被网店取代?

‹ 5.1 ›
客户体验与消费服务

移动互联网时代,电商崛起,实体店遭遇寒冬,实体店主们纷纷抵制电商,但大势不可逆,在一大批实体店倒下之后,电商从蓬勃发展到盛行再走向瓶颈,之后实体店与电商纷纷谋求转型。

如今很多新兴店铺出现,博主们趋之若鹜地去拍照、打卡,也有很多店铺吸引顾客一而再再而三地去光顾,这些新兴店铺靠的是什么?博主们每天在网络平台分享日常生活状态,还有各种新奇好玩的东西、地方,以此来吸引他们的粉丝关注、点赞,获取到巨大流量后才可以换取到利益。博主们不停寻找新奇特的地点来满足他们拍照、打卡的需要,而在照片、视频中出现的各类背景、地点就成为了被粉丝们争相模仿、打卡的热门地,也因此给这些地点带来了高流量和人气。这就是"网红"效应,也是店铺爆火的契机。

为什么这些博主会去这些店铺拍照、打卡?因为这些地方好看、好吃、好玩……看、吃、玩是人的感官动作,店铺因为花心思装修,然后营造出了与众不同的风格与气氛,从而影响了人的感官。人因为感受的与众不同自然感情抒发不同,博主们因为有了不同的感情抒发,从而又吸引了大众去体验,体验当然是需要消费的,不然怎么吃、怎么玩、怎么拍照。这就是店家卖出的产品,不过这个产品不是实质性的东西,而是体验感,这样的体验感为店家带来了人气也带来了财富。

网络带来的不仅是人们的生活更加方便快捷，也带来了人们眼界的开阔，大众从信息闭塞中走出，随之而来的就是个性主张，强调与众不同。在网络营销的冲击下，传统实体店以产品（服务）为主，轻视顾客体验不顾顾客需求的经营模式已经难以为继，用心经营、注重顾客体验的实体店才会屹立不倒。

电商即使有了虚拟 VR 技术仍然无法满足顾客对于切实感受的需求，人们存在对于网购的担忧，一直有退货率高、转化率低等问题，为了打破这一僵局电商们纷纷谋求突破，转战线下开设各种体验店。在互联网时代，实体店自带天然流量，门店要充分利用自身优势，利用所在商圈、区域做社交集散地、体验中心，打好体验牌，做好体验营销。

尚品宅配董事长李连柱在《尚品宅配凭什么》一书中写道："互联网的消费交易过程并没有体现出消费的体验，带给顾客情感的体验是实体店所具有的先天特性，这是互联网零售取代不了的。"线下商业能满足顾客集购物、休闲、娱乐、饮食、出游、聚会等于一体的社会性、自我性需求，同时满足顾客对于商品的即时性拥有需求。在这种背景下，基于体验经济的体验营销，是实体店在电商时代重新拿回竞争优势的秘密武器，这就是卖什么也不如卖体验。

5.1.1 卖什么也不如卖体验

（1）客户的体验感在哪里

体验感是一个很复杂的感官名词，包含很多内容。

【案例 12】

有一位很爱拍照的女性顾客因为从博主那得知了某店故而想去一探究竟。这位顾客从想去这个店起，交通是不是方便，店面是不是好找，就涉及她是否因为距离太远，店面难找而放弃去店里。然后她走到店门口发现门口装饰很有意思，有一个半人高的暴力熊掩映在花丛中，于是她停下来拍了好半天的照片，在此期间她闻到了花香，看到了花美，更拍了美照。然后她走进店里，看到了绿植成荫下的餐桌，听到了店里悠扬的音乐，于是她叫来服务员，在服务员殷勤备至的服务下，她花钱吃到一顿美味的午餐并拍照发了朋友圈，而且在朋友圈底下标注了店铺位置，最后她心满意足地离开了。

整个探店的过程中，她的走路、闻、看、拍、听、吃是动作，她通过这些动作感受到的情绪、心理的活动都属于体验感，整个体验感推动并促使着她完成一系列拍照、打卡、发朋友圈、标注位置的动作并完成了消费。

有的咖啡馆实际上卖的并不是咖啡，而是一种氛围、一种环境、一种体验。当顾客在意的是消费氛围或者体验感时，咖啡本身价格是多少就不重要了，重要的是体验感。客户的体验感在哪，她就在哪完成消费。她的体验感能够有多强，决定了她能够花费的金额有多少以及她是否认为物超所值。

（2）打造客户体验感

网络购物高度发达的今天，为什么还有顾客愿意去实体店买衣服？因为去实体店能够有导购员帮助挑选适合自己的衣服，能够帮助自己寻找合适的尺码，最重要的是可以试衣服，包括颜色、款式、尺码，店里有空调、有音乐，导购员还会殷勤备至地端茶递水笑脸相迎，这都是体验感，真的是买不买都是上帝，逛一逛也是享受，顾客当然乐意去实体店。

实体店与网店最大的区别就在于客户体验感不同，想要最大程度地留住顾客，甚至让顾客成为你的忠实顾客，就必须注重体验感。

想要打造客户体验感，就要像前文中提到的示例一样，从感官出发，考虑顾客的听觉、嗅觉、视觉、触觉、味觉，然后延伸到心理，通过与众不同的感官体验、丰富的情感世界，令顾客体验感成倍提高，从而让顾客心甘情愿地买单（见图5-1）。

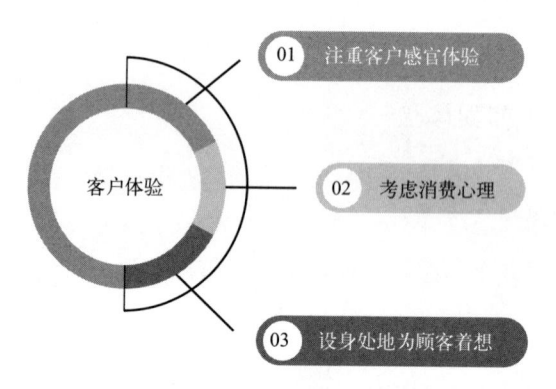

图5-1　客户体验感打造方法

① 注重客户感官体验。时装店为营造顾客舒适的环境通常会在店铺内摆放散发馨香、令人气味愉悦的百合花，辅以优雅舒畅的店铺音乐，让消费者有一种店铺高雅同时放松的感觉。店内设置的沙发椅通常是为了消费者或陪同者可以在挑选商品之余可以歇息，我们常见服装店的软沙发，坐上去就有一种很舒服不想走了的感觉，就是为了让顾客在放松之余能最大限度地延长停留时间，增加交易可能性。

饭店通常采用暖橘色灯光营造店铺氛围，令食客有一种这家店卫生好、食物好吃的感觉，而在这种灯光映衬下用手机可以轻易拍出美食大片，方便食客即时分享朋友圈，以增加饭店曝光率从而提高饭店人气。

咖啡店、西餐厅里优美动听又略显静谧的布置为顾客营造一种可以方便靠近聊天、放松社交的氛围，人在心情愉悦与放松的情况下才有可能多消费……凡此种种，都是在视觉、听觉等人的感官上做文章，以期顾客能有好的体验，从而达到提高成交量与成交金额的目的。

② 消费心理预设。例如，北方某四线城市有一个本地高端商场，当地的人均收入在 3500 元/月左右，但是这家商场一件普通夏季连衣裙就要卖好几百甚至上千，商场里的布局跟其他城市的商场没什么太大区别，也是一二层卖首饰、化妆品，三层往上卖服装，商场的顶层全部都是各类餐厅以及大型电影院。这样一个集吃喝玩乐于一体的本地商场虽然以高消费著称，却能在当地屹立多年不倒，同时熬垮其他大型连锁商业机构，除了有地理位置优势外，还有一个非常重要的原因：商场有一个口号"买不买都是上帝，逛一逛也是享受"。这句口号曾经在当地做广告多年，因此深入人心，当地居民都知道它代表着高消费，也仍然愿意前往。口号的特别之处在于它为顾客做了非常好的消费心理建设，虽然不一定所有人都能买得起它的商品，但是商场也欢迎顾客来逛一逛，逛街成为一种切实的行为。顾客在逛街的过程中，总有忍不住想买的东西，不能经常买昂贵的首饰却可以在需要时偶尔置办一件，不能天天买衣服却可以在有重要场合时添置一件，而逛街的过程中渴了、饿了都有可以消费的地方，情侣们还可以看场电影……就这样一个高端商场因为一句朴实的口号打破人们的心防，让人们在逛街的同时无形中产生消费，而这样的高端商场因为顾客经常闲逛，保证了客流，也为商场里的店铺带来了人气，人气旺了自然消费力就来了。

商家们为入驻这家商场绞尽脑汁，越来越多的优质品牌的进入也吸引更多消费者前来，互相促进互相影响，形成良性循环。这就是一句口号改变消费心理，让顾客不设防地前来，只有先把顾客引进来才有消费的可能。

当地其他商场不论再怎么搞大型促销活动，总是火爆一阵便逐渐冷清下来，因为顾客已经习惯到这家商场来消费，信任度也更高。

我们做商家，也是要充分考虑顾客的消费心理，进行预判，想方设法引顾客前来，只要有了客流量一切都好说。

③ 设身处地为顾客着想。体验感的打造，应当从一开始设计店铺经营模式时就考虑，比如手工店，以单纯地买进卖出小手工产品的经营方式当然不行，而把客户体验加进去，手工店就升级为手工 DIY 店，顾客可以通过体验如何做相关产品提高自我认同感。在装修过程中也应考虑体验感的打造，如在手工 DIY 店里，顾客做完手工需要洗手，因此要安装洗手池，洗手池要方便小朋友洗手，可以安装一高一低两个水池。考虑晚上也会做手工，灯光光源的选择应该同时适应白天、晚上两种模式。软装时桌子的高低、椅子的舒服程度也应考虑到；店内音乐的播放应该每个角落都声音大小一致，那么装修时就要考虑到音箱的安装方式与位置……店铺开业后，店内鲜花摆放营造的轻松愉悦氛围以及播放的音乐是否能令人静下心来等，这些都是设身处地地为顾客着想，将客户的体验感充分考虑进去后应当做的事，也是体验感打造的方式，分布在店内每

一个细节里。

店主对于店铺的用心程度直接关系到顾客的体验感好坏，更关系到店铺经营的好坏，打造店铺的极致体验感，就是在用心经营店铺，帮助店铺插上成功的翅膀。

（3）加大客户体验频次

我们都希望顾客能够反复光顾我们的店铺，每一个到店的顾客都能成为VIP充值顾客，能够反复消费，这就是消费频次。我们通过打造店铺的极致体验感，令顾客来了不想走，走了还想再来。体验频次的多少就决定了店铺的盈利多寡，因为招揽一个陌生顾客需要花费巨大的宣传成本，而培养一个成熟顾客反复消费只需要把自己应做好的服务做好即可。相对于陌生顾客，老顾客的消费频次更高，宣传成本更低。

（4）请客户提意见

店铺好不好，舒服不舒服，顾客是不是还想再来，顾客最有发言权，在经营过程中可以着重关注客户的想法与真实体验感。请客户提意见，什么地方需要改进，什么地方做得好，哪些地方顾客喜欢等都可以请客户提出来。有针对性地加以改进，必然能够让客户更加愿意来店里。

顾客知道店家重视他的想法，根据他的意见合理地进行了改进或升级，这样顾客就有了参与感，他自然会更愿意再光顾。这种做法使得顾客不仅是顾客，更变成了店铺的主人，参与感令顾客感同身受，也会让顾客更有认同感与归属感，自然更愿意频繁光顾。这就是把顾客置换到店铺当主人，当然不是所有的意见都要毫无保留地接受，也不能顾客说什么你就跟顾客反驳什么，而是可以有奖征集意见，顾客的优质意见一旦被采纳可以送礼物或者以现金形式奖励顾客，自然会有愿意真诚提意见的顾客，同时这也是一种开放胸怀的店主态度。

5.1.2 把服务做到位

这是顾客至上的时代，顾客即是上帝，做好顾客服务就是做好营销。从宜家的"体验式营销"让顾客可以在他们的样品床上睡觉，营造家的感觉从而促进顾客下单，到海底捞的"服务至上"式营销把顾客奉为上帝一样对待，无不说明在实体店经营环节尊重顾客体验、做好顾客服务有多么重要。对于普通的创业型店铺来说，任何一个顾客口碑都显得至关重要，连经济实力强大的连锁型企业都极度注重顾客服务，小店铺更应如是。

我们作为顾客也许也曾遇见那种站在门口叉着腰破口大骂的老板娘，更有甚者曾经直面这样的老板，当我们看到、听到甚至亲身经历这样的人或事后肯定会想：以后再也不去这家店，不但自己不去，周围的亲朋好友也要告诉他们不要去才行，还要告诉他们曾经发生的事。这就是服务态度不好导致的负面影响，如果你作为当事人的亲朋，听到这样的事情不但不会去，甚至还会在自己亲朋要去时阻拦并告知发生的事，这是一传十十传百的坏事，自然也是人之常情。我们生活的圈子、地域、范围就这么大，大城市虽不能马上传播那么广，但别忘了还有微博、小红书、大众点评等App的评价打分存在，而小城市因为地域小更注重人情往来，一件对商家负面影响的事会在短时间内很快传播出去，对于小城市的商家来说将是致命影响。当然老板破口大骂顾客的事是少数事件，但因为服务做不好得罪顾客导致顾客不再光顾甚至造成恶劣影响的却不在少数，因此做好顾客服务、注重口碑至关重要。

如何做好客户服务主要体现在以下几个方面（图5-2）：从顾客角度出发的服务理念、以顾客为本的顾客体验舒适度、不让顾客难堪的适度服务、注重细节的服务，以此为服务标准帮助店铺得到顾客认可。

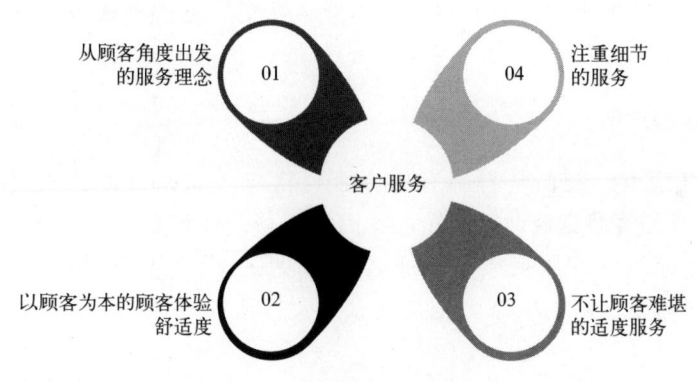

图 5-2 客户服务体现方面

（1）服务理念

因为信息的高度发达和透明化，如今的消费市场顾客掌握主导权，顾客拥有充分的知情能力和自主选择权，他们知道自己想要什么，喜欢什么，也变得更挑剔、更聪明。他们不仅能够破解信息不对称，可以随意搜寻自己感兴趣的消费信息，还能自己制造并传播信息。消费市场的主导权已经从生产商、零售商、服务商转移到消费者的手中，"我的消费我做主"。只有充分理解并掌握顾客需求才能立于不败之地，店家刚好有，顾客刚好需要，才能成交，"把梳子卖给秃子"的销售理念已经逐渐不再适用今天的顾客。

消费自主的时代，作为店铺经营者的我们如何做？

① 对顾客保持敬畏之心。不能因为自己开店就觉得高人一等，顾客是真正的上帝也是店铺的衣食父母，我们选择开店除了有对梦想的追求外，更多的是想要

实现经济上的提升，每一个顾客都对店铺至关重要。因为瞧不起顾客，傲慢、无理、粗鲁地应对顾客，不但会导致顾客的流失还会导致店铺的灭顶之灾，而被激怒的顾客有可能会借助互联网的力量，重创商家，让店铺经营不下去。

② 不要试图"说服"顾客。说教式的销售方式早已过时，年轻的顾客最讨厌被说教。所谓的"顾客是可以被教育的"并不是指的要店家教顾客，而是指潜移默化地影响顾客。以朋友的方式与顾客相处，换位思考，真正地感受顾客的需求，用心服务顾客才是对待顾客的正确方式。

③ 令顾客保持新鲜感。喜新厌旧是人之常情，再忠诚的顾客都需要对店铺有新鲜感，因此时常地改变一下店铺的装饰，定期或不定期地为店铺的产品/服务项目进行更新换代与升级，是每一个店主应尽的责任，更是帮助顾客保持新鲜感，让顾客常来光顾的秘诀。

④ 以人为本。以人为本就是真正地站在顾客角度考虑问题，顾客到店里以什么行动路线在店内流动，就餐的椅子是否真的舒适或让顾客坐立难安等，从顾客的角度出发，以"触觉、嗅觉、视觉、听觉、味觉"五感的极致体验为标准，打造顾客更喜欢的空间。

（2）顾客舒适度

什么叫舒适度？我们常看到有些商家打出口号"让顾客宾至如归"这里的"归"说的是让顾客感觉像回家一样，我们回家是什么状态？放松。疲惫一天到家里脱下鞋，把束缚的衣服换成柔软舒适的家居服，往沙发上轻轻一躺长舒口气，到家了……这就是回家的状态，也是商家想要打造的顾客感觉，这就是顾客的舒适感。

打造顾客的舒适感不是毫无限度，不能顾客到你的店里光着膀子，把脚踩在凳子上，那不叫舒适感，那叫公共场合不文明行为，也不是我们为了让顾客宾至如归毫无底线地忍让顾客，让顾客为所欲为。而是要掌握一个度，让顾客适度放松，适度感觉舒适，毕竟我们不希望顾客在店里舒服到不想走却又不消费无限制地占桌。

【案例13】

有一家咖啡店老板，他对顾客非常的好，他把店内打造成了很轻松的氛围，希望顾客都能在他的店里感到舒适，于是顾客们也很喜欢到他的店里闲坐、喝咖啡。他的店里有一个VIP顾客，家里养了三只猫，某一天发现其中一只猫得了疱疹病毒，这个病会在猫与人之间传染，为了其他两只猫的健康这位顾客决定把生病的猫送走寄养。这时她想到了她常去的咖啡店，于是她跟店主说想要把猫送给他，并养在店里猫粮由她提供，店主一口答应下来。咖啡店因为是对外经营的场所，那只生病的猫又是长毛猫，实在是不应该养在店里，一方面会对店内卫生造成影响，另一方面也会对顾客的健康造成威胁，但这位店主并没有想到这一点，他认为只要把猫关在笼子里定期清理粪便就好了。他收留了这只猫，那位顾客还会为了来看猫经常来光顾，何乐而不为。后来他的店里时常因为没有及时打扫猫的粪便而传出异味，只好把猫又带回了家。那位VIP顾客和店主并没有因此接受教训，顾客又买了一个特别占空间的画架子，放在咖啡店里，这位店主依然没有拒绝，画架一放几个月，更甚至因为顾客的东西占了店铺整整一大片地方，店主不得不给她腾出更多的空间。

上面这个事例，一方面是顾客没有边界感，把别人的店当成自己家随意侵占，另一方面也跟店主有很大关系，店铺是经营场所，每一块地方每一平方米都是要产生利润的地方，除了店主自己外，外人都是不能随意在店里放东西的。咖啡店也属于餐饮类，店铺里放只生病的猫对其他顾客造成的健康威胁本就是不应该发生的事，又有之后的画架占地方，正常的老板都不应该让这样的事发生。这位咖啡店主只以为让顾客舒心就是正确的经营理念，不会拒绝顾客，但是忘了店铺和顾客之间的界限感，导致店铺中出现了不属于店铺的东西同时还影响了自己的经营。虽然是个例，但它仍然告诉我们界限感与顾客舒适度之间的关系。

我们要让顾客宾至如归，要让顾客感到舒服，要掌握"度"，不能让顾客太舒服赖着不走。这个"度"就是需要我们好好把握。比如我们装修咖啡店，桌椅要让顾客很舒服、很放松，但椅子和沙发就不能过分松软以至于顾客在上面睡着就不对了。在星巴克，顾客可以在店里谈事喝咖啡，真要在店内睡觉桌椅就不舒服了。而咖啡店本就是让人说话、谈事情、放松的地方，我们如果把椅子全部换成塑料凳，那顾客看着不舒服也就不会光顾。凡事讲的是过犹不及，这个"度"的掌握主要靠以人为本的理念支持，不论装修店铺、室内陈设、设计经营模式等，站在顾客和店铺的双重角度考虑问题，既不能让顾客不愿意来又不能让顾客赖着不走，这个"度"就好把握了。

比如我开了一家手工店，依靠的是顾客不停光顾做不同的手工制品来赚取利润，即快速翻桌。如果顾客的某一样手工作品，长时间做不完寄存在店里，有空才来做一点，相当于顾客花了一份钱无限制来店里体验，占用店内资源与空间，无形中利润就被消耗殆尽。这时就要为顾客设规矩：店里200元以下的手工不能寄存，寄存的手工一个月内如果还没有来做完，我们会处理掉不会再免费寄存。这样的规矩对于顾客来说是可以接受的，对于店铺来说既能避免顾客无限制地在店内免费做手工，又能避免店铺因为寄存东西过多占用店铺空间增加仓储压力，而顾客也因为这样的规矩能快速做完手工得到一件成品。对于双方有利的规矩自然就是利于店铺长久发展的良方，我们在经营过程中要善于制订规矩，更要为顾客提供有度的舒适感，让顾客宾至如归。

(3) 适度服务

我们在商场买东西也许见过这样的导购员，进门热情地招呼你，走到哪跟到哪，不论你需要什么东西都帮你拿，试穿衣服帮你拉拉链，由于导购员过于热情你本来不想买东西也得买点东西不然不好意思出门。买了东西出门，导购员还要站门口送你，并热情地邀请你下次再来，你看着手里拎着的东西总有一丝后悔，这好像不是自己需要的东西……之后你去了火锅店吃午饭，服务员通过你的会员卡得知今天是你的生日，于是你本来打算安静地吃一顿午餐，结果服务员鱼贯而出站在你的面前，为你举着牌子唱起了生日歌，你坐着感受着来自周围食客们好奇的目光尴尬极了……

在倡导顾客是上帝的今天，总有一些商家把对顾客极致热情的服务奉为店铺经营成败的真理，顾客真的对商家的热情服务感兴趣吗？不注重产品开发，只一味地期望顾客因为服务好能留下真的可行吗？

实际上，自主消费的时代，顾客拥有绝对的自主选择权，他们甄别信息、传播信息，消费意识极具个性，面对商家的极度热情服务反而让顾客觉得别扭、尴尬，越来越多的消费者习惯在网络平台吐槽自己在店里遇到的热情服务，因为消费年龄趋于年轻化，年轻人的社交方式已经完全与过去不同，因此极度热情服务已不适用于今天的商家。

商家的服务仍然讲究"度"，不过分热情让顾客没有空间感没有自我，也不能消极服务对顾客爱搭不理。

(4) 细节服务

有两句话"细节决定成败""细节是魔鬼"，很多时候决定店铺在顾客心里地位的往往就在于细节小事上，注重细节服务才能帮我们的店铺更好地经营。

细节体现在一些平时我们很难注意到的小事上，比如现在好多餐饮店都用一次性餐具以及洁净餐具，有的商家餐具用蓝色的大箱子盛放，脏的干净的都堆在一起，有些餐具甚至都没洗干净，通常到这些地方就餐的顾客会把餐具拆开后再自己用热水清洗一遍再就餐，就是因为觉得餐具不干净，而有些商家会提供印有自己店名LOGO的餐具，并清洗干净放进消毒柜中，不论是顾客自取还是由服务员取来放顾客面前，都让顾客有一种餐具很干净很放心的感觉。而服务员为顾客提供餐具时，是"砰、砰、砰"地好几套餐具快速扔在桌子上，还是认真地把每一套餐具摆在顾客面前，也是服务细节的体现。

类似这样的服务细节在我们日常生活中比比皆是，在开店前去其他同行的店铺考察体验一下，认真当一回挑剔的顾客，就能寻找到这些服务细节所在，只有注意到别人的服务细节优缺点，才能在自己的店铺中取长补短，做得更好。而注重服务细节，是店铺专业化以及服务优质化的体现，更是让顾客感觉踏实与放心的地方。顾客觉得在你的店里能够放心、舒心，产品又值得信任，才是顾客愿意时常光顾的原因。

另外还有两方面需要注意。

① 注重产品研发

产品与服务相匹配，有好的产品增强顾客的需求感，才是顾客一再光顾的根本，而不能只注重服务，产品本身跟不上，那即使再好的服务也会被顾客吐槽、嫌弃。

② 用心服务

用心服务指的是切实为顾客着想，以人为本地考虑顾客的需求，比如餐厅设置儿童座椅，方便带孩童的顾客就餐，商场设置母婴室方便带婴儿的宝妈，这些都是从实际出发为顾客着想做的服务，作为商家的我们用换位思考的方式体会顾客的需求为自己的店铺做出行之有效的改变，更好更用心地服务顾客。

⟨ 5.2 ⟩
顾客管理

顾客愿意时常光顾店铺对于店铺来说无疑是一笔非常宝贵的财富，老顾客不需要过多的宣传成本，他们能很轻易地接受店铺产品，也愿意尝试店铺的新品，更甚至还会愿意为店铺提供改进意见并介绍新顾客给店铺。像这样的顾客流失掉对于店铺是不利的，因此做好顾客管理，确保老顾客不轻易流失，新顾客也能成为老顾客非常重要。

5.2.1 办卡

一般商家为顾客办卡是一种对顾客的认可，也是顾客身份的象征，更是留住顾客的方法之一。办卡形式分为以下几种（图5-3）。

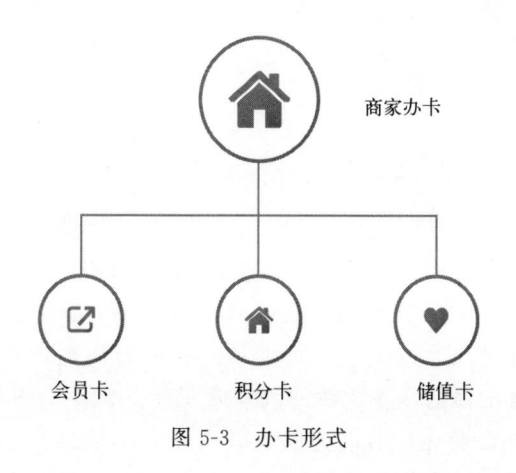

图 5-3 办卡形式

（1）会员卡

会员卡即会员标识，常用方法是顾客交纳一定金额，比如9.9元即可成为某某店会员，然后登记顾客的信息后，完成会员卡的办理。顾客办会员卡的好处一般是成为会员可以享受比非会员价更多的优惠，比如10元的商品，会员价为8.8元，顾客为了经常购买该店铺的产品并享受优惠会选择办会员卡。

由于办会员卡时顾客留下登记信息，一般为姓名、电话、生日等信息，商家可借助此时留下的信息定期回访、做广告、发消息等，告知顾客新品优惠、店铺活动等信息，帮助店铺更多地在老顾客身上获取利润。

（2）积分卡

积分卡为顾客消费后积分，比如某些商家设置消费1元积累1积分，积分到一定程度可以兑换商品，这就是一种商家吸引顾客反复消费的方式，像超市、商场经常使用的就是此种方法。利用积分卡可以促使顾客反复到店消费，比如奶茶店可以送顾客一张小卡片，顾客每消费一杯奶茶就在这张卡片上贴个标签，积累够几个标签送顾客一杯饮品等方式。众多的奶茶店，顾客去谁家都是一样的，但因为有这样一张积分的小卡片顾客会更倾向到这家店铺买奶茶完成积分兑换动作，这种方式与到旅游景点打卡盖章是一样的意思。

（3）储值卡

储值卡顾名思义顾客提前在店铺预存一定金额，后用这张卡可以到店内反复消费直到卡中金额用完为止，美甲店、健身房、理发店等就常见这样的方式。储值卡除了具有储值功能一般还会具备积分功能，同时也会登记顾客信息，因此储值卡是一种更优化的会员卡方式，对于店铺来说能够提前回笼资金，更是顾客对于店铺的一种认可形式。

5.2.2 会员活动

当积累了一定数量的会员后就可以做会员活动了，常见的会员活动有店庆、周年庆、会员日，这些会员活动通常以打折、促销、储值积分的形式出现，既帮助店铺赚取利润快速资金回笼，又可以让利给顾客。还有一种会员活动比较复杂，即会员沙龙，沙龙是一种聚会形式，店铺可以组织多种多样的沙龙，如插花、画画、手作、亲子游戏等，通过邀请会员参加达到提升店铺形象同时帮助顾客拓展人脉，更能维护顾客的目的。沙龙活动现在常见于房地产、汽车行业的拓客活动，可参考他们的形式进行变化，有能力的店铺可以自己策划组织沙龙活动，规模大一些的店铺可以请活动公司帮忙策划沙龙活动。

5.2.3 顾客群管理

　　顾客通过办卡成为店铺会员,同时留下联系方式,这时可以邀请顾客直接扫码进入店铺提前准备好的会员微信群中,因为有实体店源源不断的会员进群实现线下引流,利用前文中所述微信群管理方法,以及上文中提到的会员活动,多种方式结合,进行线下、线上顾客维护,从而实现顾客再消费再转化,使其源源不断地为店铺产生利润。

第六章

销售与日常管理

销售是一个店铺的重中之重,好的产品没有好的销售,没人来买,又何谈后续的服务,更谈不上会员管理。店铺没有了销售也就没有了业绩,更没有利润,等待店铺的只有死路一条,因此只有做好销售才是根本。

⟨ 6.1 ⟩
产品的销售

店铺不能没有产品销售,店铺营业后更需要不断地更新产品进行销售让顾客有新鲜感。为使其成为优秀的销售产品,帮助店铺实现利润最大化,店铺选择产品销售应该考虑以下几个方面:产品的复购率、产品的受众面、主打产品、特殊产品(图6-1)。

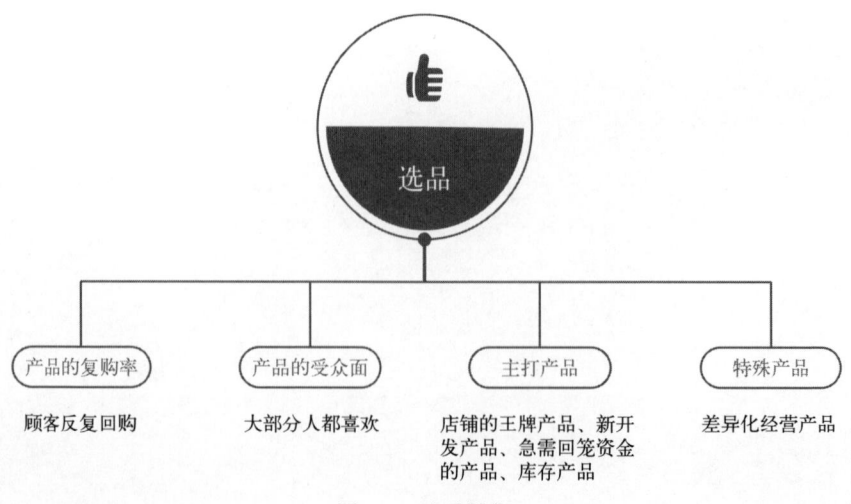

```
                        选品
         ┌──────────┬────┴─────┬──────────┐
    产品的复购率  产品的受众面   主打产品    特殊产品
    顾客反复回购  大部分人都喜欢  店铺的王牌产品、  差异化经营产品
                              新开发产品、急需
                              回笼资金的产品、
                              库存产品
```

图 6-1 选品销售

6.1.1 产品的复购率

产品的复购率是指一件商品被顾客反复购买的频率，决定产品复购率有以下几个要素：实用、必需品、顾客喜爱、性价比、满足顾客需求。比如经常去某点心店铺买一款蛋黄酥，反复购买的原因是好吃、用料实在，即使它稍微贵一点，但由于这款蛋黄酥的味道其他店铺销售的同类产品比不了，仍愿意反复购买。又比如，某牌子的卫生纸，卫生纸本身是生活必需品，而这个牌子的卫生纸吸水性更强、柔韧度更高，因此它的实用性更强，成为顾客反复购买的原因。

我们作为商家，在为店铺选择产品或生产产品时，首先应该站在顾客的角度考虑，这款产品如果我是顾客，我会买吗？我会反复购买吗？以此为要求，认真为店铺做好选品工作，而不是凭借个人喜好，选择一些华而不实或顾客不喜欢的产品，我们既是商家同时也是消费者，销售的商品是需要我们提前拿真金白银跟厂家换来的，如果不能销售给顾客就会积压在我们手里，造成店铺大量积压库存以及资金流动困难。在选品时考虑这款产品的实用性、顾客需求度、性价比等方面，综合考虑再做出进货或研发产品的选择，将有助于我们减少试错次数，极大程度帮助店铺避免库存与流动资金压力。

6.1.2 产品的受众面

一款产品的受众面是指绝大多数人喜欢还是少数人喜欢（小众），大多数人喜欢的产品通常意味着这款产品有可能成为畅销品或爆款，小众的产品也不意味着就不能卖个好价钱。产品的销量由产品本身决定：质量、功能、美观等都会影响产品的销量，但产品的受众面则与产品本身开发时的设计有关，店铺的经营范围也与产品的受众面相辅相成。比如这款产品就是专为老年人设计的，那么它的消费人群就是老年人，它的受众自然是老年人，年轻人不会选择，与之相应的销售商就是老年人用品商店。如老年人鞋品牌足力健，它的产品定位在老年人运动鞋，产品设计与老年人健身、走路息息相关，它的受众自然就是老年人，反之亦然。

因此我们为店铺选品或生产产品时，根据店铺的定位，找到合适的受众人群，再有的放矢地选择合适产品才能帮助店铺做好产品销售。如是一家母婴用品店，选品时要考虑到顾客人群，卖与之相关的产品而不能在店铺中卖男士香烟、酒，这就是与店铺受众无关了。同时，这家母婴用品店的产品在选择上可以针对用户细分，比如为即将临盆的孕妇准备的待产包，为新手妈妈准备的套装等这些都是受众群体细分化做出的产品细分。同时也可以为店铺增添一些小众产品，比如为不同尺码的女性准备的哺乳内衣等，这些都能很好地帮助店铺进行产品细分以及实现更多的销售业绩。

总之，产品的受众面广与窄不是决定产品销量与店铺盈利的关键，但却是决定店铺运营方向以及店铺经营内容的关键。

6.1.3 主打产品和特殊产品

一个店铺的商品应该有主打产品，主打产品是指在这个店铺中被主要推荐给顾客的商品，或是这个店铺的拳头产品。主打产品将作为店铺的主要商品被销售人员重点推荐给每一个顾客，以增加销量提升店铺销售业绩。一般主打产品不是随意设置的，加盟店都会有主打产品直接销售，自主经营的店铺则根据自有产品的库存、价格高低、产品定位等决定。主打产品不是所有商品中价格最高或最低的，而是价格适中的。主打产品也不是库存最少的或库存最多的货品，而是能够快速进货，流转最快的。因为主打产品作为店铺主要推荐商品，一定会是销量最多的商品，那么它的单件利润可以不是最高的，但一定是整体利润最多，对店铺最合适的。通常我们的店铺可以有一件主打产品也可以有几件主打产品，多种组合填补销售结构的不平衡，这几件主打商品就能为店铺带来源源不断的客流和利润。

除了主打产品外，店铺里也可以有特殊商品专门应对特殊需求，比如相对高端的产品、特殊定制的产品、稀少的产品等，这些产品不是为了靠它们赚多少利润，而是为了提升店铺实力，可以不卖，但不能没有。有时候有些顾客或者老顾客会专门来寻找一些特殊的商品，不在乎价格高低，只要有的卖有的买就行，这些特殊商品就是应对这样的存在，用来提升店铺在顾客心中的形象。这类产品不用刚一开店就着急置办，要做好它们不一定能销售出去的心理准备，可以在经营过程中慢慢寻找。

⟨ 6.2 ⟩
产品薄利多销

"一分利撑死人""十分利饿死人"这两句俗语说的是产品利润，如今消费信息极度透明，过去商家利用信息差赚取差价获得利润的时代一去不复返了，指望靠商品本身卖出高价从而获利只是美好愿望。除非商品无人可以取代，独一无二没有人能制造出来，不然不要再指望单纯靠商品赚取利润。在这样的情况下，对于实体店售卖的产品最好的办法就是薄利多销。

1块钱1包的牙签卖不出1块钱的利润，往往只有1分钱利润，但是牙签人人都需要，买的人多了也能形成巨大的财富，一分利撑死人。

店铺里的产品明明卖10块钱就能赚钱，但你却卖出100块钱，虽然可能也有人因为需要而购买，但下一次还会有人再买吗？只能赚一次的钱，顾客都不来了，没有持续经营下去的根本店铺最终只能倒闭，十分利饿死人。

我们在为商品定价时，要具有长远眼光，不要想着一下赚多少钱马上就回本，而是要定价适中，让利于顾客，这样顾客才会再来光顾。

定价要把成本与利润加进去，商品的成本除了产品本身的进货成本外还应加进去运输成本、店铺房租、水电费、人工的成本，才是商品的成本，利润则应加进店主的工资、期望赚到多少钱，所有的费用加进去后除以产品的总库存，才是最后产品应有的价格，除此之外还可以额外再向上浮动一些。一般商品的售价减去成本后利润在30％～40％，个别行业利润会更高一些。

< 6.3 >
物以稀为贵

普通的商品定价自然遵循普遍定价规律，但有一类产品不在此例中。独家设计、原产地、原材料稀少、独家生产、秘方产品、专利产品、限量产品等，它们的定价应当遵循物以稀为贵原则。

明明就是稀缺资源，当然不用卖出白菜价格，既是辱没了特殊的产品，更是白白错失赚钱机会。

【案例 14】

2022年七夕节前夕某花店新开发出来的草莓熊抱抱桶（图6-2）因为最开始其他花店不会做而卖出了高价，这样的产品就属于独家开发首创产品，而后因为技术破解，其他的花店也可以仿制出来，同行竞争的关系也会造成价格下跌，但总的来说第一批草莓熊抱抱桶确实赚到不少钱，并且还顺带卖空了草莓熊玩偶。

【案例 15】

2022年年初，手工店流行起流体熊（图6-3），一种由丙烯颜料混合从头浇到脚的暴力熊玩偶，由于颜料混合的不确定性以及搭配颜色的不同，暴力熊也会形成不同的颜色及花纹，就像开盲盒一样，没有完全相同的两只流体熊存在，而在颜料搅拌及浇颜料的过程中非常解压，因此大受年轻人追捧。我所在的城市年轻人想玩，却没有店铺做这个手工，我的顾客找到我，提议我来做这个项目，于是我的店铺成为第一个在当地做流体熊体验的店铺。核算成本后，最开始我店里流体熊项目的定价为98元一个，我的利润基本在50～60元，由于只有我一家做流体熊，尽管价格高昂但店里每天都有络绎不绝的顾客体验。我的暴力熊白坯常常一到货就被抢购一空，顾客经常需要提前3～5天预约才能体验到流体熊项目，我因此赚到一笔不菲的利润。

图 6-2　七夕草莓熊商品海报图　　　　图 6-3　顾客在店里体验流体熊项目

  2 个月后，流体熊的技术被破解，本地更多的手工店铺发现了这个商机，于是纷纷增加这个项目以吸引顾客，并且把价格压低，我的店铺体验流体熊项目的顾客就减少了，我也只好把价格下调到跟其他店铺一致的 68 元体验一次。体验的顾客因为其他店铺的分流而明显减少，我相应降低了暴力熊白坯的进货量，维持在一个较低的水平线。再后来，连摆地摊的小商贩都开始做起了流体熊的生意，网络上也随处可见流体熊体验套装，我的店里流体熊项目基本就不再作为主打而是仅仅有这样一个项目，但我已经从中赚取到不菲利润，对于它的降价就毫不在意了。

  从流体熊项目案例可以看出，最开始由于独家资源，店主能把这个产品卖出高价，并获得不菲的利润，等它的稀缺性消失，不得不改变策略调低了价格，最后甚至这个商品从主打产品变为清库存产品，这是由产品的多寡决定的。因此在某件产品稀少时要借机赶快赚钱，等到产品在市面泛滥时就失去了能赚钱的机会，这符合供需关系决定价值。如果店铺有独家产品，记得物以稀为贵卖高价。

⟨ 6.4 ⟩
万物皆可销售

  在做销售人眼里，万物皆可销售，随着直播带货的兴起，原来不被人们看好的农产品火起来，全国各地的农产品通过直播带货搭上快递的顺风车发往千家万户。后来人们不再只满足于国内的农产品，土耳其的杏干、俄罗斯的巧克力、新西兰的奶粉都从直播间走进千家万户……除了真实的商品外一些好像根本不能称为商品的事物也在被销售，有的人出卖自己的时间帮人排队，有的人讲故事卖惨获利，还有的人把自己的知识包装成了商品……随着网络的发达，当什么都能在网络上购买时，对于实体店的冲击无疑是巨大的，但同样也蕴藏着转机与机遇，作为实体店主的我们如果利用好这一机遇，无疑将为店铺插上腾飞的翅膀，帮助店铺线上线下双开花。

6.4.1 卖情怀

情怀是不能直接获利的，这里的卖情怀是指给你的商品讲故事，为它们赋予一些有意思有趣的点或者是让人感动引起人共鸣的事，这样一件商品因为有了缘由，有了故事的增色就变成"活"的了，足以吸引顾客下单购买，而顾客下单的原因可能是感动、感同身受、怀念、共鸣等理由。

【案例16】

江小白是一个具有互联网思维的酒类品牌，旗下的白酒江小白可称为卖情怀的典型。江小白是重庆江小白酒业有限公司旗下江记酒庄生产、自然发酵并蒸馏的高粱酒品牌。其品牌理念为"我是江小白，生活很简单"，并坚持"简单纯粹，特立独行"的品牌精神，产品包括S系列、江小白JOYOUTH系列、江小白礼盒系列之重庆味道、江小白拾人饮、江小白三五挚友等系列产品。

江小白的市场定位非常剑走偏锋，在白酒行业，细分场景至少有五个：商务接待、宴席、家宴、休闲饮用、礼品等，最大的市场是商务宴请。江小白舍弃了其中的四个，选择了最小的市场——休闲饮用。从市场品类看，当前中国最流行酱香型、浓香型产品。若江小白切入主流，很难在已有的市场竞争中做到品类第一。因此，江小白选择了清香型产品，很快就做到行业前五。从消费人群看，中国喝白酒的主流人群年龄偏中年以上，主要消费面子型的酒。江小白反向选择了年轻消费群体。从场景上看，江小白将品牌通过"小聚、小饮、小时刻、小心情"这四个词进行定位与对照。只要将所有的"小"改为"大"，就会形成差异化。"大聚"一般都是正式的大宴会，"小聚"则是好友之间的聚会活动；"豪饮"存在于中国的圆桌文化中，"小饮"则多是面对面在户外旅游、夜宵等小场景中出现的行为。太多的品牌会标记重大时刻，而江小白的"小时刻"记录的是自我时刻（图6-4）。每个人都向往"高大上"的时刻，但也享受有"小而美"的时刻。正是这样的差异化定位方式，江小白完成了以新手小切口，切入进了天花板较高的白酒行业。

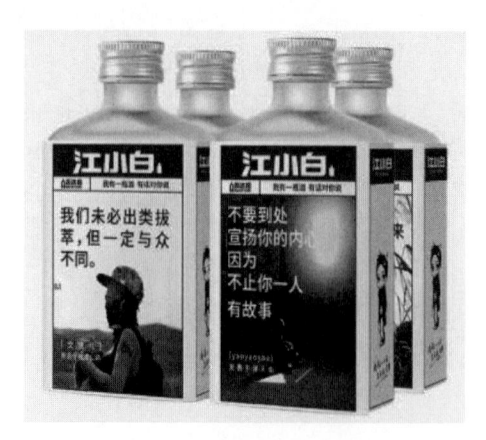

图 6-4　江小白外包装

　　江小白的差异化定位意味着它不会同其他白酒品牌一样走高端市场的路线，它的包装简约，小瓶装更有年轻人能够喜欢并接受的果味酒，但这些都不足以让一个白酒品牌异军突起"火"起来，江小白最与众不同的地方在于它的包装以及品牌文案营销，即卖情怀讲故事。酒瓶包装上用简单的一句话，讲述简单的故事用以引起年轻人内心的共鸣，从而引导年轻消费者买单，有时候消费者买江小白不是因为它的酒多么好喝，而是因为酒瓶包装上印的一句话正好符合了当时自己想喝酒的心情。江小白以品牌营销卖情怀的方式，在白酒市场异军突起占有了自己的一席之地。

　　从江小白的身上，我们可以学到什么？

　　① 为用户赋能。以用户为中心，用同理心替客户考虑。江小白用朴素的包装，装载高粱酿酒，并赋予了高粱酒多种口味甚至还有果味酒，解决了年轻人对于白酒不能接受辣口的这一问题。同时，高粱酒的特性是淡柔清香，易醒不易上头，这也为消费者吃了一颗定心丸，解决了想喝酒又怕醉的问题。很多人对于酒都是浅尝辄止，尤其是年轻人不怎么会喝白酒，江小白的小瓶包装正好解决这个问题，人手一瓶负担小，基本一顿饭刚好够喝不会剩。不常喝酒的人喝一瓶没有大问题，喝不够的可以再买，这就是江小白的高明之处。

　　② 为用户赋情。瓶身上一句句与众不同的文案，为江小白提供了与消费者共情的机会，也为消费者提供了情感宣泄的出口，不论是小酌怡情还是借酒消愁，年轻人也有很多想要喝酒的瞬间，而江小白瓶身上的文案恰到好处地契合了年轻人的心理，甚至他们的灵感来源正是年轻人的微博、朋友圈，如此设计，当然引起消费者共鸣与好感。

　　③ 为用户赋意。江小白名字的含义来源于网络热词"小白"，某某小白即某某新人的意思。品牌方认为"江小白的价值观是：只要我足够努力，一定会让自身与世界达成和解。我希望小白精神可以传递给更多的用户。你就是一个小白，喝

酒不是要来证明你比谁更有钱。如果人需要用酒来证明自己贵,那就是酒比人贵。而我所理解的世界,一定是人比酒贵,今天跟朋友在一起,即便喝很便宜的酒也很开心。这就是我们希望江小白能够带给用户的意义,所以江小白的品牌精神就是小白精神。"

江小白把普通高粱酒卖出了情怀,于是年轻消费者为此买单,并成为忠实粉丝,而这样一批年轻人又为将来的白酒消费市场奠定了坚实的基础。

作为实体店的经营者,也可以向江小白学习,讲故事,卖情怀,利用互联网平台,为我们自己的产品、门店赋能,助力产品销量。

6.4.2 卖价值

价值指的是你的产品/服务能够为顾客带来什么。实用性的价值为:可以做某件事、可食/饮用、对某件事有好处等利他性功能。非实用性价值为:好看、好玩、好听、好闻等感官性享受以及情绪宣泄、疏导的心理价值,如开心、快乐、惊恐、放松等。你的商品想要销售出去必然有一个缘由即价值,能为顾客提供什么样的价值决定了你的产品在顾客心目中的地位以及是否能够持续地被销售出去。

游乐场为游客提供的是情绪价值,让游客玩得开心、快乐就是它们的宗旨,如尖叫鬼屋这样的游乐项目就是通过惊恐情绪渲染,达到让游客舒缓心理压力的目的,而过山车等惊险项目则是通过制造紧张、刺激的情绪为游客提供放松、解压等情绪价值。

装修需要到五金店买一套扳手、锤子等工具,这些工具是因为能够帮助我们更好地完成装修工程而具有实用价值,即使使用过后,工具仍可以被存放起来,待需要时再被使用,这是它可以反复利用的价值。

书店里售卖的书籍,因为能够帮助人明理、增长见识而成为有价值的商品。超市中卖的蔬菜、水果能够在满足人们的口腹之欲同时为食用者提供营养,因而具有实用性与感官价值。花店里卖的百合花可以为顾客带来嗅觉、视觉的多重享受,同时摆放在家中具有净化空气的作用,因而具有感官和实用的双重价值,又因在特殊节日被包装成花束送给亲朋,使其也具有了情绪价值。美甲店里的美甲服务,通过技术把各式各样好看的饰品及美甲颜色为顾客装饰在其指甲上,使顾客的指甲变得更美观,手变得更美丽,这就是美甲服务的感官价值。而在服务过程中帮顾客修整好指甲的形状,剪掉手指头上多余的死皮、毛刺,帮助顾客的指甲长得更整齐好看就是其实用价值。

店铺里商品/服务能为顾客提供什么样的价值,这是在生产或选品时就应该要好好考虑的问题,没有价值的产品不能被消费者认可,不能进行销售,便不能称为商品,更无从谈起可以获得利润。这个价值就是利他性,一切从顾客的角度出发,一切以顾客的想法为准,换位思考把自己代入顾客的位置,如何为顾客提供价值,价值感的多样性则决定了这件商品/服务的价格高低与顾客能接受的心理价位高低。

比如一件产品生产出来后仅仅只是好看,不具备其他功能性,那么这件产品在变成商品售卖时,大多数消费者就不愿意付出过高的代价或者不愿意购买,这件商品就会变成滞销品,这个被生产出来的产品就是一件失败的产品。如果这件产品通过调整和改良,除了观赏性外还具备了实用性,那么店铺在销售它时,消费者就愿意为其买单,甚至价格高一点也会有人接受,毕竟又好看又实用的商品比起同类只实用而不好看的商品更有吸引力。

因此产品/服务的价值越高,其作为商品售卖时的价格越比同类产品更有优势,店铺里的产品/服务要在宣传时把价值感体现出来,把比别人更具优势的价值体现出来。要记住顾客买的就是它的价值,你的产品/服务的价值能体现出来而别家没有体现出来,顾客自然会选择你的产品,同样你的价格也可以高一点,对于消费者来说仍然具有吸引力,这就是竞争优势也是性价比的优势。

6.4.3 卖理念

(1) 常规意义上的卖理念

做生意要把自己的理念卖给顾客,向顾客讲述自己的开店初衷、研发产品初衷、提供服务的想法,当顾客能接受你的理念时,除了会对你的店铺刮目相看,更会为你的产品/服务带来销路。即使你开店初衷只是因为上班打工不挣钱,你想多挣一点钱好养家糊口才开店创业的,也要为店铺找个合适的理念。

比如最初开一家手工集合店就是因为当地没有这样的店,觉得有市场可以填补市场空白,为赚钱而开,但对顾客肯定不能这样去讲,可以对顾客说的是:"我觉得现代人生活节奏快压力大,有时候得不到放松和纾解,因此我开一家这样的店希望来这里的顾客都能够有自己的休闲时间得到放松。"顾客果然对手工店很认可,每个来店里消费的顾客都是抱着这样的心态和目的来的,而手工店也因为这样一个理念从装饰到设施越来越趋向能让顾客放松休闲打造。后来又换了一种说法:"我觉得我的城市缺少一个能让人安静地待着做点手工、看看书,让自己放松休闲或者专注的这样一个地方,于是我做了这样一个店,希望能为顾客提供这样一个地方。"这是一种利他性的理念,讲给顾客,顾客都会觉得很好,又很轻松,无形中就放下了防备。

所谓"初心"也是这样一种理念,很多人其实都有,只是不会说或者意识不到它对于开店的作用或者对于顾客的作用。把你的理念卖给顾客,实际上是一种心理暗示,是能够让顾客快速卸下防备认可你的方式,比起直白地告诉顾客你开店就是为了赚钱,然后让顾客对你起防备甚至一报价就瞪起眼睛觉得你赚了他多少钱，不如用委婉的方式告诉顾客你是一家怎样的店，你卖一些怎样的产品或服务能够帮助他解决怎样的问题，减少自己流露在外的功利心，可以打消顾客的顾虑，从而快速获得顾客的认可。

这个理念什么时候说，或者怎么体现出来让顾客知道？方法如下：首先你的理念要简洁明了，最好可以用一句话表达。

① 把理念做成装饰字粘到店铺的墙上，变成店铺的一个背景墙，类似于LOGO墙。

② 在宣传单、名片上把理念印在显著位置。

③ 做店铺介绍的网络视频时，把你的理念添加进去宣传出来。

④ 总有人好奇你为什么开这样一家店，当有顾客与你交谈问起，你向他讲述你的理念。

有理念的店铺和没有的店铺在顾客心中地位是不一样的，我们开店不论是做一个人气店铺还是做一个赚钱的店铺，做到跟别人不一样才能够在顾客心中占有一席之地，才有可能得到顾客认可，在积攒老顾客的同时赚到钱。

(2) 特殊的卖理念

还有一种卖理念的方式即把常见的事物、产品、服务等套用在一般人想不到的想法上，以此为理念产生奇思妙想的组合方式，帮助自己赚钱。

比如开火锅店，常见的经营方式是开一家火锅店然后多上点菜，各种肉类上齐全，再来个特色锅底或者特色肉类等。加入特殊的理念则不同，如"吃着火锅唱着歌"于是普通火锅店变成了卡拉OK火锅店，食客不仅可以在火锅店大快朵颐还可以一展歌喉；如"民宿火锅店"在大山里盖民宿不稀奇，稀奇的是这家民宿店还可以一边赏风景一边吃火锅，把民宿与餐饮巧妙结合起来，再搭配以令人心旷神怡的美景，自然可以令消费者得到满足。

又比如在像废墟一样的房子里吃麻辣烫，这就是"叙利亚风"店铺的由来；在充满露营风格的店里露营看电影、喝咖啡；在鸟语花香的花园里聚餐吃烧烤……以本来两个或几个不相关的事物相结合，用特殊的装修风格打造常见的服务，碰撞出不一样的经营理念，这就是现代一些网红店的经营方式与内容。

这种卖理念的好处显而易见，物以稀为贵，不常见的方式能够吸引更多的顾客去猎奇，猎奇的人多了流量就来了，掌握了流量的密码，店铺就活了。

⟨ 6.5 ⟩
店铺财务管理

开店也好，过日子也好都是一样的，人生不能是一笔糊涂账。我们开店不能不知道店铺的运营情况，更不能没有账目，一旦在账目上稀里糊涂，店铺的财务也会乱七八糟无从查看，那么将会造成你亏钱关门都不知道怎么亏的局面。

店铺的财务管理，最重要的是店铺账目的管理，店铺的账目要清晰明了。账目分为财和物两种，即店铺的收入支出与货品的进出。

（1）货品进出管理

产品简单的店铺可以为店铺置办一个进销存账本，记清楚店内货品的进、出情况，同时准备一个库存盘点账本，记录店铺里的货品剩余情况，定期盘点方便店铺对所售商品进行调整，比如补货、清库存、进货等。进销存账本可以帮助你搞清楚店铺进货的货款占运营成本的多少，同时也能够对流动资金的多少及时把握，不至于花钱大手大脚，在店铺需要进货时拿不出资金。也可以帮助你清晰看出店内货品的流动速度，哪种货进货多通常可以一眼看出，更可以看出流行货品的销售趋势。

比如这个月 A 货品进货 3 次，每周一次，第一周进货 10 件销售 10 件，第二周进货 20 件销售 15 件，第三周进货 15 件销售 18 件，那么你可以在第四次进货时进 18～20 件货品比较合适，不会有太大库存压力也不会不够销售。第二个月进货时，第一周进货 18 件货卖出 10 件，第二周进货 18 件卖出 5 件，有账本记录不等第 3 周进货你就能发现这件货品好像开始滞销了，就可以快速地减少进货量，并采取措施，比如降价销售、促销、清库存等方式，把之前积压的货品销售掉。同时，你会等下一次进货时采取谨慎的态度，不会再进 18 件货物，也许你只会试探性地进 5 件，看看还能不能销售出去。这样一来你通过进销存的货品账目，可以快速判断货品的进货趋势，能够帮助店铺减少因为进货过多带来的资金压力与损失。

盘点账本则可以帮助你做到对店铺里的各项货品的存储剩余情况心里有数，A 货剩了多少，B 货剩了多少，C 货剩了多少，都可以通过库存盘点看出来，同时也可以作为进货的依据，哪个货好卖空仓了可以多进点货，哪个不好卖造成积压了要少进或者不进货。

盘点要定期进行，固定日期，每到特定日期就盘点一回，通常情况下每周或每半个月盘点一回比较合适。盘点还有一个好处就是帮助自己唤醒记忆，找到被自己遗忘的货品，进行销售策略的调整，当店铺里货品多而且杂的时候盘点的这一好处就体现出来了。

（2）店铺资金账目管理

不建议店铺里没有账本，支出、收入、成本、利润分不清，账目不清楚混作一团是造成店铺关门倒闭的一大元凶。没有账目，无法对成本进行把控，流动资金也不知道准备多少，准备少了需要进货时资金不够就容易错过进货最佳时间，耽误店铺销售，影响店铺获利，准备多了资金会造成闲置。没有账目或者账目不清，就无法快速看清店铺是不是赚钱盈利，总觉得店铺是赚钱的，但是自己一直在往里投入，辛苦一年年底一看才知道赔了，这时第二年的房租已经交了怎么办，难道让自己再赔一年吗？有了账目，就可以快速清晰明了自己的店铺到底赚不赚钱，赚钱可以追加投资，扩大经营，不赚钱可以及时止损减少投入甚至是把店关掉避免房租、人工的继续投入，对于投资者来说有时候及时止损也是一种变相的赚钱。

账目账本可以设置一个，把进账和支出都记录下来，小到店铺买一包纸大到店铺进货、为员工发多少工资都记录清楚。也可以设置两个账本，一个进账一个支出分别记录，最后汇总算出利润情况。两个账本的好处是可以记录得详细清晰，坏处是会比较麻烦，花费时间比较多。

至于店铺专业的报税、开票、员工社保等事宜，员工少的小店建议找专业的代账公司帮助完成，只需一年花费一定的费用就可以帮助你免除繁杂的操作麻烦，也可以帮助你及时报税避免偷漏税的风险。员工多的大店或者连锁店能够负担起也可以聘请专职会计为你的店铺专门记账、报税等。总之，量力而行付钱请专业的人为你解决专业的事。

< 6.6 >
员工的日常管理

店铺里聘请员工后不能放任员工不管，需要对员工进行定期的培训与考核。开店初期聘请的员工只经过了初步的培训就上岗是不完善的，等店铺日常运营时还需要再进行培训。

培训主要包含：技能培训、岗位培训两部分。

(1) 技能培训

每个员工都应会的技能，比如店铺日常运营所需的接待顾客的话术、商品的价格背诵、理货、整理仓库、盘点以及特殊店铺的运营内容，比如咖啡店的制作咖啡、花店的花艺等。这些培训都可以帮助员工更好地胜任在店铺里的工作，也是帮助店主或店长更好地分担工作，运营店铺的基础。

(2) 岗位培训

店铺里员工的岗位培训与店长的岗位培训肯定是不一样的，厨师与洗碗工的岗位培训也是不一样的，根据店铺里员工岗位的不同为他们安排不同的培训内容，在提升员工的素质的同时能够更好地为店铺效力。

除了对员工的培训外，也可以进行一些团建项目融合员工之间的默契，有时我们也看到有些店铺的员工在早晨会集体做操跳舞，这也是一种展示店铺形象、提升员工精气神的方法。

需要注意的是，员工的保险应按时缴纳，尤其是工伤保险更是不能缺少，按照《中华人民共和国劳动法》的规定，为每个员工上保险是作为用人单位应尽的义务。

对于店铺里的员工日常管理，不应觉得自己比他们就高人一等颐指气使，那样将会面临员工不停流失招不到人的困境，当然也不能对员工太过亲密，把员工当成一家人固然没有错，但对员工事事忍让、处处迁就会造成员工不知进退以及不懂感恩的恶习。自己投入的大量心血、培训、时间等都将付诸东流，同时由于员工在店铺里熟悉店铺的一切，还要防止个别员工离开后到竞争对手的店里去工作，为你的店制造麻烦。总之，对待员工，可以亲切但该严格要求的时候必须严格要求，更要与员工保持距离，不能吃喝不分，可以恩威并施。

⟨ 6.7 ⟩
扩大经营的时机

任何人都想要让自己的店铺更上一层楼，开分店、招代理、加盟，变为连锁公司，但是什么时候什么样的店铺才能扩大经营？盲目扩大经营有什么坏处？如何才能扩大经营？店铺发展起来，自己手里有了钱，店铺也小有名气了自然会想要更上一层楼，这时能不能扩大经营，开分店或者招加盟？

不要盲目扩大经营，要慎重考虑以下几点。

（1）要有足够的经济实力

没有经济实力，在原有店的基础上再开分店无疑是痴人说梦，重新开一家店意味着从头开始，所有的一切都要重新再经历一遍，没有经济实力如何能完成。更何况在准备分店的过程中，老店每一天也在投入，届时房租、水电、装修、人工等成倍的经济压力极有可能造成资金流断裂，不但新店开不成还有可能拖累原有的店陷入倒闭危机。

（2）有足够成熟的人员可以用

双拳难敌四手，一个人的精力不是无限多，不能盯了这头又盯那头，如果要开分店，环顾一下你的四周，看看你的店里现有的人员是否齐备，尤其是技术人员你培养了几个，能否独当一面？新店需要老店扶持，开新店的人员配备也需要从老店调去人手，这时就需要检视一下你的员工有几人能抽调到新店完成新店的经营。如果你只有一个人经营店铺，连员工都没有一名，那就不要妄想开新店，先招聘员工做好员工培训，等店里有成熟可用并能独当一面的员工时再考虑扩大经营不迟。

(3) 你的能力是否足够

如果经营现有的这家店已经力不从心勉强支持，那再开新店无疑是加快倒闭速度而已，只有当你自己现有的店铺经营好，已经赚得盆满钵满，店铺发展遇到瓶颈了再开新店铺不迟。

(4) 过早地招加盟商不是好事

当能力不足，自己都一知半解时，过早地招加盟商并不是好事，只会拖累本身店铺的经营与口碑，同时为自己的经营埋下隐患。换一种说法，自己都经营不好，还去帮别人经营就是坑人，昧着良心赚钱只会后患无穷。

< 6.8 >
及时止损的时机

人要勇于承认失败，店铺经营不善能够及时止损就是为自己在省钱，也是为下一次赚钱积累经验，更是一种变相的赚钱，能够及时止损避免损失扩大也是需要眼光的。

一般签订租房合同交房租都是以一年为期，几个月不到的时间就把店关掉，从房租的角度来看是损失了后面几个月的房租，但是从继续投入的人工，以及趁着设备较新可以卖个好价钱和投入的时间精力来看，可以说是非常明智地及时止损了。

【案例 17】

朋友开火锅店就遇到了类似的情况，她的火锅店因为前期资金只有 6 万元，导致火锅店选址不佳。食客们过了最初开业促销期的新鲜劲后渐渐减少了去火锅店的次数，由于店的位置在老龄化严重的社区范围内，因此店铺逐渐冷清。这时她利用网络宣传和裁撤员工、研发新产品等多种手段企图挽回颓势，希望能帮助火锅店带来更多的顾客同时也能够盈利。时值 10 月中旬，因为天渐渐冷下来到了火锅店的旺季，与此同时她的宣传奏效，火锅店迎来了短暂客流高峰，也有投资者看中她的店找上门想要以 13 万元收购她的火锅店继续经营。此时她刚刚裁撤了店里的员工，由原有的厨师2人、服务员5人变为厨师1人、服务员2人，人员不足则由她和合伙人的家人补上，而她也从最初的老板变为跑堂、收银员、后厨帮工、宣传员，身兼数职疲惫不堪。考虑到她是由外行做餐饮行业，并且她火锅店的形势并不好，我一直劝她及时止损早点关店。当有人想要收购她的店时，她不甘心就这样把一手建立起来付出心血的店拱手让人，总想再拼一把再试一下也许就能成功呢，她只略微犹豫了一下就拒绝了。

就这样，她每天承受巨大压力，拖着家里人帮忙，早出晚归一心扑在火锅店，但火锅店的业绩并不理想，此时她也在我的劝说下萌生退意，决定把火锅店再经营一段时间，等过了春节的旺季就把火锅店转让出去。由于火锅店持续做的宣传，和冬季的火锅旺季，陆续有人找到她希望能收购她的火锅店继续经营，她只一心想等旺季过去再经营一段时间，再赚点钱收回一些成本，故而都拒绝了。

春节过后，天气逐渐变暖火锅店的生意冷淡下来，她终于下定决心把火锅店转让，找了好几家中介代理机构发布转让信息，并在店门口也张贴告示同时在网络上也做了宣传，然而并没有人联系她接手。此时她因为无法发出员工工资已不得不把店铺关掉员工辞退，有人找到她想以6万元接手她还剩半年租约的店，她觉得价钱太低没有接受。错过了这次转让后，再也没有人向她提出转让要求，她的店也已经关闭，万般无奈下她只好变卖了店里的设施、设备等，仅仅收回两三万元的成本，与合伙人拆伙结束了火锅店的创业投资。

从我朋友屡次拒绝别人收购，转让价钱一降再降，最后仅仅拿回变卖设备钱的教训中我们看到她错误判断形势，由于自己投入的心血过多不甘心就这样白白浪费掉，所以一再错过时机没有及时止损。

就朋友的火锅店来说，不论是当初因为网络宣传带来的小高潮借此脱手火锅店，还是在旺季别人的收购，都是非常好的时机。她的损失在于投入到火锅店的金钱、付出的时间以及投入的心力，如果能够在恰当时机脱手对于她来说都是非常合适的买卖，不但可以拿回投资甚至还可以小赚一笔。她没有及时把火锅店转让出去，损失的是那几个月的时间和精力，本身她是非常有能力的一个人，如果不是经营火锅店单纯靠打工找工作也能有不菲的收入，而经营火锅店的几个月不但没有赚到钱还倒赔了投资，一正一负赔掉的就不仅仅是火锅店投资的那几万块钱。

另外，在继续坚持经营的时间里，员工的工资也是一笔非常大的投入，按一个服务员2000元，一个厨师5000元的工资，一个月3个员工就是将近1万元的投入，这些都是要从店里的纯利拿出来，坚持的时间越久相当于投入越多，因此她一旦抱着再坚持一段时间的心态去做火锅店，她的损失其实是成倍增加的。另外从长远角度看，好在她能够认清现实没有继续坚持再投入，也没有在亏损的情况下像赌徒一样坚持一年、两年，而是看到经营情况不好就准备关店，虽然错失了别人收购转让的好时机，但能及时把店关掉去做别的事对于她的人生来说也是一种及时止损。

　　一般的店铺倒闭，损失也都在员工工资、房租、老板付出的时间和精力成本上，当你看出这项投资的前景不行时，一定要当机立断不要犹豫和拖延，不论是马上关店辞退员工、变卖店铺的设备还是趁有人收购时及时转让，都是及时止损的好办法。做生意要眼光长远，具备及时止损的眼光、勇气和能力，这样不但能为自己节省时间、金钱，更能为下次一定的东山再起积累更多经验。

第七章

经营模式再升级

当店铺经营一段，有一定数量的顾客积累、经营经验，店铺有稳步增长的盈利后就可以考虑店铺的扩大升级，此时为了争取更多收益最好的办法是经营模式的升级，让店铺向更专业化迈进，挖掘店铺潜力，拓展经营深度和广度。

⟨ 7.1 ⟩
店铺利润的最大化

利润最大化是指店铺使用各种合法的经营手段使利润达到最大的一种方式。

如果总收益大于总成本，就会有盈余，从而产生利润。这里讲的利润，不包括正常利润，正常利润包括在总成本中，这里讲的利润是指超额利润。如果总收益等于总成本，店铺不亏不赚，只获得正常利润，如果总收益小于总成本，店铺便要发生亏损。实现利润最大化是店铺的最终目标，影响的因素很多，主要有两个方面：一是扩大产品收入，利润是收入创造的，没有收入上量的保障，利润是无从谈起的；二是严格控制成本和费用支出，在利润增加的同时，成本和费用的支出越少，利润就越大。

对于店铺来讲，要充分调动店铺人力、物力资源，做一切可做之事，利用一切可利用之人实现利润最大化。店铺经营可以从两个方面拓展：一是经营产品的深度，如你开了一家花店，除了店铺日常售卖花束外还可以通过承接沙龙活动、婚庆典礼等额外获益，售卖的鲜花还可以做成干花出售，同时干花也可以用来做一些衍生商品，掉下来的花瓣更可以收集起来磨成香粉制作成香包售卖；二是经营内容的广度，如花店可以在花店内设置座椅售卖下午茶，让顾客在店里打卡拍照，把单纯的花店变成社交场所的氛围店，也可以在店里售卖香薰制品、家居服、饰品等有趣的家居好物，把你的店变成家居集合店。或者你有一家咖啡店，除了做咖啡外，你可以在店里做西餐、售卖鲜花、书，也可以做手工等。总之充分利用店铺的空间，开阔思路使你的店铺产品多样化、经营内容丰富，帮助你实现利润最大化的目的。

从店铺员工身上也可以发掘员工潜力，除了本职工作外，在店铺不忙、员工工作闲暇之余为店铺做一些力所能及的事，比如聘请一个专业的摄影师或者专职为店铺拍摄视频需要不菲的一笔资金，但如果可以培养店铺的员工担任兼职摄影，或者就是在店铺忙碌时就让他帮你来拍摄店里的一些视频，既节省了资金又能帮店里积累素材便于宣传之用，这就是对员工的人尽其用。

通过自己的聪明才智发挥自己和员工的特长，尽可能地充分利用店铺的空间与营业时间，开发多种多样的产品，帮助店铺实现低成本付出、高利润回报的利润最大化目标。

< 7.2 >
设计经营模式的消费闭环

消费闭环即围绕顾客进行一系列关联性消费，逐一提供相应产品予以满足的商业模式，即"一站式服务"。全产业链模式与闭环模式有很大的区别：全产业链模式是以产品为核心，上中下游通吃的一条龙模式，是纵向的，如卖手机的店同时还在售卖耳机、充电线、充电宝、手机壳、手机贴膜等；闭环模式是以用户为核心，将密切关联的一切消费需求一站式解决，是横向的，它能提升用户体验，深度绑定用户。

以一个门店来说，从网络宣传开始做，如小红书种草文介绍店铺、店铺的产品，同时留下店铺的联系电话与地址引导顾客到店完成从线上到线下体验的模式。到店里来的顾客除了正常消费外再邀请顾客关注小红书账号、添加微信关注朋友圈、邀请进微信群从而把线下顾客转化到线上，当顾客被添加进微信群后通过群运营再继续引导顾客消费由此形成消费闭环。

在经营过程中，按照前文所讲网络运营的方式，切合实际地建立试用本店铺的经营模式，形成消费闭环，能够帮助店铺充分深度挖掘单一顾客的消费需求，同时获取利润最大化。

< 7.3 >
店铺翻新

店铺经营到一定程度后需要带给顾客一些新鲜感，也有可能随着资金的积累需要扩大店面或者调整店铺格局。店铺什么时候需要翻新，什么时候可以重新装修，时机如何选择，顾客怎么做到最大限度地不流失？这些都是有讲究的，不能头脑一热就决定，更不能因为店铺的翻新丢掉之前的顾客，得不偿失。

7.3.1 时机选择

当店铺运营到一段时间后，顾客会觉得没有新鲜感，很多店铺里的设施会有使用时间过长造成损坏、老旧的情况出现；原有的装修风格已经过时，与街边周围店铺显得格格不入或老气。但是店铺位置是好不容易选定的，老顾客们都知道店的位置，自然不能轻易搬家换地方，那么这时唯一的选择就是为店铺翻新。

店铺翻新分为两种情况：一是店铺调整，主要为店内部分家具更换、维修，改变屋内家具陈设等摆放位置，增添时下流行的新品，店铺以调整为主，花费不多时间不长，只需要花一些心思即可。像这类型的店铺以调整为主，即使是关门歇业也仅仅是两三天即可完成，可以找店铺运营的空隙闲暇时间完成，如晚上、工作日顾客不多的时候。

二是店铺整体重新装修，主要指把店铺原有装修风格推翻，所有与原来装修与之配套的家具、设施等重新整理，有用的保留，不协调的处理掉，为店铺换一种新的装修风格与装饰方式。这样做是为了更改原有过时的装修让店铺能够跟上新潮流，同时能够重新吸引人气，带给老顾客不一样的感觉。

店铺重新装修适用于以网红打卡为主的店铺，因为流行趋势更新较快，两三年的时间顾客已经不稀罕原有的装修风格，来的人日渐减少就需要考虑重新装修的事宜。另一种情况是店铺因为使用年头长设施老化、家具等物品损坏，这时也需要重新装修。

装修少则十天半个月多则一个月，一旦关门歇业将对店铺造成客流损失，所以在装修的时间段上应该避开店铺运营的旺季，旺季指的是人多、顾客光顾多的时节，如寒暑假、五一、十一、情人节、七夕等这样的节假日，另外还有"金九""银十"的黄金时段，从季节上讲春天和秋天顾客更愿意出门光顾。

极为特殊的一种情况是店铺扩建，扩建通常是扩大经营面积或店铺使用面积，扩建主要为自用房屋、乡村民宿、露营项目、平房小院改造项目等，首先需要报相关部门审核通过后方可扩建，扩建时机也与店铺翻新一样要根据自身实际情况选择淡季进行，同时要避开最冷的数九寒天，避免因天气造成的工期延误。扩建好后也同样需要报相关部门审核如消防、城管等部门，以防后续手续不全造成麻烦影响使用。

7.3.2 店铺翻新的注意事项

（1）店铺装修翻新期间员工的安排

店铺装修期间，可以趁机对员工做出调整，不合适的员工可以辞退，合适的员工可以留下继续任职。留下的员工因为店铺装修无法上班，这时就需要对他们进行安排，不能让员工白领工资。有店长的店铺可以让店长协助你盯店铺的装修，帮助你查漏补缺提升店铺整体形象，没有店长的店铺主要员工也可以胜任这样的工作。其余的店铺员工可以在这段装修期安排休假、培训等，休假可以不付薪水，员工也得到了较长一段时间的休息，培训则是需要由店铺安排相关业务培训或员工整体素质的培训，这对店铺长远角度看也是有好处的事。

（2）相关部门报备

与店铺开业前装修一样，翻新装修也需要向相关部门报备以及向房东、物业报备，临街店铺需要在店铺外临街的地方设置围挡，放置防尘网以及护栏，一方面防止装修烟尘漫出。另一方面也是为了行人安全。装修好后还要请相关部门验收，主要是消防部门要现场查看，保障消防安全就是保障店铺的人员生命和财产安全。

（3）店铺原有货物处理方式

店铺里原有设施中一些陈旧破损的可以趁机淘汰，不论是转卖二手或是到旧货市场卖掉都是处理掉的好方法，能用的家居物品，如沙发、桌椅等如果与未来装修风格相融可以继续留用，脏、旧的外罩可以从网上定做翻新。

店铺装修物品需要分类整理打包，可以借用他人场所暂时存放或者租用短期仓库存放，等店铺装修好再取回。

（4）告知顾客

在店铺显著位置张贴装修告示，注明店铺装修时间及重新开业时间，以广而告之的方式告诉消费者你的店铺不是倒闭而是重新装修，这一点非常重要，这是以防相关突然到店的顾客找不到你的店造成不必要的麻烦及不信任感。

7.3.3 如何做好客户宣传与衔接

已经营业正常使用中的门店进行装修意味着门店需要暂停营业无法接待顾客，这时到店的顾客会因为门店已经面目全非而生出不信任感来，尤其对于办卡充值的顾客更是如此。及时告知顾客门店装修暂停营业的时间与再开业的时间来安抚顾客就显得尤为重要，并且还可以借助装修重新与好久不联系的顾客重新建立联系，并做好重装开业的宣传。

常用方法如下。

① 以短信或微信形式告知 VIP 顾客，因为之前顾客办卡时添加顾客微信，可以以群发消息的方式简明扼要地阐述装修事宜，如：

亲爱的××店顾客，因位于××的店铺重新装修，即日起暂停营业至××年××月××日，希望您看到短信不至于跑空，重新装修的店会更加如何如何，您此前的储值卡/充值仍然有效，届时欢迎您再来店内光顾，感谢您长期以来对于本店的信任。

此致

××店

××年××月××日

② 以微信群内公告告知顾客。先在群内公告店铺装修信息，然后再发群红包表示感谢。红包不用金额很大，只是表示诚意以及为了让顾客看到群信息即可，红包的数量可以全员有份，也可以以10个、20个、30个等数发放，同时可以连发多个小额红包，在群内引起顾客注意并制造话题。

后期装修时可以把店铺装修的点滴照片、视频发送到群里，引起顾客关注，营造顾客亲眼看着店铺一点点变得不一样的感觉。这样的信息不用过多，每天或每两天有1~2条相关信息即可。

③ 在朋友圈发布装修公告，并在"提醒谁观看"这一栏"@"提前设标签的顾客们。

④ 在店铺门前张贴装修告示，起到对顾客的广而告之作用。

⟨ 7.4 ⟩
把你的店变为可复制的店

我们开店都是为了赚钱，希望自己的店能赚得盆满钵满，但实际上店铺的赚钱能力是有限的，一家店铺的能够赚取的利润是有天花板的，并不是无限增加的，因为你的店人、货、店铺空间都限制住了店铺的赚钱能力，这时如何让店铺营业收入更上一层楼，如何让自己赚的钱更多就成了摆在众多店主面前的一个问题。

有人说，一家店赚钱能力有限我就开两家，两家不行我就开四家，四家不行我就开N家，实际上这样开店的方式就是建立公司集团化、开直营店。抛开开店的成本不谈，当你开第二家店时你的时间和精力成本将成倍增加，一个人的时间和精力是有限的，不等你开到第三、第四家店已经把人累垮了，更何况随着店越开越多需要的开店资金和流动资金也成倍增加。由于不稳定因素太多，非常容易血本无归，更遑论因为开店导致人员需求量激增是否来得及培养合适的员工，和自身管理能力是否能跟得上越来越多店铺的问题。如今连大型连锁集团都在不停减少直营店的开拓，众多企业更是因为盲目扩张店铺数量而导致资金链断裂造成企业生存危机，对于我们个人来讲不停地开直营店显然并不是一个好的赚钱方法。

7.4.1 自有品牌加盟拓展

品牌加盟不是加盟别人的品牌，而是自创品牌经营体系，让别人加盟你的店。通过加盟你的店向你交纳加盟费，把别人的店变为你的店。这个加盟店的逻辑是你自己的时间精力成本等不足，但由于你的店开得很成功，已经小有名气，因此别人也想要开一家像你一样的店，那么你可以收取一定比例的加盟费、建店服务费，授权别人用你的店名并向你学习你开店的方法，而并非自己投资开店。这样你相当于不但不花费一分一毫就能快速地拓展开属于自己的第二家店、第三家店……别人用了你的品牌、店名，并从你那吸取了经验，相当于是你手把手带出了徒弟开店，因此这也算你的店，而且你还可以除了收取加盟费外，相应的进货渠道的费用等也可以收取，到时统一的门头，统一的LOGO等这些都代表着你的店品牌形象。就像别的品牌加盟店一样你还可以放区域代理，也可以做特许经营店等，并在门头标上编号。

这样做，可以帮助你花极少的代价快速获得不菲的资金回报，当加盟店越开越多，你的流动资金也就越来越多，你将建立起一个属于自己的品牌。

这就是品牌加盟公司的构建逻辑，也是你加盟别人的店会遇到的事，不过现在是反过来去做，让别人加盟你的店。

7.4.2 建立加盟体系

既然我们加盟别的品牌时会顾虑人家是不是真的有东西可学，是不是真的能帮到我们，那么我们自己创立加盟品牌时也要设身处地为加盟商考虑，设想别人的顾虑，因此建立合适规范的加盟体系就是必要的。

加盟体系大致由以下几方面构成。

(1) 加盟流程规范化

加盟流程包含邀请意向加盟商加盟的规范话术、实体店展示、店铺案例展示、装修方案展示、实体店的业绩表、加盟政策、加盟合作合同、违反合同的惩罚机制、打款方式等。这些都是需要整理成图片、文字档案留存，一旦有人咨询加盟事项需要马上能拿出来的东西。店主自己也应该非常熟练地向加盟商讲解并展示出来。

相信你如果加盟别的品牌店，这些也是你想从别人那里看到并得到的东西。

每一项都应详尽并且书面化，还应具备一定专业度，因此这也是对你个人一项非常大的挑战，而图片的准备应当从你一开店就开始有意识留存准备。

（2）加盟费规范化

加盟费到底应该交多少，怎么打款，同时区域代理商和不限定区域代理商的加盟费应该相差多少，这些也都应该定出来。不能这个加盟商收5万元、那个收10万元，看人下菜碟胡乱要价，这样既不能让自己的加盟事业长久，更容易带来麻烦。因此制订详细清晰的阶梯性加盟费方案就是必须做的事。

（3）建店体系规范化

建店体系应当包含门头设计、店面设计、店铺选址、店铺面积选择指导、店铺装修标准等，即加盟商通过加盟你的品牌，能够根据你制订的建店指导书内容选择合适的店铺把店开起来。这个建店指导包含了你建店及装修的经验，是具有含金量的内容，因此你可以选择帮助别人建店收取建店指导费而不给建店指导书，或者在加盟费里单独收取建店指导书的钱，然后给加盟商一份简洁明了的建店指导书，帮助加盟商按照你的要求和店铺规范建立起与你的店铺一样的实体店。

（4）产品价格规范化

开店不论是服务也好还是产品也好，都需要有统一的价格标准，不能你的店里A产品卖80元，加盟商的店里A产品卖60元，那你的店产品就没法卖了，他的店利润又上不去。别人加盟你的店，和你让别人加盟你的店，都是本着你好我好的方向，一荣俱荣、一损俱损，因此制订并建立统一的价格标准，让产品价格规范化就显得格外重要。制订一张价格表是一个非常可行的办法，价格表中清楚列明加盟商的进货价、指导售价、毛利润等内容，可以帮助你和加盟商清楚你们售卖的产品价格，也可以帮助加盟商快速地上手产品价格制订。

（5）区域保护政策

我们开店都怕同类店铺在周边过多对我们的生意造成影响，加盟商也怕，因此制订区域保护政策，保护加盟商的利益，保证在一定范围内只有加盟商一家店是为加盟商吃定心丸的有力举措。同时区域保护政策因为保护了加盟商的利益，也可以向加盟商收取一定的费用。由于加盟商受到区域保护政策的保护，那么我们在相应地区就只能授权一家加盟商，因此在加盟商加盟时所在地区、区域登记与审核是否可加盟是必需的行为，可以通过制订区域登记表格规避重复区域。

（6）直营店和加盟店应有区别

自己开店也好做加盟店也罢，都是为了挣钱，为了保证自己的利益，更确保自己的实体店不会被越来越多的加盟商挤垮就需要"留一手"，让自己的直营店与加盟店有所区别。正所谓"教会徒弟饿死师傅"，可以全心全意扶持加盟商，也可以为加盟商考虑，但就是不能完全地毫无保留地都教给加盟商，因为我们与专门做加盟代理的品牌方有一个最大的区别就是我们是靠开自己的实体店起步的，只有自己的实体店能够保证利润的情况下，才会有加盟商因为羡慕你的生意而来加盟，一旦你舍本逐末，自己的实体店经营不下去，那么加盟商也不会再信任你，同时未来也就没有更多的加盟生意可做。

因此不论是在技术上、服务上还是特殊产品上，都要与加盟商做出区别，你的实体店才是你的根本。

7.4.3 完善经营模式

这里的经营模式既指你自己店铺的经营模式，也指加盟商店铺的经营模式，更指你的品牌经营模式。通过一段时间的加盟代理，你也可以从加盟商店铺的经营上看到自己店铺的经营不足，同样的产品和店铺因为经营人的不同也会呈现出不同的经营状况，你也不一定就是百分之百全对，你的经营模式也不一定就完全正确或者永远适用。要看到别人经营的优缺点，及时学习并与时俱进地改进你的经营模式，不断完善，帮助自己的店铺也帮助加盟商的店铺更好地经营。

7.4.4 店铺品牌形象化

店铺要扩大升级要招商加盟，都涉及品牌之事，店铺必须得有统一的品牌形象。

（1）什么是品牌形象

良好的品牌形象无疑能够为店铺增强竞争力，成为吸引和拴牢消费者的有效手段。

① 无形的品牌形象：品牌策略。品牌形象的无形部分存在于用户的心智之中，美国品牌管理大师认为"品牌形象是在竞争中的一种产品或服务差异化的含义的联想的集合"，也就是品牌有意展现出的差异化信息，加上消费者的特殊联想，共同构成了无形的品牌形象。无形的品牌形象代表了品牌的魅力，是可以被消费者感知的个性特征。

随着消费者精神需求的提高，品牌与消费者间的精神连接显得越来越重要。可以通过塑造相应的品牌形象去迎合消费者的身份、地位、情感需求等，从而吸引到目标受众。该品牌形象的打造属于品牌策略层面的思考。

② 有形的品牌形象：品牌传播。品牌形象有形部分就是品牌外化的部分，即品牌的视觉、与产品或服务相关联的特征。将产品服务提供给消费者的功能性满足与品牌形象紧密关联起来，使人们接触品牌时可以立刻回想起品牌的功能性特征，实现一致的品牌认识。

将有形与无形两部分结合起来，品牌形象就是向消费者表达品牌定位，是检验定位是否成功的有效标准。只要是能传递品牌信息，能改变人们对品牌的认知、主观评价、理解和联想的品牌活动，包括品牌元素、视觉系统、广告、产品、传播活动等，都属于品牌形象的范畴，品牌形象是感知的综合集成体。

（2）店铺品牌形象化的方法

① 设计并制作店铺LOGO，于店铺门头显著位置展现。
② 把LOGO制作成微信表情，方便在朋友圈发照片时添加。
③ 传单、名片、优惠券、会员卡等全部要印制LOGO以及品牌名称。
④ 抖音、小红书发布的视频在片头或片尾添加LOGO及品牌名称。
⑤ 店铺内显著位置装饰品牌LOGO。

总之，凡是对外展示店铺形象的地方都要显著标示品牌名称及LOGO，自己做到心中时刻有品牌观念，顾客随时随地能看到品牌。当品牌LOGO及名称深入人心，就可以塑造品牌形象。

品牌的形象可以拟人化地比喻为一个人在别人心目中的样子，如这个人是吹毛求疵的、儒雅的、开朗活泼的、认真负责的等等，品牌形象在大众眼中也可以是这样的形象如品牌始终如一地坚持高标准、对社会的责任感等。

作为店铺如果想更上一层楼，并且拓展店铺开加盟店，就需要有意识维护并塑造品牌形象，时刻注意品牌形象，不得做出损害社会大众或有社会公德的事情来，如产品偷工减料、违规添加食品添加剂、偷税漏税、趁乱涨价等。

7.4.5 品牌运营策略

当一家店铺已经开始转变为加盟扩张式的公司，需要运营品牌时，就需要一些运营方面的策略，不再是小打小闹的店铺而已，以下简明讲解品牌运营策略（图7-1）。

品牌运营已经涉及方方面面的内容，届时需要聘请专业团队或雇佣员工建立起来，已不在店铺运营的范围内，本书不做过多讨论。

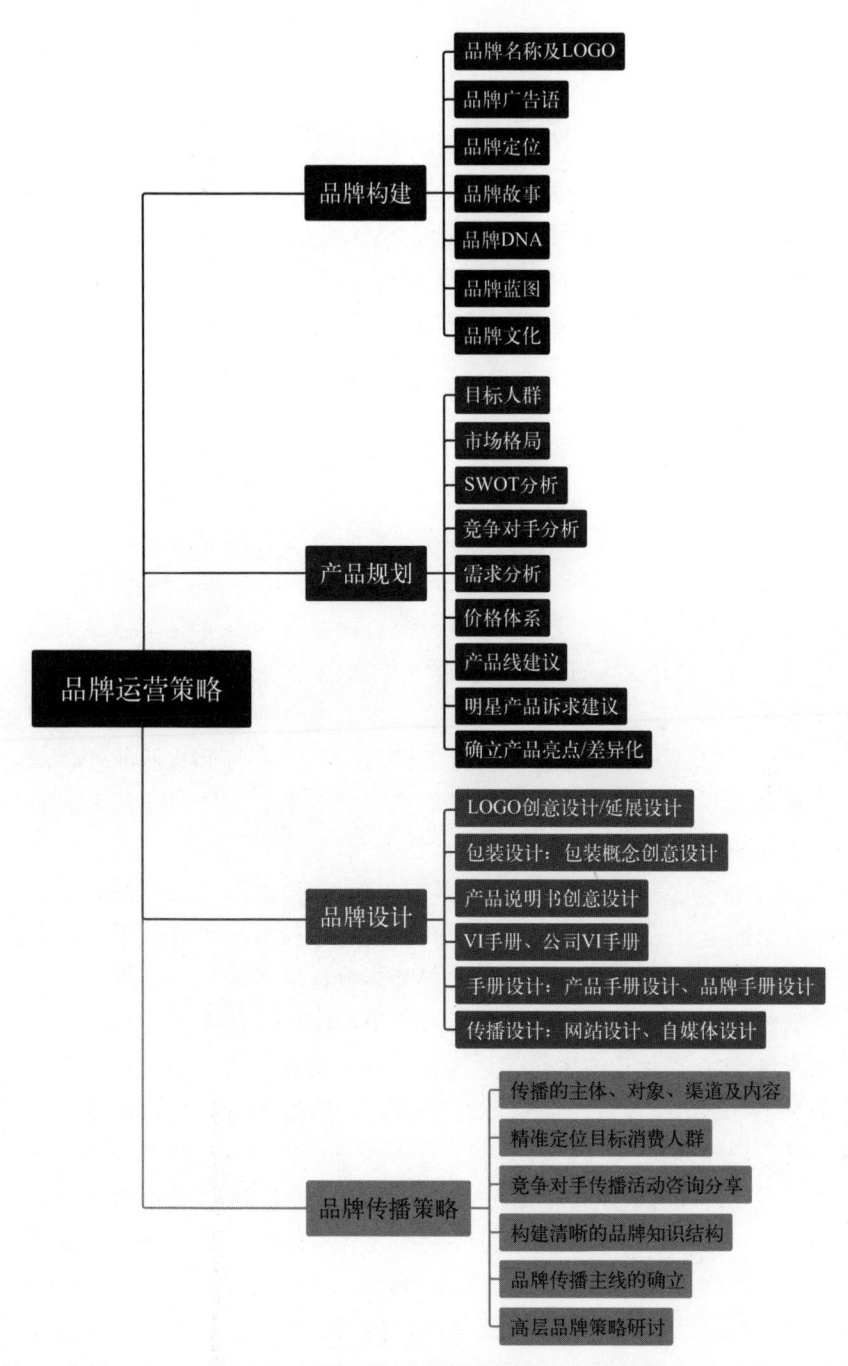

```
                                    ┌─ 品牌名称及LOGO
                                    ├─ 品牌广告语
                                    ├─ 品牌定位
                         品牌构建 ───┼─ 品牌故事
                                    ├─ 品牌DNA
                                    ├─ 品牌蓝图
                                    └─ 品牌文化

                                    ┌─ 目标人群
                                    ├─ 市场格局
                                    ├─ SWOT分析
                                    ├─ 竞争对手分析
                         产品规划 ───┼─ 需求分析
                                    ├─ 价格体系
                                    ├─ 产品线建议
                                    ├─ 明星产品诉求建议
                                    └─ 确立产品亮点/差异化

品牌运营策略 ──┤
                                    ┌─ LOGO创意设计/延展设计
                                    ├─ 包装设计：包装概念创意设计
                         品牌设计 ───┼─ 产品说明书创意设计
                                    ├─ VI手册、公司VI手册
                                    ├─ 手册设计：产品手册设计、品牌手册设计
                                    └─ 传播设计：网站设计、自媒体设计

                                    ┌─ 传播的主体、对象、渠道及内容
                                    ├─ 精准定位目标消费人群
                     品牌传播策略 ───┼─ 竞争对手传播活动咨询分享
                                    ├─ 构建清晰的品牌知识结构
                                    ├─ 品牌传播主线的确立
                                    └─ 高层品牌策略研讨
```

图 7-1　品牌运营策略

‹ 7.5 ›
经营理念

我们也许在最初开店时没有想那么多，仅仅是为了挣钱或者是因为喜好。随着经营的不断深入，开店日长，见过、经历过的事多了，逐渐会有一些自己的开店心得，同时也会形成自己的经营理念。保持什么样的初心，坚持何种经营理念，在经营遇到困难或者战略性选择时会帮助自己少走弯路避免做出错误选择。

7.5.1 经营理念的坚持

从一家名不见经传的小店到知名品牌连锁企业，看似遥远实则是在经营理念的指导下一步一个脚印达成的，经营理念就是你对于开店想法与初心的高度凝练，它是开店行动指导纲领，有经营理念的店铺会比没有的更容易做强做大。如经营理念"我想要做一家让人人都能吃到美味又健康的专门做中式减脂餐的店"，在这样的理念指导下你买菜肯定买新鲜的，给顾客的饭菜绝对不会用隔夜剩饭而是现做现卖，同时你的餐里一定会以中餐为主但是又会改良为低盐低油的做法，这就是由经营理念指导行为，行为将会直接影响事情结果。这样的经营理念看似像创业初期的店铺或市场定位，但也是经营的指导纲领。

有些经营理念不是市场定位，而是看起来像美好愿望，如："愿每一位到我店里来的顾客都能得到放松与愉悦"这样的经营理念就属于美好愿景类，既然有愿景那么经营行为必然会向此靠近，装饰布置会营造舒适轻松的氛围，店铺里为了让顾客得到放松和愉悦必然不会用喧闹的音乐，也许经营项目本身也具有放松愉悦性比如身体SPA养生店或者手工体验店等等，老板也必然不会聘请一些急性子爱怼人的员工，总之事事处处都会以让顾客放松愉悦为指导纲领，这就是经营理念指导经营行为的方式。

至于说对经营理念的坚持，则是因为"上了贼船下不来"，经营理念是不能随意更改的事项，最初想要顾客放松与愉悦的理念不能忽然改成想要顾客学到东西这样的理念，因为店铺里所有的陈设、经营项目等都是围绕着愉悦与放松而来，忽然改成其他的理念会造成店铺经营失序，员工信念混乱。店铺陈设与经营内容无法更改，否则会造成老顾客的流失与重新洗牌，因此经营理念一旦形成并确定下来就不要轻易更改，避免对店铺经营造成不可估量的损失，令原本可以赚钱的店铺难以为继。坚持非常重要，是勇气也是保持初心的根本之选。

7.5.2 取舍之道

上学时我们都做过选择题，选对了就能得分选错就会扣分，实际上在我们的整个人生中都在不停地做选择题，选择和谁谈恋爱和谁结婚，选择在哪上大学，选择买什么样的手机等等，选择没有对错，只有选了 A 或者 B 后不同的结果。对于店铺经营来说，也一样要做选择题，选择在哪开店，选择卖什么样的产品，更甚者选择继续经营下去还是关掉店铺，每一种选择的背后都是不同的结果，更甚者影响我们自己的人生轨迹，当我们在店铺经营过程中遇到问题如何选择就成为了事情的关键。

这里我们着重讲的是在店铺经营中遇到重大问题或特殊情况的取舍之道。

【案例 18】

在我经营店铺的时候，有一段时间资金不充裕，忽然某一天朋友找到我说他想再开一家店邀请我合伙一起经营，这家店的选址是一个地下步行街新装修招商待开业的地方，位于非常繁华的商业街十字路口的地下通道。管理方给的招商政策是免 3 年房租，需要自己装修、付水电费，然后要拿出营业额的 5％抵房租。我朋友看中的是一个面积比较大的铺面，一面靠墙，剩下三面打算都安装成落地玻璃橱窗的形式。未来这个店铺打算做"咖啡+"的经营模式，至于加什么，计划邀请我做鲜花或者画画体验。他向我提出的合作方案是店铺我俩一人使用一半，收益自负盈亏同时装修钱各自付一半。他让我考虑一下要不要和他合伙，由于管理方催得急，只能给我半小时的时间考虑，如果不行就只能放弃或他再找别人。

在我的朋友找到我之前，我的店经营很好但正面临店铺淡季，顾客不多，我因此有比较多的闲暇可以准备寻找新项目。手上的资金拿去做了别的事情，因此资金不够充裕。朋友找我开店，只给我半小时时间考虑，我只考虑了十分钟就拒绝了他的合伙提议。

考虑的因素有以下几点。

① 资金情况是否充裕。资金要留足日常开销以及店铺流动资金，很明显我刚拿了手上的资金去做别的事情，正是资金不充裕的时候，不适宜再进行投资。

② 时间和精力是否充裕。我的店虽然在淡季但不代表我不需要花精力去经营，同时我还在做别的事更加没有过多的时间和精力，再开一家店我需要额外多付出更多的时间在新店运营上，显而易见会影响我自己的店的经营。

③ 人工是否能够支持。淡季我的助理是不在店里的，我再开一家店需要再安排人去盯店，我手里没有现成培养好的员工。

④ 项目是否值得去做。主要考虑是不是能为自己带来比较高的收益，以及是不是能为自己的个人、店铺赋能，或者这个项目有前景能为国家或社会做贡献。

⑤ 合伙人是否值得合伙。生意合伙人除了一起共事还要一起面对金钱，要求

高堪比找对象！一定要慎之又慎。除了考察合伙人的品行外更要看与合伙人是否合得来、两个人目标是否一致，还要看合伙人对待金钱的态度。

短时间决定是否做一个项目时就可以优先考虑这几点，如果时间充裕当然还要考察，这就跟再开一家店一样。

至于开店过程中遇到问题怎么选择？秉持以下几个原则。

① 是否和自己的初衷、经营理念相违背，违背的不能做；

② 是否有利于店铺经营或发展扩大，影响原有店铺的经营就是丢了西瓜捡芝麻的行为，通常不要做；

③ 对于自己是否有利；

④ 违反法律法规、政策擦边球等这种不论是否对店铺或个人有利都不能做。

总之，开店时遇到问题的取舍之道在于要在不违背良心不违背初心，不违反法律法规的前提下去做，遇到的选择性难题只要把握住大方向，不被短期利益迷了眼，就不会选错。

7.5.3 口碑、品质与发展、扩张的关系

店铺的口碑对于店铺来说很重要，口碑是一点一滴中慢慢积累的，不是靠在网络平台刷单、买水军等行为就能办到的。要积累店铺良好的口碑使顾客信任店铺，主要和店铺的产品品质有关：先有过硬的产品质量使顾客购买后满意，才能有高回购率顾客，才能介绍新顾客给店铺；同时还要有好的服务，顾客在享受服务的过程中得到满足，才是店铺整体品质的体现以及口碑积累的必要条件。

小红书这类的生活品质分享平台，大量的用户发布某产品使用心得从而又种草更多消费者购买，连大牌厂商都格外重视产品的用户口碑从而帮助提升销量和开发新品。对于小店铺或者人口流动性弱的小城市店铺来说，注重口碑就是关系店铺生死存亡的大事！就像大家一传十十传百都知道某家店的饭难吃，肯定都不会轻易选择这家店，这家店因为顾客少收入少而支出大，自然经营不下去，就会关门倒闭。

只有坚持品质化的经营，才能更好地积累店铺的口碑与人气。口碑与人气带来的就是源源不断的收入增加与利润增长，口碑积累到一定程度就可以考虑开分店、招商加盟等事项，不但是自己店铺的发展壮大，更是方便同城或其他城市的顾客能够体验到你店铺的产品或服务。可以说口碑的积累是店铺发展与扩张的前提条件，一个不知名不受欢迎的店铺或产品，又何必再浪费钱去开第二家、第三家店。

第八章

IP打造

什么是个人IP？个人IP，是网络流行语，指个人对某种成果的占有权，在互联网时代，它可以指一个符号、一种价值观、一个共同特征的群体、一部自带流量的内容。每个人都是产品，把自己当成这辈子最好的产品去打造。个人品牌就是最好的护城河，一旦打造出来，很难被复制。在增量经济时代，或许个人IP的价值还没有完全展现，但是在现在这个存量经济的时代，品牌价值就会体现出来。

通俗地讲个人IP就是个人品牌，打造IP就是把自己当成一个品牌去塑造，成为某个领域的高手或者成为一个独特标签的个体，如我们一提起这样的标签就想到了某个人。如我们提起商业创业、电商领域，就会想起马云，知道他是阿里巴巴的创始人，知道他在商业领域的成就，他的分享很多人都会趋之若鹜地去听，以期能够从他的分享中学习到某些东西，这就是马云和他的个人IP在人们心目中的作用。再比如我们提到情歌王子，就会想起张信哲，这个"情歌王子"就是他的个人IP标签。个人IP，就是某个人在某个领域，他很专业，能够为这个领域的人提供价值，能够吸引这个领域的人关注他。

< 8.1 >
店主IP塑造

IP并不只是用在产品上，对于个人来说，找到自己的价值就是在给自己赋值。对于自媒体来说，打造个人IP是给自己的作品赋值。比如手工耿的技术等。个人IP如何才能更好地打造？起点就是个人的特质提炼。如你本身就不美，就别刻意去装成美人，做好一个丑角或许比美人更有市场。一个人可以没有优点，但一定要有特点，这也是打造个人IP的第一法则：精准提炼出个人特质，不跟风、不模仿，做自己。

8.1.1 个人 IP 的重要性

实体店主为什么要打造个人 IP？个人 IP 塑造了价值，增加了信任度，从而提升了转化率。在抖音里的视频博主，通过制作、分享视频，展现个人魅力，抖音用户看到他的视频很喜欢就会点赞、关注、收藏，这样用户就可以经常看到他的视频并成为他的粉丝。粉丝觉得这个人很有趣或者分享的东西很有用，某一天他做完视频分享，下面弹出来一个橱窗，是和这个视频内容相关的东西，粉丝一想，可以用得上呀，于是毫不犹豫就买了。或者粉丝通过视频博主分享内容去淘宝、拼多多搜索购买，于是博主完成了种草到转化粉丝的步骤，同时他可以卖产品获得产品提成，也可以为厂商代言获得推广费。这就是抖音里的视频博主的赚钱逻辑，而他们通过经常分享自己所在领域的视频，要么是逗你开心的，要么是分享干货让你受益的，使粉丝对他们产生信任感，这就是个人 IP。

IP 打造是为这个人设立标签，让这个人显得与众不同，从而在社会人的这一属性中脱颖而出，被人接受、认可、记住。信任，是转化陌生人成为朋友、顾客等的基础。因此我们打造店主 IP 就是为了让陌生消费者能够对店主以及店主经营的店铺产生信任感，并因此产生消费达到利润的产生这一目的。只有个人 IP 打造得越坚实越牢固，消费者的信任度才越高，这与抖音上做视频的博主通过分享视频设立人设从而获得千万粉丝，以此获利的逻辑道理是一样的。

8.1.2 个人 IP 的打造

(1) 打造 IP 的底层逻辑

打造个人 IP，首先要明白打造个人 IP 的底层逻辑，也就是往哪个方向走，这个底层逻辑是利他思维。

作为店主，想要通过个人 IP 的设立得到客户认可从而帮助自己赚到钱，如何让客户认可你？对客户而言，当你的贡献大于索取时，你就是资产；当你的索取大于贡献时，你就是负债。贡献1，索取10，你就是−9，是负债，客户就要避开你，离你远远的，于是很难成交。贡献10，索取1，你就是9，是大资产，很多人就需要你，信任你，因此就很容易成交。

人都是这样，喜欢资产而不喜欢负债。要么有趣让我笑，要么有料让我学到东西，你总得给点什么，我才会追随你。这个其实也是换算思维。你拿1换1，可行，相对来说要付出更多时间精力，因为你有的1不一定是我要的1。如果你是用10换1，那客户将会毫不犹豫。客户希望用一个很小的付出获得一个很大的回报，如果你刚好是这样的人，他就会毫不犹豫地关注你，追随你，甚至拿真金白银来支持你，成为你的用户、忠实粉丝。

我们以利他思维做事，在网络平台展现即分享，在抖音分享笑话逗人开心，能成为笑话大王，粉丝会买单；分享异国文化，脱口秀生活趣事也可以；或者做知识型分享都是可以的，借由所长先付出再讲回报。

抖音平台的东方甄选直播间就是这样，以一众原来做知识传播教书育人的老师们做主播，在直播间里卖货，他们卖货的方式和别人不一样，不像其他的主播嘴里不停说着多么多么便宜，"321上链接"，也不会哗众取宠地高喊"老铁666"。他们是做知识分享，卖牛排就教牛排的英文是什么，几分熟怎么说，牛排来自牛身上的哪个部位，然后再即兴发挥人生哲理、古诗词、各种名人名言，甚至高兴了还要自弹自唱上一段……直播间里的几位老师主播从来不认为自己是主播，他们是负责教授粉丝知识的，卖产品也告诉粉丝要量力而行不要乱买，想想你家的房贷、车贷还完了没有，孩子的奶粉钱赚出来了吗。这样的高知主播自然秒杀一众只会高喊便宜非常便宜，照本宣科却满嘴白字的主播们，直接实现降维打击。网络平台上因此收获众多粉丝，粉丝们叫得出来主播们的名字，关注他们的微博，更因为他们的人格魅力而纷纷下单抖音直播间的产品。直播间里随处可见粉丝们的有趣评论：听课打卡、我是来学英语的、我是来学泰戈尔的等。这样的直播间不仅做到了卖货更做到了知识分享，把利他性放在最前面，于是粉丝回报众多。

这就是打造个人IP的底层逻辑：利他性，己先付出，他再回报。而不是先要别人付出再视情况回报。先给予客户价值，成为客户眼里的资产，这样客户才会信任你，进而与你成交。

（2）打造IP的方法

① 定位。作为店主打造个人IP，定位自然是某某店铺的店主，然后需要细分这个定位内容。比如以开某店的创业者，分享自己的创业内容创业心得以及创业路上遇到的事，再与店铺结合起来。也可以以某个行业从业者，比如奶茶店店主这样的身份，分享居家如何制作一杯奶茶、某些好喝的饮料如何做等等。从不同的细分角度去定位个人IP，然后才能谈后面的内容。

② 创造价值，持续分享。前面讲个人IP的底层逻辑是利他思维，我们要为我们的潜在客户创造价值，并且应该是持续地创造，不断地分享。

在互联网，创造价值的方式，无非就是3种：视频、音频、图文。

③ 宣传媒介。

视频：抖音、快手、B站、优酷、爱奇艺、腾讯视频……

音频：喜马拉雅、懒人听书、蜻蜓FM……

图文：小红书、知乎、豆瓣、微博、微信公众号、今日头条、一点资讯……

将我们录制好的视频、做好的音频、准备好的图文，分发到相应的渠道即可。

8.1.3　个人 IP 营销

个人 IP 营销即具体的方法执行，我们以开了一家鲜花店店主为例。

【案例 19】

定位

我们开了一家鲜花店，卖的是鲜花，需要招揽顾客上门。那么我们给自己的定位就可以是一个花艺师或者园艺师、养花高手，分享插花的方法、鲜花的养护、各种花的小知识等，做知识的分享。为什么不直接定位成花店卖花？因为会很片面，买花来是分时节的，客户过节买花束、过生日买花束，在非重要场合花束就不买了，而谁又会天天关注一个只知道卖东西的人？另外，鲜花也有淡、旺季之分，在淡季我们就可以分享一些其他内容，甚至是相关行业内容，明显比只卖鲜花要受众面更广一些。

既然我们已经定位好了自己是一个花艺师，我们的微信也要有相应的包装。昵称、头像、相册封面图、个性签名都要围绕自己是一个花艺师的形象来设置。

持续创造价值

持续创造价值即持续输出，不停地分享各种内容，才能源源不断地获得关注。一个人的知识是有限的，我们把自己的脑海里知识掏空了，或者不会那么多，不会写不会说怎么办？不论是图文也好，还是视频也罢，我们都可以找到一些相关内容的账号，学习别人的拍图技巧模仿着去拍，文字用自己的话写出来即可。视频也可以用相同的方法，抖音账号上的热门视频模仿着去拍，对标账号的内容模仿去做即可。既能快速掌握技巧提升自己，又能有源源不断的内容分享。

值得注意的是：分享的内容要结合自身的定位和用户需求，想一想客户想知道或者需要知道关于鲜花的哪些内容，然后我们针对这些问题来做分享。

发布方式

①注册相关平台账号；②昵称头像所有平台保存一致；③写一篇文章直接全网发布；④留联系方式参考同行。

这样做的目的是通过多个平台引流，不同平台的使用人群不一样，比如有些人有抖音没有小红书，有些人有小红书没有抖音，因此不同的平台发布同样的内容既方便了自己内容的制作，更利于全方面覆盖多个平台。

8.1.4　个人 IP 的提升

一个人不能知道所有的内容，也不可能足不出户尽知天下事，人也不可能赚到认知以外的钱，只有不断提升自己，才能帮助我们获得更多收益。庆幸的是现代网络发达，只要找对方法也能足不出户尽知天下事。

个人 IP 的提升包含以下几个方面的内容与方法。

(1) 知识面的提升

① 书本知识的提升。花几十块钱就可以买到前辈至少一年的写作时间，甚至是更久的知识积累与经验总结，帮助自己少走弯路，实在是再好不过的提升方法。

② 个人再深造。不论是学历提升或是技能提升，报专业的培训班进行系统学习也是快速提升自己的方法。

③ 通过网络学习。如何在网上找文章，这个就需要用到百度搜索、搜狗搜索，其中搜狗搜索的时候，我们可以选择搜索的对象是知乎还是微信。现在还有很多 AI 大模型的 App 方便我们学习使用，如 DeepSeek、豆包等。视频编辑需要用到 AE、PR 等软件，这些需要相关的技术。通过相关软件相应内容自主学习提升自身实力，才能更好地输出内容，这是要想获得成果必须付出的努力。

(2) 个人魅力提升

个人魅力包含外在形象以及内涵气质两方面，要想打造好个人 IP，令人设不翻车，就得表里如一，知行合一。

外在形象是最简单也是最能快速提升的，首先想让自己的形象符合人设，上班族和开店当老板肯定是不一样的着装需求，外出谈合作与蹲在地上挖土种花也一定是不一样的着装，先得学会不同场合打造不同并符合自己的形象。

外在形象符合是内在气质的提升，不论是男士还是女士，都不能口说脏话谈吐低俗。提升气质最好的方法就是看书，腹有诗书气自华是最好的气质形象。网络发达，很多知识都碎片化，没有时间或者没有耐心读书，也可以利用网络工具学习提升个人内涵，如在听书软件上听书，就可以一边开车一边听，一边做家务一边学习。樊登读书就是非常好的学习内容提供商之一。在小红书、抖音、知乎等知识型软件上也有众多的内容可以学习，全方位提升个人知识面。总之，作为一个实体店主，你在积极打造个人 IP 时必须跟上学习，提升个人素质，那些靠哗众取宠、扮丑扮怪获得流量的人早已被摒弃，优秀的人产出优质内容才更受欢迎。

⟨ 8.2 ⟩
个人 IP 变为个人品牌

万物皆可销售，甚至连自己也可以，在做店铺运营的过程中，为了帮助店铺更好获客，打造个人 IP，当个人 IP 真的变为一个与店铺密不可分，甚至比店铺还要赚钱的存在时，何不把个人 IP 变为个人品牌。

8.2.1 把自己变为店铺的形象大使

打造个人 IP 是为了店铺更好获客，在个人 IP 树立的同时不要忘了店铺的存在，不论是以店铺出镜还是在个人主页标注店铺地址都是非常重要的事，当粉丝了解到你和店铺之间的关系时，你和店铺就成为一荣俱荣一损俱损的关系。如明星开店，店铺打着明星的旗号吸引明星的粉丝上门消费，明星更为自家店铺站台做代言、请同行聚餐等，俨然成为店铺的形象大使。普通人也可以像明星一样为自己的店铺做形象大使，作为形象大使要注意以下 3 点。

① 德行不亏，不做有损店铺形象的事；
② 在对外交往与人交谈中介绍自己的店铺；
③ 言行一致注意自己的形象，不能让人觉得名不副实。

【案例 20】

在我所在的城市有一个美食博主很有名，他以在抖音做美食分享、探店、讲解各家美食出名，最初的时候人们跟着他的视频脚步去他介绍的店品尝，发现果然如他说的一样有特色味道好吃，于是粉丝们都愿意相信他的分享，他也具有了好吃、会吃的标签。

后来他开了一家餐馆，粉丝们纷纷捧场，他的店总是有很多的顾客慕名而来，这名美食博主没有放弃他的抖音分享，也开始有饭店花钱请他去做探店，他不管好吃不好吃都为别人说好话。再后来粉丝们跟着他的分享去别家品尝发现名不副实，几次下来后粉丝们不再相信他的美食评论，只要他在视频中介绍过的店粉丝反而为了避雷不去。因为他的视频介绍没有多少粉丝买单，连找他探店的店家也少了，更甚至影响到他自己餐馆的人气，餐馆渐渐冷清下来。

这就是人一旦有了一点小名气后开始飘起来，做事没有底线，说违心话做违心事，言行不一导致的后果，那时影响到自己的生意就悔之晚矣。因此，一旦以自己的形象出镜，你就不仅仅是代表你自己，你还代表你的店铺，你是你店铺的形象大使，做任何事都要考虑清楚会给店铺带来何种影响，违法乱纪、违背道德底线的事不能做，更不能做因贪图眼前利益而损害长远利益的事。

8.2.2 个人品牌运营技巧

个人品牌运营的过程就是"晒"自己的过程，学会"晒"自己，让你越来越值钱，通过"晒"自己让别人链接到你。晒自己其实就是在打造个人品牌。

晒得好、晒得切合时宜就会让你价值倍增，相反，晒得过分或者晒得不合时宜则会让人生厌。晒自己也是大有学问的！

很多人很反感"晒",觉得是一种显摆,但作为店主却是必须晒,时常晒,天天晒。

(1) 为什么要晒

现在已经不是那个酒香不怕巷子深的年代,互联网时代,就是一个把自己推向众人面前的时代。要想办法让自己被看见,让自己被需求,才能生存下来,不被时代列车抛弃,更不会还没有来得及被顾客知道就被房租水电费压垮。

我们这里指的晒不是炫耀,不是秀,而是真诚有价值的分享。

打造个人品牌的唯一门槛:你的思想价值体系,就是你的护城河。只有建立起自己的个人品牌,产生一定的影响力,为别人创造价值,才能让自己最终获利。

(2) 晒什么

晒对别人有用的东西,在我们的账号上持续输出自己的思想、价值观、专业经验,这是个人品牌打造的核心秘密,也是我们要晒的内容。

你今天吃了什么,玩了什么,别人并不关心,而你能带给别人什么才是别人所关心的。

通过自媒体平台,将你自己身上的闪光点,进行无限放大,让更多的人看到它,才能塑造别人对你的认知,从而吸引到同频的人,或者对你有需求的人。

(3) 如何晒

如果你喜欢美食,就可以将自己制作美食的过程分享出来,别人通过你的视频学会制作这就是你的价值体现。如果你喜欢摄影,可以分享自己的拍摄技巧,别人通过你的分享拍摄出美美的照片,这也是你的价值体现。而我喜欢写作,我就可以把自己的写作方法分享给大家,通过我的分享,有人学会了写作,我自己的价值也就得以体现。

要成为所在行业的专家,需要不断学习和总结行业内的思维、知识、技能,形成你自己的内容知识体系,让自己值钱,让别人看了你的内容输出后,感觉你真的很专业。

晒自己其实也是一个分享的过程,你可以问问自己你愿意分享吗?乐于分享其实就是在帮助他人,"赠人玫瑰,手留余香",帮助别人就是在帮助自己!

⟨ 8.3 ⟩
店铺宣传与个人 IP 一致性

店铺 IP 与个人 IP 一样,可以通过有计划地运营实现,店铺 IP 打造可以以拟人化方式出现，即为店铺塑造一个虚拟人物或虚拟卡通形象，如蜜雪冰城为品牌塑造了一个雪王的形象（图8-1），并持续在微博上分享，让员工穿着雪王玩偶服装并录制视频分享到网络上从而引发话题和关注，这就是品牌与店铺塑造IP的一种方式，更是品牌形象的运营创新思路。

图8-1　品牌形象与品牌店

作为个人IP为店铺服务的背后是粉丝期待个人IP与店铺的双向奔赴，不能让店铺翻车。即如果我们在网络上打造的IP是稳重知识型，那么在店铺中真实存在的我们就也应当是这样的类型，而不能是野蛮粗暴的，店铺则也应该是符合想象的书香味而不是蹦迪现场。这是因为我们做个人IP或者店铺IP的最终目的是引流向自家店铺，当顾客因为好奇或信任来到店铺时，是怀有一颗期待与忐忑的心情来的，既期待见面又害怕见面被骗或根本不是想象中的那样，引流来的顾客在"奔现"过程中如果发现店铺名不符实或者产生"是这家店铺吗"这样的疑问对店铺来说无疑是致命的。这种"见光死"会成为快速发酵的引子，让更多的顾客对店铺失望从而丧失消费欲望，那么之前所做的一切努力将付之东流。

店铺的形象和个人形象都要高度一致，这意味着要么从一开始打造IP时就尽量做最真实的自己、最真实的店铺，那么大众会因为真实而觉得亲切，会想要靠近一探究竟，即使店铺有什么小瑕疵也会非常包容，觉得这就是真实的就应该这样，店铺翻车的可能就小。还有一种是在打造IP时就没考虑真实性，经过了包装、美化的IP可能更吸引粉丝的注意，有更多的粉丝上门是好事，但就必须一直如此美化、包装下去，且店铺不能辜负期待，不然一旦不慎翻车，等来的就是大众的不信任感和质疑，这对于做生意来讲是最致命的。

在我们经营店铺，售卖产品，发布宣传视频到网络上时，切记不要过分夸大神化产品、不要过分褒扬店铺，除了这是相关法律法规要求外更是做人、做生意的底线。

【案例 21】

　　朋友和他人合伙开了一家烤鸭店，因为生意不如人意于是想到了上抖音团购的方法吸引顾客下单。在交纳了 2300 元服务费后探店人员上门拍摄了宣传视频并制作好发布到网上，原本在店铺里购买一只烤鸭要 48 元，利润 15 元，而在抖音团购为了吸引顾客下单定为 38 元，低价让利润所剩无几。视频播放一周，顾客的下单量终于收回 2300 元服务费成本，本来用新的宣传方式以薄利多销的方法帮助店铺打开销路本无可厚非，但新的麻烦接踵而至。由于烤鸭店用的鸭胚原材料是冷冻鸭子故而在挂炉烤制的过程中鸭子皮与肉会因为高温急剧收缩，收缩后的鸭子不但看起来更小而且鸭皮呈现褶皱不光滑，更无法轻松快速地削成片。

　　这些对于烤鸭来讲无疑是致命的问题，口感不好，卖相不好，量更少，但是视频宣传里的烤鸭可不是这样的啊，于是买过鸭子的网友心理落差可想而知，差评纷至沓来，好评仅仅是打个星，差评倒是有图有真相，对于店铺来说这样的评价无疑是致命的，店里的生意一落千丈，真可谓是花钱买差评，赔了夫人又折兵。

　　作为商家美化自己的产品无可厚非，就像普通人发照片前还要先美颜一下，但是过度美化甚至与宣传不符就不行了，会导致严重的消费者信任危机，更何况为了店铺宣传而打造的个人 IP，更甚至我们为了塑造 IP 都是本人出镜，一旦宣传出现误差损失的更是个人信誉。

第九章

特色实体店案例解析

< 9.1 >
饮品店

9.1.1 加盟一家大众奶茶店能不能赚钱

大家都知道奶茶店成本低利润高，顾客群体多，那么开一家奶茶店到底能不能赚钱？尤其是加盟一家很有名的奶茶店能不能赚钱呢？

以加盟某品牌的奶茶店为例，该品牌非常会制造话题，流量巨大，是知名品牌。该品牌奶茶店因产品种类丰富，味道齐全，口味众多，同时价格低廉受到消费者的广泛好评，每天到店顾客络绎不绝。如果想创业开奶茶店，大部分人的第一选择就是先咨询该品牌的加盟。

该品牌加盟店需要加盟费二十多万元，由于需要保证每个店铺的口味一致、装修风格统一、门店规范，因此所有的原材料、包装、设施、门店装修全部都要遵守总部规范，从总部进货。由于全国知名，故而不论是线下购买或是线上预订，该品牌的产品全国价格都相差无几。

从经营角度来讲，该品牌奶茶走的是薄利多销路线，但成本却很高，除去正常的房租、水电、物业费外，额外多出的加盟费、进货费用以及为了多销增添的员工费用，不论哪一项都是一笔不小的开支，一家中小城市的该品牌奶茶店创业启动资金至少需要 30 万～40 万元。

我们以开店投入成本 30 万元为例，店铺里 3 个员工，每人每月工资 3000 元，奶茶一杯的利润为 5 元，那么每月 9000 元的人工费需要售出 1800 杯奶茶才能赚出来，一个月按 30 天算需要每天至少售出 60 杯奶茶才能仅仅保证工人工资正常发放。如果我们自己需要月收入 1 万元，就需要月销售增加 2000 杯，每天销售增加

66 杯奶茶。另外，我们开店的成本 30 万元如果想 1 年就收回成本，则一个月需要额外再赚回 2.5 万元，即每月增加 5000 杯销售，每天销售增加 166 杯。算上工人工资的 60 杯，自己收入的 66 杯，收回成本的 166 杯，总计每天需要销售 290 杯以上才能满足，290 杯意味着 3 个员工从早到晚不停工作 12 小时，每小时需要卖出 24 杯，每 10 分钟就需要卖出 4 杯。

这 24 杯是理想情况，必须保证每一杯都能赚 5 元甚至是以上，必须员工一直不停干，必须每 10 分钟就有顾客上门至少卖 4 杯。想想就是一件多么令人头痛的事情，但凡有一点偷懒或者顾客买两杯便宜的饮料，你的店今天就赚不到那么多钱。

仔细算过经济账后就会发现，开这样一家加盟奶茶店不一定真的赚钱，另外由于该品牌没有区域保护制，可能你的店对面就会有一家一模一样的店抢你的客源，你的一天卖 290 杯奶茶将难上加难。

实际的情况是加盟商们感叹一天从早忙到晚，晚上一算账没挣到多少钱，一年赔了三四十万元。开奶茶加盟店一定要慎之又慎，在没有算清楚经济账之前不要贸然行动。

如果想开加盟奶茶店，也可以另辟蹊径，南方热门奶茶品牌可能北方没有，北方的奶茶品牌南方也少见，南北条件互换，再根据当地特色因地制宜，也许是一个不错的选择。

9.1.2 咖啡店经营内涵

烟台有家咖啡店以特色的店铺装修以及主题下午茶为当地民众熟知，咖啡店内装修内容丰富，处处皆是景，可以看出老板是花了大价钱和心思去装修布置的。店铺以美式工业风为主，配以时尚元素和特色绿植进行元素混搭，起到了比较好的装修效果（图 9-1）。

店铺里不但有两人桌、四人桌，还有专为聚会人士准备的超大型桌台供多人同时就餐，除了室内空间外，还有室外露台摆放桌椅，是一个比较大的咖啡厅。

由于烟台是个季节性旅游城市，除了本地人日常消费外，外地游客也会在旺季 7～8 月前来旅游消费。这家店在小红书上有大量的探店图文。

咖啡店里不但可以拍照还适合安静地坐在店里看书喝咖啡，是集休闲和娱乐、放松一体的多功能店，店里专门有一面墙的书可供顾客观看，同时也打造出不同氛围可令顾客看书的二楼空间，可见店主的心思细腻以及品位（图 9-2）。

至于说到咖啡店里的咖啡及甜品，除了有吸引顾客打卡的特色产品外，随意点几样餐食味道都能令人满意（图 9-3），可见店里是真的有拿得出手的东西，难怪小红书上关于这家店的种草文很多。

图 9-1 每一个角落的装修都花费不菲

图 9-2 落地的书架及二楼空间

图 9-3 店内的甜品及饮品

对于咖啡店来说，本身并不是一个特别能够赚钱的项目。咖啡是舶来品，咖啡文化是伴随着外国文化一起传入中国的。法国人喜欢在塞纳河畔的街边咖啡馆一边喝咖啡一边与朋友聊天，美国人喜欢上班路上急匆匆地带一杯热美式去上班，意大利人喜欢倚靠在咖啡馆的吧台点一杯刺激的意式浓缩一口喝掉后继续去下一个目的地。新中国成立前，大上海的十里洋场咖啡馆林立，各色人等在咖啡馆里交换情报、新青年在咖啡馆里谈恋爱……就中华文化来说，几千年来中华文化的儒、雅给了茶的滋生土壤，茶文化在中国甚至是东亚盛行并远销海外。国人更喜欢喝茶，商务宴请桌上除了放酒还要泡茶，前门茶馆里有相声，苏州的茶馆里有评弹。而咖啡这一舶来品，直接喝苦、涩，要么加糖加奶，对于国人来说喝不惯的居多，不懂咖啡的居多。年轻人喜欢赶时髦、凑热闹，因此咖啡的受众除了真正一小部分懂咖啡、爱咖啡的人外，大部分都是以年轻人居多，不懂但好面子、爱拍照、爱炫。

在这样的消费市场前提下，注定了咖啡的受众面窄，咖啡馆的发展缓慢，咖啡市场潜力与活力不足，如果想要开一家赚钱的咖啡店，就需要多在咖啡店的定位、装潢、产品内容上下功夫，毕竟咖啡本就小众，而咖啡生意的关键在于年轻人的消费观念与消费实力。你所在的城市能够承载多大体量的咖啡店，有多少年轻人，人均收入如何，是必须搞清楚后才能判断能不能在当地开咖啡馆的关键。

‹ 9.2 ›
甜品店

9.2.1 大城市传统蛋糕店、甜品店如何破局

一个有着2000万人口的某大中型城市有一家这样的蛋糕店，它是一家传统型蛋糕店（图9-4），有蛋糕师傅7人，收银员1人，咖啡师1人，客服3人，市场营销2人，老板2人，算起来是一家比较大并且人员配备比较齐全的蛋糕店。他们以做翻糖和韩式裱花为主的高端蛋糕，二楼为操作间，7个师傅就在此制作来自线上的蛋糕订单，一楼为面包销售区和下午茶甜点区，收银员与咖啡师在此工作。这家蛋糕店除了美团外卖、抖音、小红书账号外，还有自己的微信线上小程序（图9-5）可以方便顾客下单，他们的图片均来自本店雇佣的专业摄影师拍摄的独家照片。

这家蛋糕店以用高品质的原材料为主打，可以看到它的店内各种蛋糕品类非常细化和丰富，这样做的好处是可以给顾客更多的选择，坏处是顾客通常会挑花

图 9-4　传统蛋糕　　　　　　　　图 9-5　蛋糕店的线上小程序

眼并且由于做的款式比较多，店里的各种原材料就需要储存更多，导致店内库存与人工成本压力居高不下。另外，店内主推裱花蛋糕和翻糖蛋糕，因此高品质的顾客居多，客单价也相应比较高，但是由于裱花蛋糕与翻糖蛋糕在蛋糕界属于耗时耗工的产品，导致店里蛋糕的制作周期比较长，顾客通常需要至少提前一天甚至更久来预订。高难度蛋糕不是所有的蛋糕师都会，所以店里给蛋糕师傅们开的工资也比一般蛋糕师高，导致了人工成本高。在这样的情况下，虽然店里的高难度、原创设计蛋糕居多，别家盗款、复制的少，但同时自己的店里也很难形成复制。

餐饮业要想扩大经营，需要的是统一化、标准化，对于这家蛋糕店来说，别人难以复制，自己也难以复制，因此当它的款式限制住了自己的蛋糕师招聘，也会限制住自己的发展。师傅们能做蛋糕数量是有限的，想要招人但符合他们高标准技术要求的蛋糕师要么自己都创业开店去了，要么就是很难找到更付不出高薪水。人员不够就意味着不能再扩大，收入就是有限的，成本却居高不下，这就意味着没办法复制、扩大、赚钱能力有限。

由于多种多样的原因，这两年消费降级，有多少消费者愿意为价格高昂的产品买单是一个问号。这样的店在普通人看来已经是很厉害的店了，他们如何发展又如何扩大？

首先作为一家在大中型城市生存的蛋糕店要想发展有两个模式可以选择：第

一种是扩大规模,即多开分店,不能只有一家店,因为即使线上做得再好,大城市距离远只会增加运输的难度和成本。很多顾客即使在线上看到它的产品也不会下单,正是因为距离远和运费贵。那么增开分店又人手不足,怎么做?要么降低店里产品标准,不以裱花蛋糕和翻糖蛋糕为主,而是以普通可复制的蛋糕为主,总店或者老店做高品质高端产品,打造差异化经营。要么与当地烘焙培训学校合作,招聘并培养自己的蛋糕甜品师,继续走高品质路线。前一种方法可以快速获取利润快速开店,甚至还可以走加盟品牌的经营路线。后一种方法则需要时间培养与资本运作。

第二种模式是,就开这一家蛋糕店,打造店铺更高端的品牌效应,接更高端客单价更高的生意。即除了做好线上销售外,要和其他品牌做联动、异业合作,接明星、大品牌的沙龙、宴会甜品台定制、婚礼庆典的定制等(图9-6),逐步走向别人难以企及的高度,做当地知名高端甜品的品牌。这个是需要店主极具公关能力的事,如果店主不具备那就要想法聘请或者找具备这种能力的公关公司去接这样的活动。

图9-6 婚礼甜品

这种方式可以帮助店铺把自己的品牌与产品越做越高端,除了原有蛋糕店的产品产出外,高端高质量的订单可以帮助店铺"开张吃三年"一个大单利润丰厚足可以保证店铺的利润增长。

其实对于普通的传统蛋糕店来说,这家蛋糕店已经做得很好,有很多可取之处,但它现在遇到的问题就是普通蛋糕店未来会遇到的问题,对于小规模经营来讲，我们可以从这家蛋糕店得到经验：越是要求高越是难以复制，而可复制性才是一家蛋糕店能够破局的关键。

9.2.2 中小型城市甜品店破局方式

你一定幻想过或者正在想要开一家这样的甜品店：闲的时候坐在店里美美地喝下午茶，忙时在店里穿着干净的制服认真地制作蛋糕，身上满是蛋糕的甜香味，顾客坐在你的店里拍照打卡，或者外卖小哥拎走一个个制作好的蛋糕。一天下来，你的店里收入不菲，你心情美好地和朋友约个饭局，这简直就是梦想中的生活。

实际的情况是当你信心满满地装修好店等开业才发现没有顾客来买单，你又拼命地做宣传，终于顾客来了，但店里的营业情况就到这儿了，一天挣个千八百把自己累个半死，再想提升营业额却做不到了，旺季忙不过来，淡季没生意，怎么办？

首先要明白中小城市的特征，人员流动少，开店成本低，人员工资低，顾客多以口口相传的方式更注重口碑化。在这样的小城市因为成本低，开店创业比较容易，但是要坚持、发展和扩大难，因为会受到小城市人们的眼光、收入限制。在这样的小城市开甜品店，只要你有技术，做的甜品干净、卫生、好吃，同时你的服务态度好，一般都可以生存下去但要想再扩大经营或者做得更好却不容易了。

我有一个朋友是甜品师，在大公司辞职创业做私房甜品已经9年的时间，最开始在家做甜品，后来又开了一家鲜花、甜品店。由于只有她一个人既当花艺师又当甜品师，顾此失彼，最后无奈关掉了店铺，现在做私房甜品工作室，有一间操作间以及一个仓库，主要以朋友圈宣传的形式做定制甜品与蛋糕。她的甜品工作室就面临这样的问题：淡旺季区分明显，夏季淡季到来一周都不一定有几个订单，旺季到来时一个人忙得脚不沾地但也仅仅能一天做几个蛋糕，没有余量再做多余的事，赚到的钱有限。

甜品师也是一个吃青春饭的职业，虽然做得年头越长资历越深经验越丰富，但随着年龄的增加，新的知识、眼光都不再能跟得上潮流，体力也逐渐降低，因此摆在我朋友面前的问题就是她的收入在逐渐减少。

在这样的情况下，她可以有两种方法发展自己，一种方法是利用线上多种渠道好好地宣传自己，甚至打造个人IP（可以以个人创业内容去做），再引流到私域（图9-7）引导更多的消费者下单。由于她的工作室形式房租成本低廉，意味着她的成本比一般的甜品店成本低，她可以采用低价形式以物美价廉去争取到更多顾客充值，做快速的资金回笼。但她的顾客增多，在她自己忙不过来时需要增加人手以及投入设备，甚至是扩大工作室规模来应对随之而来的订单增量。

图 9-7 小红书上的甜品引流图

另一种方法是直接选址开店，做一个从头精致到脚的可以打卡、拍照、堂食的甜品店，这样的甜品店除了需要投资装修外，还需要雇人来盯店，而她需要制作甜品以及经营两手抓。这就是大多数的甜品店模式。她在开了这样的甜品店后需要做的是：

① 差异化经营。除了在线上引流，让顾客到店打卡、消费外，还需要有产品特色，开发只有她的店能做出来或者能售卖的产品，与本地其他甜品店形成差异。

② 做好个性化定制服务。针对当地经济消费水平，承接各式沙龙、庆典的甜品台业务，扩大市场份额。更要做企业伴手礼定制业务，保证自己的利润空间。

③ 扩大经营需要有可复制性。既当老板又当员工，永远只是一个小作坊，要学会自己放手。把自己从技术层面解脱出来，真正当经营者，站在更高的角度才能寻找到未来的发展方向。作为甜品店，在中小城市需要的不是开多少家分店，而是需要扩大操作间，接更多的订单让自己的店实现量产。客单价不高，就必须以数量取胜，一天卖 100 个蛋糕和一天卖 10 个蛋糕自然收入不一样。

因此，中小城市的甜品店或者私房甜品工作室，最重要的是实现订单的增加，实现量产，以量变实现质变就是其破局之路。

9.2.3 出其不意的赚钱方式

C 城市市中心街边开了一家超级大的蛋糕甜品店，面积超过 400 平方米，以量贩式蛋糕、甜点为主，顾客在店里可以推着购物车像逛超市一样买甜品（图 9-8）。

C 城是一座四线小城，市民喜好美食，当这家店一经开出，好新鲜的市民一探究竟后就"火"了，盛夏晚上9点，蛋糕店里依然顾客如织，结账的顾客需要排队等候才行（图9-9）。到底是什么样的底气让这家蛋糕店敢开在闹市区开一家超大面积的店？它为什么会客满盈门？它是如何实现盈利的？

图9-8 用购物车选购甜品的顾客　　图9-9 排队等候结账的顾客

原来这家蛋糕店借鉴餐饮企业的明厨亮灶装修方式，留出大片操作间并用透明玻璃做隔断把操作间开放给顾客看（图9-10），让顾客亲眼看到它的蛋糕、甜点如何制作出来。超大的落地玻璃窗，干净整洁的操作台，井然有序的操作间，更兼之用一面墙的冷鲜柜展示使用的淡奶油（图9-11），店家的装修方式既省钱又具有实用效果，别具一格地把展示和仓储功能合二为一（冷鲜柜展示淡奶油），让进店的顾客一眼就能看到原材料使用和制作方式，产生信任感。

图9-10 超大面积的开放操作间

图 9-11　仓储与展示为一体的冷鲜柜

产生信任感只是第一步，这是卸下顾客心理防线的重要环节，然后再以低于普通甜品店的价格加深顾客印象，顾客会不知不觉地一边感叹好便宜，一边推起购物车进行选购。通常我们见到的甜品店里点心、蛋糕、甜品都是以中高端的价格来向顾客体现其用料的优质，味道极佳，顾客已经形成了"好甜品就应该是贵的"思维方式，当忽然有一家甜品店不但用料看起来和其他贵的甜品店一样，更甚者还很便宜时（图9-12），它就打破了固有思维、击破了顾客心理防线，以此产生信任感并促进了消费，赢得了消费者。

图 9-12　低价位甜品、点心击破顾客心理防线

以低价优秀的原材料制作的甜品，又开这么大一家店，每年光房租至少都要几十万元，还有人工、仓储、物流没有算，这样薄利多销的店它真的赚钱吗？或者它靠什么赚钱？

第九章　特色实体店案例解析　▶▶　173

其实，这家店早在刚开业一个月，坊间就已经流传出了关于它的一些信息，从中我们可以窥知一二它是如何赚钱的。原来，这家店真正以低价、明厨亮灶等策略吸引顾客的不在于薄利多销销售方式，而是吸引顾客办会员卡。我们可以看到它店内随处可见的办会员卡的醒目招贴（图 9-13），更有着相差极大的会员与非会员价格，都是在透露并暗示着要顾客办会员卡，而会员卡，才是这家店真正的盈利点。

图 9-13　随处可见的会员宣传与价格差别

以 200 元一张会员卡为例，这张会员卡的有效期限为一年，办了这张会员卡后可以在该店享受所有甜品包括生日蛋糕的 5 折价格，很多顾客为了享受这样的价格于是办了这张会员卡。看似超低的价格实际上就甜品等的成本来说仍然是有利润的，那么这 200 元的会员卡就是店铺的实际营收了，因为这张会员卡不能抵扣，到期自动作废，一个会员是 200 元，10 个会员是 2000 元，而 2 万个会员就是 400 万元……这家店一个月的时间据说就已经拥有 2 万个会员。我们推算 400 万元的营收，一家店铺一年的房租、运营、人工等绰绰有余了，如果再多于 2 万个会员呢？而这个会员卡又是一年有效期，第二年还可以接着办，此时我们可以想象它的营收是如何了。

利润隐藏在平常人看不到的地方，何况除了这样的常规运营方式还可以有新媒体的助力、各种会员活动、承接甜品布置等，先收回了投资赚到钱，再用心运营，接下来的事就是顺理成章了。

⟨ 9.3 ⟩
餐饮店

你一定见过这样的餐饮店：明厨亮灶的厨房大锅熬着粥，店里以卖粥、包子、小菜等为主，一到中午市民们就进到店内这个窗口点两个包子，那个窗口拼盘凉菜，最后再来碗热腾腾的粥。一顿简单可口的饭菜，不需要花很多的钱，又看起来很干净卫生，这样的店往往顾客盈门。

这类店在每个城市都有一家或几家，但通常不容易开成连锁店，也不具备特色，因为无法形成集团化优势或加盟优势，不能对顾客造成持续的吸引力或形成持续消费习惯，即使顾客办卡充值，也很容易一段时间不去光顾，发现原来的店已经关门了。

在山东烟台，有一家同样以粥为主打商品的餐饮店，却做到了 2 年开店超过 20 家，光粥这一样商品就有每年卖出 310 万碗的业绩，成为当地餐饮界的黑马。

笔者知道这家店是一次去烟台旅游的过程中，经朋友介绍而去的，朋友这样形容它：它有胳膊那么大的油条，小咸菜可以随便吃，它的粥很好喝，我经常去那吃早餐，我带你们去尝尝，你们也会喜欢。如此这样介绍，令去旅游的我们产生兴趣，专门到店内品尝早餐。

起初我以为这只是一家普通的早餐店，谁知到店才发现这是一家人气火爆并且有来历的店。它位于商场临街底商，招牌清晰而显眼，店内干净明亮整洁；在明厨的基础上它采用开放式操作台（图 9-14），一进门映入眼帘的就是它的招牌菜品——粥，大锅现煮，花生、红枣等满满当当地在粥里被厨师正用大勺搅拌着，粥散发出醇厚的气息，令人忍不住流口水，端一碗现熬八宝粥是到店顾客们的常态。再往里走，延伸的点菜台里面热气腾腾地蒸着包子、馒头等，厨师、服务员们忙碌着，外面顾客可以轻易取走已经制好的菜品。端着托盘，顺着点菜台一直往里走，直到托盘拿不下了正好到结账的收银台。这样的好处显而易见，顾客因为受到食物的诱惑，通常都会选择很多样食品，无形中增加了营业额。

图 9-14　开放式操作间

店里的布置很有新意，在菜品台相应的墙上不是普通餐饮店惯用的装饰手法，而是把它的原材料展示在墙上的陈列架中：油如何、米用什么样的、煮粥的豆子是什么等（图9-15），顾客一目了然。这样做的好处是形成一种心理暗示：我家的原材料是真材实料让顾客放心的，因此我的产品是物有所值甚至是物超所值的。果然笔者在吃饭间隙抬头就可以看到此类布置，随处可见，并感叹此店的菜品原材料还是不错的。

图9-15　店内原料展示

其实这些不难复制，很多餐饮店也能有此意识，抛开经营者的资金实力、股份情况等不谈，这家店非常值得我们学习的还有一点，多做这一点，可能你就赢了！

此店内墙上有几个比较显著的位置悬挂电视机，不间断滚动播出此店的相关宣传视频，内容是介绍店内主打菜品，其中一个视频特别吸引人。讲的是店内主打招牌——八宝粥（图9-16），把八宝粥的原材料挨个介绍一遍，讲述如何采用天南地北优质的原材料精心熬制一碗货真价实的好八宝粥。这个视频才是此店的高明之处，它与店内陈设相呼应，通过视频的轮播，详细向顾客展示核心商品，这是一种持续的"洗脑"形式，只要你在店内一直待着就要接受它的播放，当你听到或看到一定时间，就会在头脑中不自觉地形成一种概念：这家店的八宝粥采用的材料是从各地费心寻找而来的。此种概念将形成一个观点：八宝粥真材实料，店家做得很用心。最后得出结论，这家店很好，干净卫生，然后形成行动力——常来。

这才是这家店最令人拍手称赞的独到之处，很多餐饮店经营者是想不到这一层的，有的店也会摆放电视，但大多都闲置了。像此店如此大成本花心思制作一部宣传片的少之又少。做到此点的经营者一定是具有大格局大智慧的人，再辅以店内合适的菜品价位，稳妥的管理方式，只要财务不混乱、投资扩张速度不过快，不至于拖累整体公司现金流，那么这样的店很容易形成集团化、开店如潮，成为当地餐饮界的黑马也就是顺理成章的事了。如果你想开一家餐饮店，不妨借鉴此店的优点，考虑一下你的店能不能如此做，也许多做这样一点，你的店就赢了。

图 9-16　店内关于八宝粥的视频

< 9.4 >
花店

  花店不再只卖花。早期的花店只以卖鲜花为主，优秀的花店业务涵盖婚庆用花、花艺沙龙、花艺培训等方面已经是经营非常不错的，如今网络高度发达花店除了要会利用网络资源宣传之外又有了新的变化，甚至花店不再只是卖花，花店有时甚至算不上花店，可以称之为"花+"店或者叫融合花店。

  "融合"一词是指某某事物与其他事物相叠加融合在一起。野兽派花店是把花店与家居店融合在一起成为了家居品牌。花厨则是把花店和甜品店融合在一起成为以鲜花为特色的餐饮店。如今越来越多的花店不满足于只是卖花，而是寻求更多的结合店。做融合店，是鲜花在网络化后价格越来越透明、利润被分薄情况下的转变性突破，也是年轻人想要打卡追求新鲜感的必然，更是经济发展下的大势所趋。

  在三四线小城市有这样一家店：门口绿树掩映，有美丽的草坪，屋内摆满了鲜花，顾客一走进一定会以为是一家花店。这么美的地方仅仅是家花店吗？是花店，也是甜品店，还是下午茶店，更是餐饮店。这是一家集花艺、甜品、料理一体的花艺融合料理店（图 9-17）。庭院里有草坪，上面摆放露营的桌椅就可以实现顾客露营、拍照、打卡、下午茶的需求（图 9-18），室内各类陈设温馨、浪漫，有打卡拍照区，也有布置满鲜花的鲜花陈列区，还有可供堂食的餐桌以及可以播放电影的大屏幕投影。这里满足了关于美好的一切享受，它是吸引顾客流连忘返的花艺融合料理店。

第九章　特色实体店案例解析　▶▶　177

图 9-17　新式花店

图 9-18　花店打卡布置与氛围感照片

花店如何和甜品结合？鲜花既可以是商品也可以是装饰品，由于鲜花的特殊属性，它的色彩、香气、花朵绽放的过程都能带给观者以愉悦性，因此除了花店卖花、顾客买回家装饰外，鲜花也常被用来装饰各类店铺，鲜花自带的属性能够帮助把店铺装点得生机勃勃，更可以让到店铺来的顾客心情愉悦。同时由于鲜花的寿命仅仅短短几天，对于店铺来讲长期装饰是一笔不小的开销，但是对于花店却不同，花店的鲜花除了售卖外，只要开发它的装饰属性，相当于为花店的鲜花拓展了使用价值，无形中降低了成本。而甜品通常都与鲜花一同出镜，不论是蛋糕上装饰的还是摆拍产品照时需要用到的背景，或者是甜品下午茶店的装饰，都是首选鲜花。鲜花与甜品都是属于非生活必需品，它们同样在每个节庆、婚庆、纪念日作为礼品，往往消费者买了这家的鲜花还要买那家的甜品。于是鲜花店与甜品店的结合就成为一种必然，消费者在一家店可以同时订到鲜花与甜品（图9-19），甚至因为在同一个地方定制还可以使它们具有高度的统一性，这样一来无形中就为店铺节省了成本，增加了利润空间，同时也方便了顾客。

　　年轻人很多在约会过节时，除了送鲜花、蛋糕还要去一个好看的就餐环境吃顿色香味俱全的大餐，而这种消费习惯也给了这家店铺机会，除了将鲜花、甜品结合在一起外，还将餐厅也包含其中，形成融合店，让顾客在鲜花、甜品一起消费的同时顺便在店里就餐（图9-20），最大限度地留住了顾客。除了日常就餐外，因为店里的环境好还可以在店铺里举办类似生日宴、求婚宴这样的小型活动，为店铺既拓展了生意面更留住了顾客，从而获得丰厚利润（图9-21）。

图 9-19　鲜花与甜品结合　　　　　　图 9-20　氛围感就餐

　　目前不只是花店，越来越多类型店铺都在做类似的探索，"店铺＋"的形式越来越多。当然这种融合店的形式对于店主的各方面能力要求都比较高，最重要的是对资金的要求也很高，不是一个人可以做到的事，需要雇佣员工、寻找合伙人等，但是这样的形式也为未来更多店铺的转型提供了可能性。

图 9-21 小型活动布置

⟨ 9.5 ⟩
换装体验店

　　换装店是一种多主题场景体验馆，它给顾客提供各种不同主题风格，比如：学院风、复古风、宫廷风、国潮、日式和风、古风汉服、异域风等多种场景，顾客可以穿自己喜欢的衣服，在各个实体场景下进行"自助式"拍照打卡。店铺通常会给客人提供化妆品、服装、自拍杆、补光灯等工具，让照片更加出彩。不限时、不限量，顾客想怎么拍就怎么拍，这种自由的拍摄特点结合好看的场景，席卷各大网络平台，瞬间俘虏了小姐姐们的心，快速成为网红打卡点（图 9-22）。

　　换装店其实是网络高度开放化下的一种产物，更像是摄影机构的自助店，既能满足消费者对于拍照、分享、炫耀的需求，又把拍照程序简化价格低廉化，因而受到消费者的追捧。换装体验店的消费人群主要为 90 后、00 后的年轻人、网红达人以及学生族，因此价格定位通常都不会很高，几十元不限时、不限量地拍照满足消费者需求。

　　在换装店里，年轻顾客需要挑选场景、衣服、配饰，自己或请店家帮忙做妆发造型，然后利用自带的手机或请自己的朋友帮忙拍照或借用店家提供的自拍设备完成拍摄。拍摄好的照片消费者自助修图后通常都会发布在社交网络，从而又吸引人来到店里体验与拍照。

图 9-22 换装店不同场景

换装店这样的模式看起来好像赚钱很轻松，店主负责装修好店铺，然后顾客上门自己拍照，拍完还会自动帮忙宣传引导其他人上门，这不就是坐着收钱的生意吗？

(1) 换装店如何做

换装馆自助式的拍摄模式，为店家省下了非常大一笔人工成本。一家普通的照相馆需要两组前台、化妆师、摄影师、修图师，至少八个人员在店，而一家几百平方米的换装店只需要1~2人在店，非常适合夫妻或闺蜜合作开店。同时，换装店是为了能够让客人拍出好看的照片，所以如果自身具有一定审美基础，能够在拍照时给顾客一些好的建议，让顾客照片更加出彩，是非常具有优势的。

换装店的成本投入主要在房租、装修、店内设施、装饰品、用于拍摄的服装道具（图 9-23）等，看似投入少，但其实更需要用心。换装店由于需要有不同的多样化场景因此需要的房间数量多、空间面积大，通常200平方米以上的地方才能满足需求，这就意味着房租是一项很庞大的开支。

装修可以只找装修公司把店铺的基础设施做好，如电线的走线、墙体的粉刷等，换装店的装修重点在于软装部分即布置。这部分可以从网上找到很多类型的图片，只要照着人气火爆的图片去网上采买装饰物品自己动手布置即可，虽然花费时间和精力但是可以省下一大部分的钱。至于服装、配饰、拍摄道具等都是根据场景搭配来的，等场景布置的东西采买好甚至是布置好再选购都来得及。

(2) 换装店真的赚钱吗？

换装店赚钱吗？要看投入与产出比，如果你在一个中小城市又没有很多年轻人的话，其实是很难赚钱的。换装店前期需要投入在房租与装饰布置的资金相对

图 9-23 换装店的拍摄道具

较多,但是它的消费群体定位决定了它的价位不高。假设一家换装店有 10 个场景,收取 70 元一位的门票,不限时不限量地拍摄,顾客从准备妆造到拍摄完一个场景最少需要 1 个小时的时间,意味着这样一个店在 1 个小时的时间里最多同时容纳 10 人拍摄,即收入 700 元。但由于顾客不是只拍一个场景就离场,假设顾客在自拍店待够 3 小时拍摄 3 套场景才离场,那么在 3 小时内店内的收入门票最多 700 元,而整个换装店一天的营业时间以 8~10 小时计算,则最多迎来 3 波顾客,即收入 2100 元。这只是一个预估的收入并不是实际的收入,真实的情况是顾客不可能只拍 3 套场景,也不可能同时店铺是满员的情况,当顾客待在店里的时间无限延长,那么店铺的收入其实是成反比下降的。由于会光顾的大部分都是年轻人,在消费时段上,工作日店里会处于冷清状态,周六周日顾客才会集中上门,因此即使营业时间延长,收入也是有限的。能否回收投入的成本,是未知。

当然,如果你所在的城市是一个大城市,或者是一个拥有众多高校大学城的地方,建议你可以考虑做一个。前提是要控制成本,尤其是房租成本必须控制好。那么你是有可能借此机会赚到快钱的,借着网络宣传吸引一波客流,快速拓客快速回本。这种形式适用于自家有房或者本身有工作兼职去做的。

另外,千万不要想着加盟,换装店的生意自己做远比加盟要更稳妥。

(3) 关于换装店创业的流量思维

如今当初那个"追求潮流,表达自我"年轻人最爱的换装店、自拍馆,衍生到现在各种主题特色换装馆,这些都离不开两个字叫"创新",想要在现在火爆的市场生存下来就一定要有自己的创新思维,如一店多开。

一店多开即异业合作,比如店内嫁接美甲、下午茶,因为消费群体都是年轻女性。"剧本杀"是一种新型社交娱乐,和换装馆进行嫁接,更有沉浸式体验。在经过专业的运作后,既是网红打卡基地,也是年轻休闲娱乐的好去处,换装店将再次迎来新的创业方向。

< 9.6 >
剧本杀馆

靠剧本与沉浸式体验赢得顾客,剧本杀已经流行了几年,最开始刚刚兴起时除了整个行业新鲜有趣外,也与普通人想体验不一样的生活与人生有关,故而脱胎于舞台剧与剧本,普通人可以演戏的剧本杀一夜之间兴起。当年轻人争相体验剧本杀时,剧本杀场馆迎来了红利期,第一批开剧本杀店、剧本杀作者均赚得盆满钵满。

(1) 剧本杀行业发展

如今,剧本杀行业开始进入发展期,行业更加规范化,单纯靠几个剧本就能招揽大批顾客赚钱的时代已过去。

初级的剧本杀店以卖剧本为主,只要你有好本子,就有源源不断的顾客。年轻人三五成群相约剧本杀店,坐在桌前人手一个剧本,由DM(主持人)带领进行剧本研读、角色扮演,少则两三个小时,多则五六个小时完成一台剧本。店家按人头收取门票,同时还可以卖一些零食、饮料。如今的剧本杀店再按照初级去做已经不现实,顾客越来越成熟化,被培养的对于剧本要求越来越高,仅仅靠剧本已经不能满足顾客需求,因此店家把剧本杀与情景体验、密室解密结合在一起(图9-24),有的店里可以进行拍照、打卡(图9-25),有的店里还有NPC(系统设定角色)这样的存在,大大丰富了顾客的体验感,但对于店家的开店成本也要求越来越高。一家剧本杀店除了要付出高昂的房租、装修、布置费用外,还需要买道具、雇佣人员扮演NPC,同时还需要购买大量的剧本。

由于玩剧本杀的顾客大部分都为年轻人,想要吸引顾客反复到店必须不停更新剧本,因为基本没有顾客会在玩过一个剧本后再二刷、三刷剧本,而剧本的购买价格少则几十几百,多则上千,因此这笔剧本费用是需要不停投入进去的。

如今剧本杀店已进入3.0阶段,剧本杀越来越多样化,网络上开始出现儿童剧本杀、团建剧本杀等的身影,看起来好像人人皆可以玩剧本杀,剧本杀迎来了风口,实际上这对于剧本杀店的要求也更高,剧本杀店准入门槛更高了。

(2) 剧本杀店到底还能不能做

如果你所在的城市是一个小城市,并且没有剧本杀店,那么你可以尝试从1.0版剧本杀店做起来,不需要很大的店面,也不需要装修多豪华,先做占领空白市场,那么是有可为性的。

图 9-24 剧本杀店

图 9-25 可以拍照打卡的剧本杀体验

如果你所在的城市是一个大中型城市,已经有很多的剧本杀店存在并有可能已经运营了一两年,那么不建议再进入剧本杀行业。如今的剧本杀店,想要做 2.0 甚至 3.0 版本的店,少则几十万元投入,多则上百万元的投入是一定需要的,这个投入不但不容易回本,更甚至会快速赔本。更别说你如果有上百万元的闲置资金开店,完全可以选择更好的项目。

(3) 剧本杀的未来

剧本杀行业如今已经出现三天两夜几个剧本杀玩家在一起玩一个剧本包含吃、

住、角色扮演在内的沉浸式剧本体验（图9-26），更有甚者以一城为大剧本环境满城 NPC 游客沉浸其中的剧本，剧本杀行业将迎来更大的洗牌，未来会向着旅游行业高度靠近。

图 9-26 沉浸式剧本杀体验

邮轮剧本杀、旅游城市剧本杀等剧本杀会层出不穷地出现，集餐饮、娱乐、休闲、服装、道具、摄影、拍摄等多角度一体的剧本杀时代已逐渐来临。如果你仅仅只是一个小的创业者，手握一二十万元资金想要创业，剧本杀的门槛太高了，不建议再进入这个行业。

‹ 9.7 ›
手工 DIY 店

街边又开了一家手工店，继笔者两年前在家乡开起第一家手工店后，这两年陆续有很多店做起了手工 DIY 的生意，专门做画画的画室、做奶油胶的手工店、做陶艺的店、做木艺的店、做毛线突突枪的毛线店、做皮艺的店（图9-27），而笔者是做手工集合店。

图 9-27　各类手工

一个小城市，开起来那么多家手工店，当然就会有赔有赚。会有如此之多的手工店因为手工店是属于轻投入小成本创业的首选。因为不需要过多的技术，也可以不需要很多人工，更因为不论是消费主力还是创业者已经大部分都是年轻人了。

手工项目种类繁多，需要仓储的货品、配件、工具也数量众多，因此开手工店最重要的是要能够收纳、摆放清楚各类手工物品（图9-28），而像陶艺、木艺、皮艺这样的手工项目如果你本身具有专业技能就非常适合以此入手来开店，反之则需要谨慎选择。

对于手工店来说，单一的手工项目无法帮助店铺吸引到足够的客源，也不利于顾客二次进店光顾，唯一的好处是投入少，可以借此机会先起步。

图 9-28　集合手工店

手工店，自然是可以做的项目越多（图 9-29），能够吸引的顾客越多，同时顾客二次光顾复购的概率也就越高，并且由于店里的项目多还可以做储值办卡活动，虽然因为项目增加对于店铺来说仓储及进货压力都会相应增加，但总体来看还是非常值得的。

图 9-29　多种项目集合

手工店的利润来源除了吸引网红打卡、一般消费者体验外，还有一个非常重要的收入来源是必须拓展的，那就是企事业单位的团建和学校的手工体验课。在做好自己店里的应做宣传与经营之外，可以向相应的单位主动问询手工 DIY 团建项目需求。这些单位是以销售为主需要拓客的单位，大致为汽车、银行、证券、理财、保险、房地产、商场等以及各公、私单位和小学校。这些单位除了特定节假日需要做活动拓客外也会有固定时间段拓客需求，与它们联合既解决它们拓客需求更能快速资金回笼保证店铺营收。

以下为手工店的几种经营方式（图 9-30）。

第九章　特色实体店案例解析　187

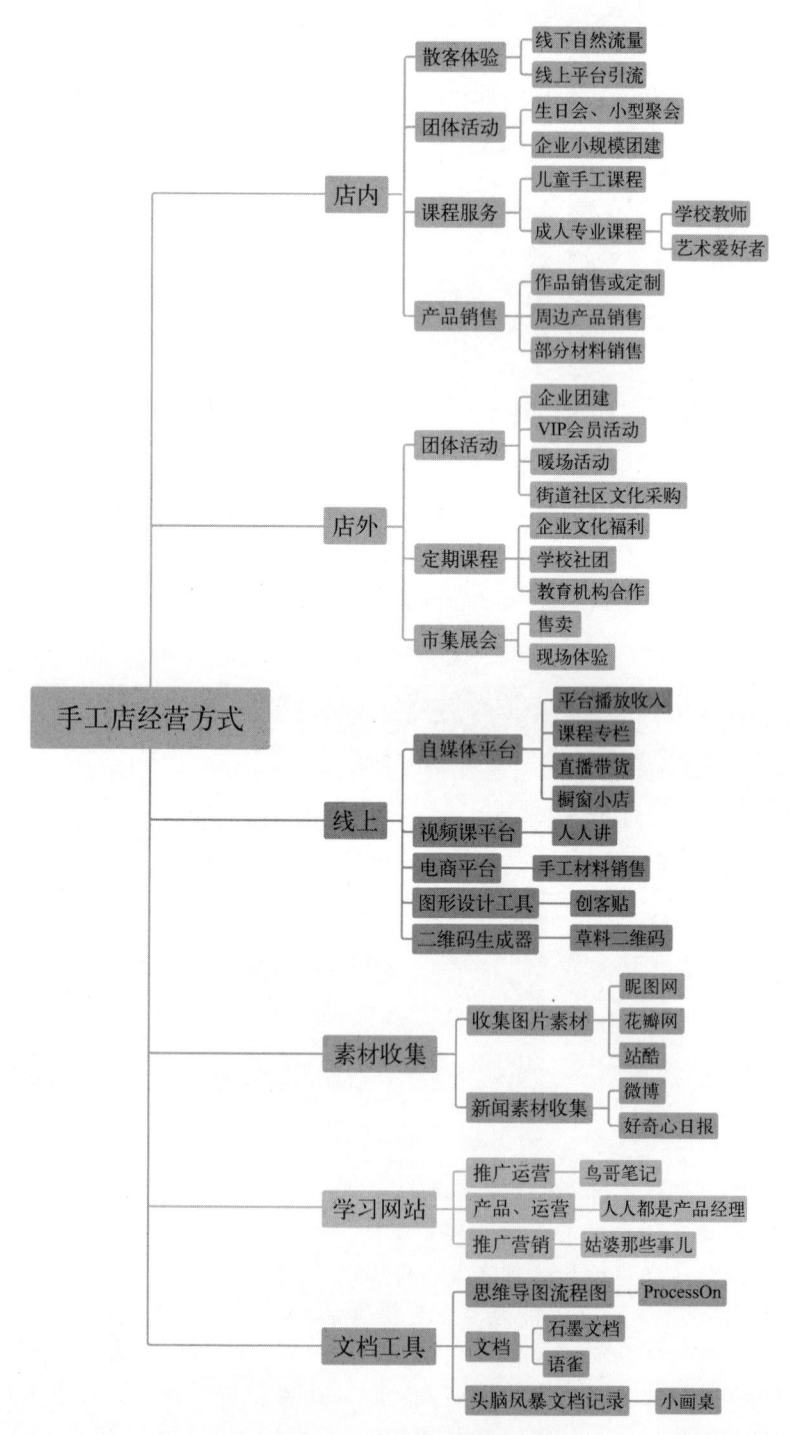

图 9-30 手工店经营方式

手工店的经营方式决定了最终结果，如果想要让手工店长久存活并能够赚更多，就需要多种多样性的运营。手工是一个特殊的行业，面对面有温度地传播知识，手把手地教会顾客，对于手工店主来讲并不是一个可以躺赚的行业，但却是一个有意思的项目。

⟨ 9.8 ⟩
茶馆

9.8.1 开一家围炉煮茶店能不能赚钱

2022年秋冬年轻人之间兴起围炉煮茶，围炉煮茶顾名思义就是几个人围着一个小火炉，炉上架着茶壶、烤着各类食物，人们坐在一起聊天喝茶。

围炉煮茶的回归与兴起有两方面原因，一是某电视剧，剧中的宋式饮茶、茶店、装修布置带火了宋式美学文化，更引出了年轻人对于美好传统文化的向往；二是当时正值新冠疫情，各地禁止堂食，提倡外带，同时人们又想满足社交需求，于是南方掀起一股以露营风为代表的露天聚会模式，围炉煮茶伴随着天气变冷应运而生（图9-31）。

在露营中加入炭火小炉，烤制一些方便携带易熟的食品（图9-32），同时再烧壶热茶，于茶的香气中三五好友边聊天，边吃着不时爆开的栗子，烤出香味的橘子、柿子，发热膨胀的年糕（图9-33）。既有久违的儿时乐趣，又代表着时下流行潮人打卡的氛围感。在寒风萧瑟中，围炉煮茶这一看似新鲜的潮流事物，火了。

图 9-31　围炉煮茶店布置

图 9-32　围炉煮茶

第九章　特色实体店案例解析　▶▶　189

图 9-33 炉子上的茶

围炉煮茶店也因此在街边巷尾大行其道，仿若雨后春笋般一夜之间冒出了很多家，各城市都有。开一家围炉煮茶店真的赚钱吗？

围炉煮茶生意短时间内是赚钱的！因为围炉煮茶生意的投入成本不高，甚至原有的茶店、露营店都可直接购置简单的设备直接增添这样的经营项目，属于成本低、利润高的项目。但从长远角度考虑未必能一直赚钱或者火下去。

① 围炉煮茶属于季节性项目，秋冬适宜，夏季不适宜，除了本身围坐在火炉周围外，夏季的水果也没人愿意烤着吃。从开店本身来讲，只有短短的两三季营业，剩下的时节还需要再额外寻找新的经营项目，因为顾客已经固化思维这家店就是经营围炉煮茶的，其他项目就不好拓展。

② 围炉煮茶因为其天然属性决定了它的经营风格，宋式美学、传统文化也好，露营风也罢，装修风格总跳脱不出此类，当顾客见得多见得久便容易失去兴趣。

③ 围炉煮茶具有一定危险性。传统或者正宗的围炉煮茶当然要用炭火，而炭火容易引发危险，如顾客被烫伤，食物没有及时吃受热过久烤煳，有些食物爆汁后喷溅到顾客身上、脸上，更有甚者商家不具有安全意识在室内燃碳导致一氧化碳中毒事故。当项目存在安全风险，就需要慎之又慎。

④ 围炉煮茶项目存在地域限制。因为安全限制，围炉煮茶需要在通风的环境下体验，北方冷风刺骨的秋冬季显然不适合，只有秋冬室内比室外还冷的南方顾客更习惯于室外围坐。因此如果要经营这类项目时还需要把地域限制考虑进去。

除了以上问题外，最应该站在顾客角度去考虑：一壶茶再加一些廉价的坚果与水果就卖顾客 100 多元的价格，顾客是不会反复光顾的。只是为了图一次性打卡体验的生意，当地消费体量有多大？

9.8.2 新中式茶饮店适应年轻消费者

中华文化里的茶文化伴随着华夏文明兴起、流传，古代有茶楼近代有茶馆，南方更有数不清的茶馆被用作老板们谈生意的场所。随着西方咖啡文化传入中国，渐渐地茶文化被很多年轻人视作古老陈旧之物，而近两年从国家大力提倡弘扬传统文化再到影视剧中优秀的中式文化元素的宣传，中式传统文化包括茶文化又逐渐被人们所重视，与之而来的是茶馆业的复苏。

现代很多年轻人都不会喝茶，老旧的茶馆已经不再适应现代发展需要，如何把茶馆业做得更符合年轻人口味，更吸引年轻人消费就成为摆在茶馆业面前的一道难题，幸运的是年轻的茶馆老板们似乎找到了生存之道（图 9-34）。

图 9-34 新式茶馆装饰

（1）茶如何打入年轻人的心

市场上的茶都是以水果茶、奶茶等方式打入年轻人群体，目前消费者渐渐厌倦并且追求更健康的生活方式。纯茶并不是年轻人不喜欢，只是年轻人不知道怎么喝，也没有年轻人喜欢的场景。如今的新式茶馆、茶饮店，以年轻人喜好打卡、分享为由，设计出符合年轻人喜好的店面装修风格，满足年轻人打卡、拍照诉求，于是新式茶馆渐渐崭露头角。

有景借景，无景造景的中式茶饮店正在成为新的打卡风尚（图 9-35）。一些风景名胜区出现了一批中式茶馆，在茶馆里可以赏美景、吃美食、喝茶、听戏、拍照，这样的地方一下就成为年轻人趋之若鹜的所在。光想想都觉得在茶馆里体验不一样的氛围是一件很美好的事情，而且还可以穿着旗袍、汉服去打卡拍照，对于年轻女性们的吸引力真的很大。就这样，新中式茶馆们掌握到了流量的密钥，有景的地方我就借景，没有景我就自己造景（图 9-36）。

绿树鲜花掩映也好，中式建筑风格也罢，总之哪怕没有别人的王府花园优势，凭借自己造的景也能吸引来打卡喝茶的顾客们，就这样虽然开茶馆听起来像是一

图 9-35 借景打造新式茶馆

图 9-36 新中式茶馆造景

项陈旧的生意，但年轻的老板们愣是让茶馆焕发出新的生机。如今新式茶馆时代已经来临，下一个大热赛道即将开启。

（2）三四线城市开新中式茶饮店优势更大

三四线城市开中式茶饮店相较于一线大城市优势更大一些，除了房租、人工的压力小之外，三四线城市因为信息的流通速度慢，新式茶馆有可能是当地第一家，竞争力较小，成功的概率也更大一些。同时由于新式茶馆的定位人群为年轻人，以 80 后、90 后、00 后为主，这批年轻人在大城市生活压力大，生活节奏快，而换到三四线城市反而是有稳定工作爱消费的人群，生活压力小，闲时多，更追求生活品质，因此他们更易消费。三四线城市的城市规模小，商圈集中，流动性小，社交以圈层为主，营销时无须重复营销，圈层中互相传播也有很好的营销效果，相对运营成本更低。

（3）开新中式茶饮店对店主的要求

虽然新中式茶饮店是直面年轻人的，但是它仍然是中华传统文化的一部分，想要吸引年轻人来光顾、打卡、拍照，必须得有拿得出手的东西，要么店内美景值得，要么店内的餐、饮色香味俱全，或者二者兼有。要想做到这样的茶馆对于店主来说是有要求的：①新美学装修，器皿、茶叶的应用；②传统文化、传统茶文化的了解；③好茶叶源头渠道的加持；④相应的技术人员。

新式茶饮店从本质上来说是顺应了新消费时代的大浪潮，让年轻人爱上喝茶，爱上中式茶文化，不但能帮助店铺赚更多的利润，更是弘扬传统文化的好项目。

第十章

对于实体店未来的思考

⟨ 10.1 ⟩
众多实体店如何脱颖而出

在众多的实体店中,在同一个城市同类型的实体店众多的情况下如何保证自己不会失败,如何脱颖而出?

首先,要有敢于突破、敢于改变的精神。

不能抱着别家都这样我也这样的心态,如果你认为你自己的店铺不具备很大的竞争优势,那不妨积极地学习店铺运营方法,寻找新的货源,降低产品价格,更新换代技术,做好服务,以帮助自己的店铺取得竞争优势。也可以另辟蹊径,我的店铺我做主,既然与别人比优势不大,那不如想想还有什么是可以做的,店铺有什么可以加的,或者有什么改变的。比如同样是咖啡店,价位也相差无几,那么你就想想吸引顾客到别人家是因为什么,到你家是因为什么。如果你不具备竞争优势,不妨尝试把你的店增加一下经营项目,比如变成咖啡书吧,让你的店变得与众不同,以此来在顾客心目中留下地位,从而增强竞争优势,脱颖而出。或者你也可以在宣传上多多引导,把你咖啡店的特色内容拿出来反复宣传,让顾客看到你的好。总之你和你的店铺不能抱着守旧心态什么都不做,必须要做出改变,才有可能改变竞争力从同行中脱颖而出。

其次,作为一个实体店铺最重要的是有特色。

如何在众多实体店中脱颖而出让顾客记住?就像一个人如果长相平平无奇,很多见过第一面的人一般不会记住他,因为他实在是太普通太平凡了,而所谓的印象深刻一定是这个人有特殊之处,比如他的眉心中间有一颗黑痣,或者他的眼睛特别明亮等等。那么作为店铺也是,如今已经是流量为王的时代,流量的密码就是特色是与众不同,要想让探店的网红达人慕名而来,要想让顾客记住你的店,必须要有特色。装修特色、运营特色、产品与众不同甚至老板是个网红达人,这些都是特色,只有与众不同才能被人记住,才能脱颖而出。

最后,一定要记得产品和服务才是关键。

不论如何变化,产品必须质量过硬,服务必须拿得出手不让人诟病。如果你的产品质量有问题,再好的大企业都会面临信任危机,何况一家小小的店铺。做餐饮的最主要的是食品安全问题,不但不能黑心地以次充好赚昧着良心的钱,更不能用不干净的食物。同样,做手工店的要小心儿童顾客,顾忌儿童顾客的安全,不要做危险的项目,要有应有的警示等。这些虽然不能让你的店铺脱颖而出,但能确保你的店铺不会出现问题,即使是经营不善也不会因为这些问题导致倾家荡产,这是做人和做店铺的底线更是守护自己的财产安全的底线。

而产品和服务好,当然也会被顾客记住,买什么东西顾客首先都会想到你家,因为你家的产品质量好。就像吃火锅,很多人会想到海底捞,同时还会想到海底捞的服务一样。依靠产品和服务你同样能在一众实体店中脱颖而出。

⟨ 10.2 ⟩
如何摆脱只火 3 个月的魔咒

隔壁网红店,又倒闭了。

这可能是每个开店老板最怕的事。辛辛苦苦地租房装修,还没等大赚特赚,甚至成本都没收回来就倒闭了。越是网红店越是倒闭快,这个魔咒如何摆脱?

首先我们要分析一下为何网红店火不久?

拿我同城的一家小网红店举例:这家店是一家卖麻辣烫的堂食店,它以"叙利亚风"(战乱风)在当地开起店铺,由于当地没有这样风格的店铺,开店之初店铺请了几个网红达人抖音、小红书密集地做了一阵宣传,于是它火了,年轻人都争相去打卡、拍照、品尝。

虽然店铺火了是好事,与之而来的非议也来了。网上差评不断,排位一小时还吃不到餐、收了钱餐却没有了……面对铺天盖地的差评,老板解释过但都无济于事,就这样从忽然爆火到店铺逐渐门庭冷落,只用了短短 3 个月时间。

为什么会这样呢?因为新开业的店准备其实是不充分的,在店铺请人宣传后顾客一下蜂拥而至,不论是店铺的场地、人员甚至是食材都是准备不足的。小店员工没有经过必要的岗前培训,骤然面对突如其来的流量,根本无从应对。忽然顾客大量涌来而产品与服务不过硬,顾客看到的就是店铺名不副实。顾客是不会给店铺机会一点点改正一点点变好的,因为就算是一个有名气的店,大家都慕名而来,失望而归后的口碑可想而知。原来计划来店里但还未来的顾客在听说店的差评后也不想来了，第一波顾客失望后也不会再来。于是店铺连翻身的机会都没有，如此它自然火不过 3 个月。这也是几乎网红店铺都会遇到的问题。

要想摆脱只火 3 个月的魔咒，首先要做的就是不要让自己的店一下子那么火。循序渐进才是一个新店铺开业应有的样子，试营业，虚心请教顾客，拿出最好的服务态度，同时慢慢请网红达人来做细水长流式的发布宣传才是更好的方法。

⟨ 10.3 ⟩
坚守道德底线与初心

朋友做线上鲜花社群生意，做得挺大，有自己的云南仓库、库管、客服等后勤部门员工若干，最近他的一名库管员工离职了，离职本是一件非常正常的事情，不值得多年经商的老板大动肝火甚至大倒苦水地跟朋友诉说，而令我朋友一反常态地向我诉说的原因是这名离职的库管在职时介绍了两个亲戚任职运营部，负责从小红书引流到私域。这两名员工每月正常可以引流到微信几百人，这对于线上社群生意来说是不小的一笔财富，而在库管要离职前一个月，他的亲戚已经不再向公司微信引流，转而一个不落地引流到库管的微信里，进而库管辞职做起了自己的线上社群生意。

这其实是职场常见并非常被忌讳的盗用客户资源的行为，在越来越多的私企甚至是新兴商业领域，不论是经营者还是从业者，没有经历过正规的职场教育，不懂职场规矩，更不明白道德甚至法律法规的底线在哪里，经常故意或在不经意间做出损害他人利益的事。作为一名私企老板，如何避免此类事情的发生就变得尤为重要。

这两年实体店不好做，因为各种各样的原因，实体店裁员、关店比比皆是，为自己留一线生机是实体店主必须学会做的事。年轻的新一代已经步入社会，招聘员工时需要进行入职教育，避免他们因为不懂而犯下类似"挖墙脚""撬客户"这类错，既是对于店铺利益的保护，也是教育年轻一代应尽的责任。

危机永远都是与转机并存，风险与利益挂钩，当我们遇到看似危机时，不妨想想我们手里有什么可以做可以利用，我们力所能及地做什么，同时要眼光长远，不仅仅只看当下的三分利。

还会有新的危机产生，世界范围内格局也正在发生着变化，我们不能什么都不做，还得活下去，还得赚钱，还得实现梦想。如果你开店铺妄想赚得盆满钵满，那我劝你，一定要三思后行，在充分地考虑到当地的情况，所在行业的发展前景后再去开店，要留足应对突发事件应对危机的余钱。时刻警惕新的危机，以便你能自如应对。

如果你已经开了店铺，也建议你不要想着我的店要如何如何火，赚如何如何多的钱，就像我的花店朋友一样一下进很多的货，开店以稳妥为上不要冒进，一个店没做好就急于开下一个店。

这是一个网络发达的时代，实体店因网络而萧条又因为网络迎来新的发展机遇。这是一个允许与众不同与个性的好时代，消费信心正在逐渐恢复，想要开店创业的人也正在增多，新的商业模式新的经营项目层出不穷，这是充满希望的时代，这是最好的时代！开店创业，正当时！